九州文库

电子政务理论前沿

李传军 著

九 州 出 版 社
JIUZHOUPRESS

图书在版编目（CIP）数据

电子政务理论前沿 / 李传军著 . -- 北京：九州出
版社，2024. 11. -- ISBN 978-7-5225-3481-7

Ⅰ. D035-39

中国国家版本馆 CIP 数据核字第 20254B6B03 号

电子政务理论前沿

作　　者	李传军　著
责任编辑	沧　桑
出版发行	九州出版社
地　　址	北京市西城区阜外大街甲 35 号（100037）
发行电话	（010）68992190/3/5/6
网　　址	www. jiuzhoupress. com
印　　刷	唐山才智印刷有限公司
开　　本	710 毫米×1000 毫米　16 开
印　　张	14.5
字　　数	222 千字
版　　次	2025 年 3 月第 1 版
印　　次	2025 年 3 月第 1 次印刷
书　　号	ISBN 978-7-5225-3481-7
定　　价	89.00 元

前　言

不同的时代、不同的经济发展水平与社会文化构成，社会治理的基本模式也存在着较大差异。随着人类社会由工业社会迈向后工业社会，数字政府成为我们这个时代的主题词之一。我国高度重视数字政府建设，中央全面深化改革委员会第二十五次会议于 2022 年 4 月 19 日审议通过了《关于加强数字政府建设的指导意见》。

数字政府发端于早期的互联网、办公自动化，经由电子政务、"互联网+政务服务"等形态，获得了长足发展。进入 21 世纪后，风险社会因其易变性、不确定性、复杂性和模糊性等特征，对社会治理和国家治理都提出了全新的要求。我国自改革开放以后，就开启了迈向现代化的新征程。特别是进入了新时代，政治、经济、文化等诸多领域复杂问题的治理，都迫切需要推进国家治理现代化。

国家治理现代化包括国家治理体系现代化和国家治理能力现代化两个方面。加强数字政府建设，有助于推动"放管服"（简称放权、放管结合、优化服务）改革，增强政府回应力，提升政府公信力，推进政府组织结构变革，实现整体性治理。因此，数字政府建设对于推进国家治理现代化具有重要的意义。

数字政府建设有着丰富的内涵。数字政府是一项系统工程，涉及政治、经济、文化等诸多领域。数字政府建设也不是一蹴而就的。从最初的办公自动化、三网一库、电子政务、两微一端到普遍运用大数据、物联网、云计算、区块链技术，数字政府已经深深融入人们的生活。比如，在新冠疫情防控期间，人们足不出户就可以实现"网上办""掌上办"，这让人们感受到信息技术的强大，也意识到数字政府建设的必要性。

信息技术变革加剧了国与国之间的竞争。数字政府建设已经被世界发达国家列为国家战略。其实，早在20世纪末，信息高速公路建设已经成为各国比拼的重要领域。伴随改革开放的进程，我国信息化建设也驶上了快车道。进入21世纪以来，特别是党的十八大以来，我国高度重视数字政府建设，并将其作为提升国家治理能力的重要手段。

数字政府是信息化发展达到一定阶段的产物，政府开展治理离不开完整、准确、及时的信息。信息技术为政府获取和处理信息提供了支撑。信息技术将政府治理的对象予以数字化，从而便于优化处理。比如，大数据技术在流行病学调查、病毒溯源工作等方面发挥了极其重要的作用。

数字政府是借助网络信息技术构建的网络化政府。每个网络节点既是一个独立的单元，又是网络系统的一个组成部分。根据"整体大于部分之和"的系统原理，网络化政府较传统政府可以更好地发挥协同效应，实现整体性治理。国家治理所涉及的问题，特别是重大的政治、经济、社会问题等，均需要以系统论为指导，取得最优解。

无论是组织管理，还是社会治理，乃至国家治理，最重要的因素还是人。数字政府不可能自动自发地实现。作为一个"人-机系统"，数字政府是管理信息系统在互联网、大数据时代的升级版本。不论这种系统如何升级、换代，其内核还是以人为主导的办公自动化。办公自动化发源于二十世纪六七十年代，是将计算机与其他电子设备运用到办公环境中，以提高办公效率的一种做法。数字政府不过是扩展了办公自动化所可能依赖的工具与环境。当然，这种扩展不仅仅是量上的增加，也是质的飞跃。

要实现国家治理现代化，必须强调以人为本。我国是社会主义国家，一切工作的出发点都是要更好地维护最广大人民群众的利益。一项工作能否顺利推进，与能否得到人民群众的支持密不可分。而要得到人民群众的支持，必须引入公众参与，赋予民众知情权。数字政府通过各种便捷的网络途径，将政务公开推进到一个新的阶段，把人民参政、议政的积极性充分调动起来，从而更好地维护了公共利益。

国家治理现代化的本质意蕴必然包含决策科学化。要实现科学决策离不开完整、准确、及时的信息支撑，特别是现代公共管理问题，涉及因素众多，因素之间的联系亦极为复杂，要厘清因果联系，优化决策，必须借助网络信息技术。数字政府综合运用大数据、物联网、云计算、区块链、移动互联等技术，对于决策所涉及的复杂信息进行分析，得出最优解，辅助决策，实现决策科学化。

国家治理现代化对于国家治理能力提出了具体要求。在公共管理领域，国家治理能力的提升必须通过程序优化来实现。数字政府广泛运用信息技术，在治理流程优化与再造方面有其独特的优势。在电子政务建设初期，有识之士就提出，必须将流程再造与电子政务建设结合在一起。如果流程没有实现根本性的变革，仅将传统做法移植到网上，只会形成网络形式主义和网络官僚主义。以行政审批为例，只有真正做到简政放权，让数据多跑路，让人"最多跑一次"，乃至一次都不用跑，才能真正实现流程优化，提高国家治理能力。

国家治理现代化是相比较而言的，在农业社会中，由于受到技术的限制，管理只能是粗放的；进入工业社会之后，随着管理科学的产生以及技术的发展，管理可以逐步实现精细化；当人类迈向信息社会时，社会治理应当更加精准化。虽然我们所面临的风险社会具有不确定性、复杂性、易变性和模糊性等特征，但是正因为如此，数字政府才更加需要精准施策、有的放矢，否则极有可能陷入"盲人骑瞎马，夜半临深池"的窘迫境地。

国家治理现代化要求实现公共服务供给高效化，数字政府在这个方面也有所作为。在电子政务发展初期，人们经常将之与电子商务进行比较。二者在技术支撑、服务理念等方面有诸多共性。两者最大的不同在于，电子商务必须依托于强大的流通体系支持，因为除了较少的视听产品可以在线提供服务以外，一般的网络购物必须通过物流实现递送。而电子政务则不同，绝大多数公共服务如政务公开、电子证照办理等，都能够以电子化的方式办理。

国家治理现代化与政府治理民主化是高度契合的。实现政府治理民主化，必须强调以人民为中心，首先要求在公共政策制定环节必须听取民意，广泛吸纳各界的意见和建议，不能搞"一言堂"，而应集思广益，求得最大公约数。在政策执行中，也应通过各种途径接受社会各界监督，数字政府在政策制定和政策执行环节才能够发挥既定作用。

数字政府建设必须加强顶层设计，打破数字"藩篱"，消除信息"孤岛"。当前，国家治理现代化对于国家治理体系优化提出了具体要求。国家治理现代化从本质上来说是一场自我革命。传统治理模式之所以层级繁多、部门林立，是基于分层、分工产生效率的管理原理。而数字政府将实体治理主体的层级、部门分化在技术上进行整合，消除了碎片化治理的弊端。那么如何通过数字政府建设防止因信息沟通不畅、部门协作不够造成的管理低效呢？这就必须强化数字治理能力。数字政府是一个完整的体系，实现网络互联互通，整合全国数据资源，有力地促进了国家治理能力的提升。

现代公共事务的复杂性对于国家治理中的合作治理提出了要求。合作治理是基于职责分工的分权合作，是一种多元化治理。具体到数字政府建设领域，主要是通过数据平台，运用前沿技术，优化国家治理系统。以"最多跑一次"改革为例，面向企业或公民的某一项公共服务可能涉及多个部门、多个流程，在传统治理模式中，企业或公民要一个部门、一个部门的办理多项事务，而在数字政府中，多个部门、多个流程均在后台运行，让数据跑路，大大提高了公共管理效率，提升了国家治理能力。

在大数据时代，数字经济与数字政府交融于一体，异彩纷呈。由于治理主体和治理客体所涉及的内容均实现了信息化，信息化所产生的海量数据，对于数字政府的治理能力是一种考验。为了应对各种自然风险和社会风险，必须对海量数据进行数据追踪和动态监测。数据安全关乎国家安全，必须高度重视数据控制与数据管理。从技术层面、管理层面与法治层面，多维度、多手段，确保数字政府建设的有序推进，防范因数据泄露所造成的各种风险。

加强数字政府建设，推进国家治理现代化是通过技术赋能国家治理来实现的。具体来说，要实现信息技术与业务、数据和主体的融合。数字政府建设依托于互联网，政府网站是数字政府的主要表现形式，各种政府业务和公共服务均可以在政府网站上办理。"一网通办"的本质就是信息技术与业务的融合。如果把互联网比作高速公路，那么数据就是车辆上所运载的货物，高速公路实现了"货畅其流"。同样，数字政府建设的目的就在于将信息技术与数据融合，唯其如此，才能大大提高办事效率。数字政府建设还实现了信息技术与主体的融合。从概念上来看，电子政务所强调的是将信息技术运用到政务处理中，而数字政府则是政府的"数字化"，其本质是政府治理模式的转型，治理模式转型最根本的是主体转型。因此，可以说，数字政府是电子政务建设目前所能达到的最高形式。

信息化发展的历程告诉我们，数字政府建设是不会止步不前的。随着数字政府建设的升级换代，国家治理现代化也会发展到一个新的高度。要推动这一进程行稳致远，需要各方面协同努力。

2022 年 7 月 26 日

目 录
CONTENTS

第一章

推进网络时代社会风险治理体系与治理能力现代化

一、网络时代社会风险治理的背景

当前，我们正处于一个高度复杂性和高度不确定性的时代，由于社会风险频繁发生且规模庞大、影响深远，因此，德国著名社会学家 Ulrich Beck（乌尔里希·贝克）将这种社会称为"风险社会"①。随着全球化和信息化的同步推动，世界各国和人民越来越紧密地联系在一起，世界成了一个"地球村"，人类命运休戚相关，人类命运共同体理念成为人类社会进步和发展的指导方针②。在网络空间，应对全球性的社会风险，应当增强信息沟通和交流，互相帮助，而不能以邻为壑，甚至幸灾乐祸，因为当危及全人类的巨大灾难到来时，又有哪个国家、哪个群体能够独善其身呢？在网络时代，没有哪个国家能够回到传统时代那种"鸡犬之声相闻，老死不相往来"的状态。既然如此，各国在应对人类共同问题时应拿出更多的诚意，加强沟通与合作，增加群体互动与社会融合，在网络空间中结成"你中有我，我中有你"的紧密关系，只有这样，才能创造人类社会更加美好的明天。

对于人类社会而言，社会风险往往是与自然风险交织叠加的，古代就有"大灾之后有大疫"的说法，现代社会也不乏因自然灾害处理不当引发社会骚乱的案例。而且，与自然风险相比，社会风险更加复杂，同属于社会风险的

---

① ［德］乌尔里希·贝克. 风险社会 [M]. 何博闻，译. 南京：译林出版社，2004：26.
② 李传军. 国家战略视角下的网络空间全球治理 [J]. 广东行政学院学报，2018，30（3）：5-11.

公共卫生危机、社会群体性事件就很容易交织在一起。因此，如果社会风险治理能力欠缺或者处置方法不当，一种社会风险很容易引发其他类型的社会风险。

社会风险治理应当有前瞻性，不能"临时抱佛脚"，虽然社会风险发生的机理是极其复杂的，但并非毫无规律可循。为此，应加强研究，对于既往社会风险的发生、发展过程进行总结，"前事不忘，后事之师"，不能"好了伤疤忘了痛"，否则，全社会所付出的巨大代价就付之东流了。

在互联网时代，信息传播更加便捷，人与人之间沟通交流更加顺畅。与此同时，一旦某种社会风险发生，借助互联网的高速传播，所造成的很可能是一种社会性的恐慌，甚至引发社会骚乱。所以，必须加强网络空间的信息治理。然而，自媒体环境下传统信息管控措施往往是失效的，换言之，不可能仅仅依靠控制信息源头或者某一个信息传播渠道，就能实现信息管控的目的，而必须及时向社会提供全面准确的信息。

人类社会发展到现代，特别是步入信息社会，自然环境和社会环境更加复杂，要依靠传统的治理方式来应对已经完全不可能了。科学技术是人类在应对自然和社会的过程中所积累的人类智慧的总结，特别是信息技术在解决类似重大疫情防控方面有着独特的优势。正如习近平总书记所指出的："人类同疾病较量最有力的武器就是科学技术，人类战胜大灾大疫离不开科学发展和技术创新。"① 要提高防范化解重大风险能力必须发挥科学技术的作用，"科学技术是第一生产力"，要加强科研攻关，掌握关键核心技术，从而在竞争中立于不败之地。

应对社会风险，还必须关注到社会治理从精英治理走向民主治理的发展趋势。在农业社会，社会治理事务相对简单，而且权力高度集中，社会治理者即官吏因为掌控了社会事务的治理权获得了职业的相对固定性，从而在身份上成为精英一族，虽然其社会治理的专业化程度并未达到后来社会治理的高度，但是从形式上来看，这个时期的社会治理也具备了精英治理的特征。在工业社会，社会的高度分化所造成的社会分工程度越来越细密，在社会治

---

① 习近平. 为打赢疫情防控阻击战提供强大科技支撑 [J]. 求是，2020（6）：4-8.

理领域，专家因其技术而获得了更多的社会治理权，社会治理体现为精英治理。由此可见，无论是在农业社会还是在工业社会，社会大众都被排斥在社会治理主体之外。而在信息社会，技术对社会大众的赋权使得民主治理成为可能。首先，政治民主的进步赋予社会大众对于社会事务的平等参与权，消除了公众参与的身份障碍。其次，信息公开使得社会大众有更多的知情权和参与权，"人人都有麦克风"，网络参与成为民主治理的重要实现形式[①]。

就当下的中国而言，我们所处的社会仍然是转型社会，这个转型包含两层含义，一是指由传统农业社会向现代工业社会转型，二是指由工业社会向信息社会转型。也就是说，我们面临着双重转型的任务，要两步并作一步走。在这种背景下，各种社会矛盾冲突加剧，结构性矛盾与冲突造成了一些突出性的问题，其中最为关键的是社会治理体系不完备、政府治理能力不足等。在网络空间，各种信息真假难辨，这就需要政府及其他权威机构及时进行信息的甄别，否则基于错误的信息所做出的决策不可能准确地应对社会风险。与现实空间中的突发事件相比，在网络空间的突发事件涉及的人数众多，虚拟与现实交织，网络所引发的联动效应，如果未及时应对，就会造成极其严重的后果。

在全球化背景下，随着信息化的推动，社会风险在全球范围内得以迅速扩展。没有哪一个国家可以独立于世外，全球人类命运共同体理念强调，对于社会风险应加强全球治理。以疫情防控为例，重大传染病不是哪一个国家的疾病，而是人类的疾病。全球化中的任何一个国家都与其他国家进行着人流、物流、资金流、信息流等方面的交换，防控疾病必须强化各国的信息共享，特别是防控经验的共享，在确保不会出现大规模疫情蔓延的前提下，有序地开展国际交流。在短期内，某一个国家或地区关闭与他国的人员交流乃至物资交流是可行的，但是不论是大国还是小国，长期处于闭关锁国的状态是难以想象的。在疫情防控的背景下，通过互联网尽可能减少疫情对于经济的负面影响，更多运用线上交易替代线下交易，中国已经做出了有益的尝试，

---

① 李传军，李怀阳. 大数据技术在社会治理中的价值定位：以网络民主为例 [J]. 电子政务，2015（5）：10-17.

中国的经验同样可以推展至国际贸易层面。

应对社会风险，特别是公共卫生类公共危机，短时期内需要投入相当多的人力、物力和财力。网络具有强大的资源吸纳能力和社会动员能力，可以充分地满足社会风险治理的需要。政府或者其他组织都可以利用网络征集社会资源，将分散的资源汇集至急需的地区或人群，实现资源的优化配置。

二、网络时代社会风险治理面临的问题

网络时代发展到大数据时代，大数据技术为社会风险治理提供了全新的工具，运用大数据技术，社会发展为超智能社会。在这一社会中一切都是由数据来驱动的，智能化与数字化成为社会风险治理的特征。社会风险治理必须以数据为基础，社会风险治理决策借助大数据技术，得以实时、准确、全面、可视化。大数据技术可以实时获取数据，这与传统的信息获取方法有着本质的不同。在瞬息万变的条件下，必须确保决策所依赖的信息是及时准确的，否则时过境迁，决策不可能是正确的。数据的准确性是决策正确的前提，大数据技术通过数据挖掘，可以从海量数据中探究内在的相关性，确保数据的准确性。与传统的抽样调查不同，大数据技术是以全部数据作为分析的对象，因而，数据的全面性得以保障，避免决策的以偏概全。大数据将量化的数据以可视化的方式呈现，并揭示出海量数据的关联性和规律性。

大数据技术为社会风险治理提供了一套组合工具箱，从而使我们对社会风险因素的分析更加全面精准、及时，以可视化的方式展现出社会风险轨迹。大数据整合了各平台的数据，实现了数据共享，比如通过分析大量的社交数据，可以掌握风险传播的规律。再如，智慧城市建设有助于实现社会风险治理智慧化。智慧城市涵盖城市治理的方方面面，如智慧交通、智慧医疗、智慧社区等，可以经由大数据平台统一整合，分析可能存在的社会风险点做好防范，一旦风险发生，就可以做出智能化应对。

鉴于大数据整合了社会治理的各方面数据，很容易发生隐私泄露的问题，这需要同步做好数据保护。同时，也需要防范碎片化数据和大数据噪声这两个方面的问题。网络信息技术的发展给社会风险治理提供了全新的方法，并提供了可供选择的治理工具，这就意味着我们必须高度重视网络时代社会风险治理所面临的问题。

（一）必须重视网络信息技术风险，避免技术的狂妄

在社会风险治理中运用网络信息技术应当注意潜在的技术风险。技术不是万能的，对于技术的盲目崇拜可能造成巨大的风险。比如，现在应用很普遍的刷脸技术作为一种密码技术，尚不成熟。如果将人脸作为网络用户唯一的生物学特征，那么就存在着相当多的冒名顶替的问题。因此，要预防安全方面的技术风险，应当联合运用多种安全技术，兼顾用户便利与信息安全两个方面。

工具理性的张扬是人工智能运用于社会风险治理领域的另一种隐患。进入近代社会以来，科学与理性成为推动社会发展的重要力量。但是，当工具理性成为理性的代名词，并且被推到极致时，价值理性因其难以精准、量化而被边缘化，甚至被完全忽略。在大数据时代，在技术主导下的各种智能应用很难体现价值理性。如果我们在推广人工智能时，将价值理性抛之脑后，那么，机器人将控制人类的预言很难说不会成为现实。

人类在改造自然、利用自然的过程中，也在不断地认识自然。在这一过程中，科学技术是以增量的方式进行积累的。相比较而言，人类对于社会的认识则比较滞后，因为作为一个整体，人类与社会是同义语，而最难认识的是我们自己，所以，人类对于社会风险的认知存在着较大的局限性，而这种局限性是很难通过掌握和利用技术就轻易突破的。

（二）密切关注网络安全与社会风险治理的复杂联系

网络空间虽然是虚拟的，但并不是虚幻的，网络空间中的社会关系并非虚构的，而是现实空间社会关系的映射。在社会风险治理中，必须认识到网络空间的这一属性。网络虽然具有匿名性、开放性，但是这并不意味着网络行为主体可以无视法律和道德为所欲为，网络空间不是法外之地，它同样要受到法律和道德的约束。

网络安全是一种非传统安全，其涉及诸多因素，也与社会治理的方方面面有着极其复杂的关联，仅就网络安全与社会风险治理而言，就存在着密切的联系。从网络安全的特征来看，网络安全具有多元性、关联性、涌现性等特征。多元性是指网络安全所涉及的主体并非单一主体，而是多主体综合作

用的互动过程；关联性是指网络安全的因素之间密切相关，其中某一因素的变化对于其他因素会产生关联性影响；涌现性是指网络安全问题的出现并非循序渐进的过程，而往往是大量和突然发生的。上述特征与复杂的社会问题相叠加，使得社会风险呈现群体极化效应和非理性特征。比如，在网络空间所存在的"人肉搜索"现象，本质上就是超越法律之上的"多数人"暴力。

网络安全风险的来源是极为复杂的，必须加强风险源识别，针对不同的风险源采取不同的应对措施。比如，网络空间社会风险治理必须关注网络漏洞，网络漏洞是网络的薄弱环节，往往会被黑客利用，成为受攻击的对象，造成网络瘫痪、数据受损、信息失密等问题。因此，必须统筹考虑网络安全问题与网络空间的社会风险治理问题，提升网络软件和网络硬件的水平，增强网络安全性，提高黑客攻击的难度和成本。

网络空间是一个公共场域，必须关注网民的利益诉求。网络空间群体性事件的发生有复杂的原因，这需要网络空间治理者加强网络内容监管和网络生态治理，采取"堵""疏"结合的方针，不但要善于管控敌对的或错误的舆论，还要善于引导网络舆论，让广大网民在明辨是非的基础上共同发声，形成强大的正能量，增强网络自净能力。

三、网络时代社会风险治理能力的提升策略

社会风险治理的目标指向非常明确，就是要防范和化解社会风险。社会风险治理是一个动态过程，按照流程化管理的一般理论，社会风险治理的流程可以分为风险识别、风险评估、风险处置、风险沟通、风险监测等环节。在网络条件下，社会风险治理应当实现精细化治理、智能化治理，在上述各环节都应充分运用物联网、大数据、人工智能等技术。具体来说，社会风险治理需要根据既有的社会风险治理经验和数据构建社会风险模型，制定预案，一旦某些风险点被触发，就能够积极应对。要发挥专家、学者的作用，对社会风险的种类、性质以及可能产生的影响等方面进行科学分析评估。社会风险治理的各主体应明确分工，采取有力措施进行风险处置，在此过程中加强风险沟通，防止因沟通不畅导致出现问题，通过风险监测对风险管理的整个过程进行智能化应对。

当前，我们所面临着的是高度复杂性和高度不确定性的社会。相应地，社会风险治理情境也是多元的，这意味着要实现社会风险的有效治理也是极其困难的。面对不同的社会风险问题的治理，选择合适的治理工具是极为必要的。

社会风险治理的路径，可以分为以下几种：

一是空间治理路径。任何社会风险都是存在于特定空间之中的，如传统社会风险只存在于现实的物理空间。而在网络时代，社会风险呈现更为复杂的特征，既存在于现实的物理空间，也存在于虚拟的网络空间，这就意味着社会风险的治理必须将社会治理与网络空间治理统筹考虑。

二是结构化治理路径。社会风险存在于政治、经济、文化、社会、生态等不同领域，因此，社会风险治理必须优化社会风险治理结构，发挥多元治理主体的作用，合理配置社会风险治理资源，有序推进社会各领域的协同发展。

三是技术治理路径。首先，要提高社会风险治理的能力和技术水平，将大数据、云计算等新兴信息技术引入社会风险治理。其次，是要加大社会风险各方面信息的共享力度，打破信息鸿沟。最后，要加快智慧城市建设，提高社会风险治理的效率。

社会风险治理是对正常条件下社会治理的超越，毫无疑问，在应急条件下，社会治理对于治理者的能力和素质提出了更高的要求。网络时代赋予了社会风险治理以全新的特征，为此，应当全面提升社会风险治理能力。

（一）综合运用大数据技术与人工智能技术

习近平总书记指出："要鼓励运用大数据、人工智能、云计算等数字技术，在疫情监测分析、病毒溯源、防控救治、资源调配等方面更好发挥支撑作用。"[1]

在有着高度复杂性和高度不确定性的时代，社会风险不仅是高频发生的，更是变动不居的，因此，必须加强社会风险治理的动态评估，不能用既有的

---

[1] 新华社. 完善重大疫情防控体制机制　健全国家公共卫生应急管理体系［N］. 新华每日电讯，2020-02-15（1）.

框架来解释应对新的社会风险问题。在互联网条件下，应充分运用信息技术，特别是大数据技术、物联网技术、人工智能技术来分析、评估社会风险因素及其变动，寻求应对之策。在疫情防控中，疫情发展主要与人的因素有关，而人又是处于高度流动之中的，如何掌握人员的流动变化状况呢？流行病学调查就要充分运用信息技术，特别是运用大数据技术分析手机定位所追踪的人口流动信息。既可以在总体上把握疫情的变化，也能够根据手机位置信息的变化了解某人近期的活动轨迹，从而确认其密切接触者，做好有针对性的防范。

在大数据时代，社会环境更加复杂，对于社会风险治理能力提出了更高的要求，这需要我们高度重视大数据生产、管理和应用的问题。在网络条件下，一切社会风险治理因素都可以实现信息化、数字化，在此基础上，大数据技术有了用武之地，社会风险治理的效能得以大大提升。如果说传统风险治理因为信息收集、处理、存储以及输出的能力制约了治理能力的话，那么在大数据时代，大数据技术则实现了对社会风险治理的赋能。与其他相关技术，如物联网技术、人工智能技术、5G 技术、云计算技术相配套，社会风险治理主体不仅长了"千里眼""顺风耳"，而且插上了"双翅"，特别是更加智慧、智能，在对社会风险因素的管控方面更加精细，当某种社会风险因素达到临界点时，即可触发预警，网络系统即可实现智能化应对。不仅如此，除政府之外的其他组织和民众亦可通过网络获得更多社会风险信息，以做出正确应对，从而提升了整个社会的风险防范能力。

随着信息技术的发展，大数据技术在个体、组织和国家层面均得到了应用，应用领域更是遍及社会各行各业①。比如，企业可以根据顾客的特点，提供更有针对性的个性化服务；城市管理可以运用大数据，实现智慧交通，加强城市安全防护②。对于一个国家来说，大数据更是关乎国家安全。因此，很多国家都明确要求凡本国互联网的相关数据必须存储在本国服务器上。

---

① 李传军. 大数据时代的政治现象、研究方法与反思 [J]. 徐州工程学院学报（社会科学版），2016, 31（3）：18-23.

② 李传军. 大数据技术与智慧城市建设：基于技术与管理的双重视角 [J]. 天津行政学院学报，2015, 17（4）：39-45.

大数据技术的发展不但创造了新的业态，成为新的经济增长点，而且与其他技术（包括云计算技术、物联网技术、人工智能技术、区块链技术等）共同组成一个国家的高新技术集群，也是各国谋求战略竞争优势的重点领域。

在大数据时代，社会风险的预警、预测、预防可以实现是基于大数据分析的智能化应对。世界各主要国家都在国家层面制定了大数据战略，在社会层面纷纷创新社会治理模式，实践创新与理论创新同步互动，不断推动知识库智能化与智能化社会治理的实现。

社会风险治理要求强化对社会风险要素的监管，增强政府的监管能力，提高政府监管治理的水平。在大数据技术的支持下，社情民意得以迅速而准确地汇集，从而有助于实现社会风险评估和社会风险预测的科学化，相应地，政府回应也能够更加有效、更有针对性。具体到社会风险治理的过程，大数据技术可以对社会治理的绩效进行精细化、智能化、数据化评估。

在大数据时代，社会风险治理要实现智能化，必须从以下几个方面着手：一是数据。数据是治理的基础，如果没有数据支持，则智能化治理无从谈起。二是信息。信息不同于数据，它是在数据基础上生成的，数据必须经过加工才能形成信息。在大数据时代，必须对海量数据进行挖掘和分析，才能获得对于社会风险治理有价值的信息。从某种意义上讲，信息减少了事物的不确定性。三是协作。社会风险治理涉及的组织和个体是多元的，必须加强协作，实现组织与个体之间的有效沟通。四是平台。智能化治理必须依赖网络平台，网络平台是为共享数据和信息资源而建立的，它提供了技术支撑和活动空间。五是安全。在网络时代，数据安全和信息安全不仅关乎信息系统安全，更关乎国家安全，因此，要实现智能化社会风险治理必须高度关注安全问题。

在大数据时代，一切都被数字化或者被赋予了数字的特征。社会风险也不例外，如果能够对社会风险的相关因素进行数字化，就可以实现精细化管理、智能化控制。比如，在疫情防控期，如何做到防疫与生产两手抓？浙江省对此进行了有益的探讨。2020 年 2 月 11 日，杭州市与阿里巴巴合作，开发了健康码。每一个在杭州或者拟进入杭州的人可以在支付宝的城市服务中自主填写有关个人信息，支付宝根据申请者所在地区情况生成一个健康码，红色码代表申请者应集中或者居家隔离 14 天，黄色码代表申请者应集中或居家隔离 7 天，绿色码则代表申请者可以通行。这种将风险管理数字化的做法也引起了国家的高度关注。在国务院办公厅电子政务办的指导下，支付宝也开发了应用于全国的疫情防控健康码平台，将这种做法在全国进行了推广。

"风起于青萍之末"，社会风险虽然是骤然之间发生的，但并不是毫无征兆的，如果我们基于历史和现实的状况深入细致地分析，就能够在实时评估的基础上对未来做出准确的预测，从而防患于未然。大数据技术给我们提供了风险研判的工具，关键是我们要具备风险意识，提高数字素养，关注数据质量，同时加强对数据隐私的保护。

在社会风险治理中，运用大数据技术必须严控数据垄断。然而在信息化的初级阶段，政府所掌握的信息又分散于各个层级、各个部门。每个信息掌控者都认为信息是属于自己的，不愿意共享信息，从而造成了诸多的"信息孤岛"，每个系统为了工作的需要，也分别向基层收集各种信息，形成一个个的"数据烟囱"。也许从这个系统来看，这些信息都是必要的，但对于基层来说，来自不同系统对于信息收集的需要又存在大量重叠现象。解决上述问题的办法，就是建立统一的数据平台，打破信息垄断，统一信息的收集、处理、存储。数据平台的建立有助于实现专业化，而且对于数据安全、公民个人隐私保护等方面也是极为有利的。

电子政务建设应当实现从以政府为中心到以用户（公民）为中心的转变。在理念层面，以人为本是服务型政府建设的根本要求，"立党为公，执政为民"在网络条件下同样应当坚持。为了体现这一理念，必须加强电子政务的战略规划和顶层设计，一切以便利公民为出发点，同时在制度层面应做好配套工作，改革行政审批制度，优化政府业务流程，提升社会治理能力，吸纳最新信息技术。同时，要防止过度数字化，有些地方或部门要求各项工作处处留痕，本质上是形式主义的做法。要防范"信息孤岛"和"信息烟囱"，加大信息共享力度，减少多次信息收集造成的人力、物力、财力和时间的浪费，减轻基层的负担。为方便用户，要消除界面过于复杂化、功能异化的问题。

2016 年后，人工智能技术引发人们的高度关注。人工智能技术是运用信息技术对人的智能的模拟、延伸和扩展。近年来，人工智能技术在各个领域都得到了广泛应用。在社会风险治理领域，引入人工智能技术也是大势所趋。人工智能技术中的机器学习就是模拟和实现人的学习行为，从而获取新的知识或技能。公共危机管理可以运用机器学习，对多种风险要素进行识别和分析，实现社会风险治理全覆盖。人工智能技术与大数据技术相结合，基于海量数据的挖掘和分析，可以实现对社会风险要素的精细化管理，抵御可能发生的风险，减少社会风险管理的盲目性，帮助我们构建更加科学有效的社会风险管理体系。

（二）运用区块链技术解决多方信任问题

近年来，随着社交媒体的发展，慈善捐助中任何一个细小的问题都有可能被放大。信任问题一直是困扰慈善捐助发展的一个重大障碍，这也是破解"志愿失灵"无法绕开的一个问题。区块链技术为解决多方信任问题提供了一种可行的方案。

区块链技术具有不可篡改、可追溯等特点，因而信任成本较低。这一技术不存在一个绝对的中心，将数据进行分布式存储，所有参与者均可进行监督，因而过程是公开透明的。具体到慈善捐助领域，捐款人每一笔款项的流向都被清晰地记录，没有任何暗箱操作的可能。这一技术大大降低了社会风险治理的成本，明确了社会治理中各方的责任和义务，有助于建立公共组织与公众之间的信任关系，促进社会风险治理的良性发展。

（三）社会风险的精准治理与模糊性治理

社会风险要实现精准治理，要充分运用大数据技术和网格化管理对每一个风险点进行精确定位。比如，在疫情监控方面，要准确把握每一个密切接触者，不允许有任何的疏漏。一旦有一个密切接触者被感染，他就有可能再去感染他所接触到的人，这就会使所有的防控措施功亏一篑。

社会风险治理最重要的是及时发现风险点。比如疫情防控，必须做到"早发现、早报告、早隔离、早治疗"。如何及时发现传染病人？在大数据时代，可以充分运用信息技术，比如智能定位技术，在疫情发生发展的过程中，可以运用大数据技术分析基于手机定位获得的从重点疫区流出的人口数据，预测未来疫情发展的方向，从而采取有针对性的防控措施。正是基于这方面的分析，国家才及时做出了封闭武汉的重要决策。这是人类传染病防控历史上的重大举措，世界卫生组织对于中国采取的防控措施表示赞赏。为了做到防疫和复工两不误，对于如何确保某一个人在近期的活动范围没有到访过疫区，三大手机运营商提供了到访地查询的功能。

与自然风险相比，社会风险有其特殊性，即社会成员的心理状态很难精准把握。这就要求我们在进行社会风险治理时，除了精准治理，还要针对不同的对象实现模糊性治理。比如，在疫情防控时，简单粗暴、整齐划一的做法有时效果就不一定很好。这需要具体情况具体分析，充分发挥人的主体性作用。在社会风险治理中，特别是涉及人的因素较多的工作，需要更多地掌握心理学方面的知识，熟练运用沟通与情绪管理的技巧，化解管理者与被管理者之间的矛盾和冲突。

（四）社会风险的全流程实时监控

在传统风险治理思路中，任何风险的管控权都把握在高层领导手中，普通民众并不知晓，更谈不上对于社会风险治理的全程参与。"内紧外松"是传统社会风险治理的主要原则，也就是将社会风险治理的主体局限于很小的范围。而社会风险治理主体之外的任何因素，包括普通社会公众均被视为社会风险客体，甚至是社会风险的重要动因，因此是被严加防控的。为避免造成恐慌，即便发生了某种严重的社会风险，对外也会严防死守，不让消息外露。

但是社会风险治理应当建立在正确决策的基础之上，而要提高公共决策的质量，必须注重网络民意的征集，大数据技术可以为网络民意征集提供技术支持。在网络条件下，公民参与具备了可能，这对于民主决策的实现无疑是有帮助的。不仅如此，在公共决策的实施过程中，以政府为主导的多元行动主体有助于实现社会风险治理的高效化。为确保社会风险治理过程的依法进行，网络监督也是极为必要的。网络监督是公民和其他社会组织通过借助网络参政议政的重要方式，对于实现社会风险治理科学化、民主化、法治化的意义不可低估。随着网络信息技术的发展，各种网络监督手段不断更新，云监控就是借助物联网、5G技术等对于公众关心的项目进展进行的实时拟现场化的网络监督形式。

大数据、物联网、云计算、人工智能等技术的发展为社会风险治理和管控提供了全新的方式，特别是对公众所关心的问题可以实现全流程、实时监控。

社会风险治理是极其复杂的，在网络条件下，需要政府与平台合作监管。政府应当更多地通过制定法规、政策对网络行为进行约束和规范，而平台则具备技术优势，可以从技术层面进行约束和规范。并且政府与平台合作的监管应当是贯穿全过程的，要涵盖事前、事中、事后监管。

四、网络时代社会风险治理体系的变革

为了应对网络化和全球化所带来的挑战，特别是新的信息技术革命的挑战，在大数据时代背景下，社会风险治理迫切需要实现治理变革。

网络时代的社会治理是一种数字治理，因应数字治理的基本要求，应创新社会风险治理模式。具体包括以下几个方面：

一是治理主体的变革。大数据时代，社会风险治理的主体应当是以政府为主导的多元主体，企业、技术社群、社会组织、公众都能够发挥各自的作用。

二是治理机制的变革。社会风险治理不应以维护静态的社会稳定为其内容，而应在动态中求得平衡与发展，应强化公众参与，优化机制和流程。

三是治理方式的变革。社会风险治理应坚决摒弃传统的简单粗暴的"管、卡、压"方式，而应在信息公开的前提下正确疏导。

四是治理绩效的变革。社会风险治理应坚持以人为本，将公众利益放在第一位，以公众满意度作为治理绩效评价的重要标准。

社会风险治理体系应当是一个完备的系统，它是在社会风险治理实践的基础上生成的。在我国社会风险治理体系的构建应当将人的因素放在第一位，始终坚持以人为本，为人民服务是我国社会风险治理的最高宗旨。网络信息技术的发展，既对社会风险治理体系变革提出了全新的要求，也为社会风险治理体系变革提供了可能。

在网络时代，社会风险治理的权力定位发生了根本性的变化。如果说社会治理权力的一项重要来源是信息掌控的话，在传统治理条件下，由于信息收集的方式是基于金字塔式的组织结构而进行的，所有信息几乎都会由下而上逐级传递给高层，高层所掌控的信息要远远多于基层，高层决策的信息基

础更为全面，这样一来，社会风险治理的权力定位于高层是没有什么争议的。然而，在网络条件下，由于信息并不是完全依照组织结构来流动，而是呈现一种发散的状态，如果高层仅仅依赖于下级所报送的信息，则可能出现下级"报喜不报忧"的问题，上级依据这些信息所做出的应对，则可能是不恰当的，甚至错误的。也就是说，在网络条件下，权力定位发生了某种变化。技术赋予了组织基层更多权力，基层可以依据自身所掌握的信息做出应对，而且，由于这种决策是在对自身情况有更多了解的基础上做出的，即可以做出"近点决定"，反而比上级所做出的应对更加切合实际。

随着互联网的发展，政府等公共组织的角色定位发生了变化，其功能亦应做相应调整。借助互联网，公共组织实现了再组织化。就社会风险治理而言，政府不再是单一的治理主体，不可能包打天下，应更好地发挥其他组织的作用，强调社会风险治理中的多元主体参与。不仅如此，公民不再是作为原子化的个体出现，而是通过网络结成了不同的群体（包括正式群体和非正式群体）。网络造成了组织和社会结构的变化，势必影响组织功能的实现。根据结构功能主义的观点，在网络条件下的社会控制与社会整合具有新的特质，一方面社会行动具有大联动的特征，另一方面依托大数据平台，对于社会风险可以实现精细化治理。上述两个方面，都大大地提升了政府等公共组织治理社会风险的能力。

在大数据时代，社会风险治理应当摒弃传统的单一主体治理模式，发挥多元治理模式的优势，以政府为主导，吸引企业、社会组织、技术社群和公民等参与社会风险治理

毫无疑问，社会风险治理的最重要主体是政府，政府必须对各种社会风险要素认真甄别，对于各种社会诉求及时回应。不同于传统治理条件下的回应，在大数据时代，政府的回应应当是基于知识库的诊断式回应。"前事不忘，后事之师"，为避免重蹈前人覆辙，应当充分运用大数据技术建立社会风险知识库，将古今中外的各种社会风险及其应对之策作为知识库的重要内容。在知识库建立及维护过程中，必须遵循科学高效的原则，充分发挥专家学者的作用，对于每一个个案要做认真细致地分析，特别是要运用大数据技术建立相关要素之间的关联模型，一旦某种社会风险要素触发预警，就可以实现

高效地智能化应对。以疫情防控为例，超出常规的病例数、传染率、病死率以及人口的异常大规模流动都是疫情预警点，这些预警点在社会风险知识库中都应重点对待。

社会风险问题是极其复杂的，事关社会福祉的公共问题的决策必须吸纳来自各个方面的意见和建议，发挥专家学者的作用，以提高公共决策的质量。任何的决策都不能"闭门造车"，决策的形成要从群众中来，到群众中去，公共政策理论中的循证决策也强调任何决策结论的得出必须有证据支持。民心是最大的政治，公共政策的制定必须以民心民意为依归。社会群体的复杂构成决定了民意的获取也是极其不易的。这要求我们在有关决策形成中，要吸纳民意，汇集民智，要充分运用现代信息技术，特别是大数据技术，对于网络舆情进行深入分析。只有这样才能将决策建立在民意的基础上，对于冲突的利益也能够寻求最大公约数，获得广大民众的支持。

在网络条件下，社会风险治理的权力结构也发生了较大的变化，传统治理的权力结构与其组织结构是高度同构的，权力运作与信息传输是依靠组织层级节制、内部制度规范等来实现的。社会风险的相关信息往往是高度机密的，因为普通社会公众对这方面的信息缺乏专业知识，一旦信息泄露，就会引发社会恐慌。因此，一般的做法是，如果发现有某种社会风险，也是按照组织层级逐级向上汇报的。2003年"非典"之后，我国对于重大疫情建立了直报制度，目的在于减少可能发生的信息瞒报和信息迟滞问题。但是，对外正式发布某种疫情，权限也是明确的，即并非哪一级卫生行政主管机构都可以发布。如果在传统治理条件下，由于信息保密性较强，这种机制是可以实现的。然而，在网络条件下各种信息传输渠道，都可能将某种疫情以非正式的方式向社会公布。

社会风险治理的任务极其繁重，涉及的问题极其复杂，必须加强社会风险多元主体之间的协同治理。也就是说，要发挥政府的主导性作用，其他主体包括互联网企业、技术社群、网民等各自发挥其应有的作用。对于社会风险点的监测，不能仅仅依靠一个专业机构。在传统治理条件下，社会风险是基本可控的，由一个专门机构来监测风险并对外发布风险信息，可以减少社会恐慌，在风险管控方面"内紧外松"，以最大限度地减少社会风险对社会经济发展造成的影响。然而在高度复杂性和高度不确定性的条件下，社会风险是多发的，其发展趋势也是很难预测的，如果能够在监测、预警方面采取多种机制，或许是更好的选择。

社会风险治理必须依法进行，无论是在实体的物理空间，还是在虚拟的网络空间都应如此。然而在网络空间，社会风险治理的法治结构却不同于物理空间的法治结构。在物理空间，法律对于管理对象的约束权是与管辖地域相关的，但是在网络空间，由于信息的高度流动性和网络行为的虚拟性，则很难明确行为主体的归属，甚至对于社会风险的发源地都很难追溯。虽然从技术上来讲，大数据技术以及区块链技术为社会风险治理提供了极大的帮助，但是从社会治理的角度来看，我们不能陷入"技术崇拜"的误区，单纯依靠技术来实现社会风险治理是行不通的。工具理性只能在社会环境相对稳定的工业社会发挥其作用，在网络时代，必须通过建立全新的行动结构，才能弥补静态的社会风险治理结构的不足。这种行动结构就是发挥网络各方面主体的作用，实现协同配合。

社会风险治理必须塑造良好的政府信任关系。实践证明，当政府与民众关系良好时，即便发生自然风险或社会风险，也能多方同心聚力、众志成城、攻坚克难、化险为夷。但是一旦政府与民众的关系恶化，即便是一个很小的问题，也会酿成大的社会风险。特别是随着自媒体的不断发展，自媒体受众人数日益增多，"人人都有麦克风，人人都是出版家"，网络时代彻底变革了信息传播机制，基于金字塔式组织架构的信息传播模式被基于网络的发散式信息传播模式所取代，这从信息基础上解构了政府信任，如果政府处置不当，很容易陷入"塔西佗陷阱"，即不管政府讲的是对是错，公众都会认为是错的，不管政府做的是好事还是坏事，公众都会认为是坏事。这样一来，政府与民众之间就没有任何的信任了，政府的施政措施就无法开展，社会风险治理当然更无从谈起。

鉴于社会风险治理的复杂性，社会风险治理中的政府信任关系，应当从一个较为宽泛的角度来理解，其中的信任主体是包括政府在内的所有参与社会风险治理的公共组织，而信任客体则是受到管理和约束的社会组织和自然人。信任主体要获得信任客体的信任，必须言必行、行必果，绝对不能出尔反尔，任何政策措施的改变都应当有一定的依据。社会风险治理过程可以比喻为走钢丝，如履薄冰，要慎之又慎。实践证明只有取信于民，才能获得理解，社会风险治理的各项措施也才能够得到很好的执行。

在社会风险治理中，政府等公共组织要获得社会的认可，必须塑造良好的政府公共关系。从某种意义上讲，政府信任关系也是政府公共关系的重要内容，政府公共关系并非仅仅是舆论宣传，更重要的是做好精细服务。

社会风险治理要做到防患于未然，从政府和其他社会风险治理主体层面来看，必须做好应对预案，防止某种社会风险发生后手足无措。而从公民的层面来看，则必须增强社会风险防范意识。比如，当疫情发生时，公民既不必过于恐慌，也应做好必要的防范。在互联网时代，信息来源多，作为民众要做到不造谣、不传谣、不信谣。

当然，增强公民的社会风险防范意识，不能仅仅是靠公民个人素质，还应通过政府和其他社会风险治理主体的宣传、教育以及有效地组织，特别是要更好地发挥基层社会组织的作用。在疫情发生后，城市的社区组织、农村的村委会等就成为党和政府在疫情防控工作中依靠的重要力量。实践证明如果没有社区组织和村委会尽职尽责地工作，就很难取得疫情防控的胜利。

在大数据时代，社会风险治理应体现价值、技术与制度的融合。近年来，随着服务型政府建设的推进，以人为本理念得到了越来越多的体现。在社会风险治理中，人的价值毫无疑问是放在第一位的。发展为了人民，社会风险治理中对人的价值的追求和维护同样不能动摇。为了更好地实现社会风险治理的目标，必须善于运用高科技、新技术，特别是大数据技术、人工智能技术，比如发展政府微信、政务微博、政务短视频等影响社会的重要传播工具。社会风险治理还必须建构完善的制度体系，维护和保障人的价值，更好地发挥技术在社会风险治理中的作用。

推进网络时代社会风险治理体系的现代化，最根本的就是要实现社会风险治理模式的转型。

要消除社会治理的碎片化状态，打破条块分割，借助电子政务平台，促进"互联网+政务服务"建设，提供一站式电子公共服务，形成合力，防止社会风险治理中的各自为政的状况。社会风险的成因是极其复杂的，"蝴蝶效应"不仅适用于自然领域，也适用于社会领域。社会风险治理必须强化系统性思维，追求整体最优而不是局部最优。社会风险治理中的守土有责是必要的，但是不能出现"各人自扫门前雪，休管他人瓦上霜"的问题，在分工负责的前提下加强协作。

政府必须及时回应民众对政府的要求，对于民众的诉求不能置若罔闻，也不能敷衍塞责，而应当针对不同的诉求，采取不同的回应措施。这也是服务型政府以人为本的基本要求。如果说受到技术条件的限制，政府难以完全做到及时回应，那么在信息技术高度发达的条件下开展社会风险治理，还不能及时回应，就是态度问题而不是技术问题了。社会风险治理本质上也是一种公共服务，运用互联网和大数据可以实现公共服务供给方式的创新。一方面，需要加强信息系统建设，比如公共信息服务平台建设，充分运用大数据挖掘技术，在海量数据中探寻最具价值的信息，为社会风险治理提供信息支持。另一方面，还可以结合智慧城市建设提供智慧公共服务。比如，疫情发生时，可以应公众的不同要求在线提供咨询或其他类型的公共服务。

现代政府不同于传统时代的封闭型政府，要求除事关国家机密、商业秘密、公民隐私等依法不公开的事项之外，均应向社会公开。只有公开，让权力在阳光下运行，才能受到监督，确保公共权力能够依法行使、为民所用。政府信息公开有依申请公开和主动公开两种形式。依申请公开是由申请者向有关部门提出，可以在线申请，也可以当面申请。主动公开则可以更好地运用网络平台，全面、及时地将有关事项向公众公开。

在社会风险治理中应当发挥政府、企业、社会组织、公众等各个主体的作用。在网络时代，特别是大数据时代，社会风险是极其频繁且复杂多变的，单靠政府这一主体是无法对多种社会风险实现有效治理的，因而，必须构建多元治理模式，即以政府为主导，其他多主体共同参与的社会风险治理模式。在这一模式中，多治理主体之间是同舟共济的合作关系。合作的前提是信任。这里的信任包括政府与社会之间的信任，即通常所说的"官民"信任，也包括民众对社会组织，比如慈善组织的信任。不论是哪种信任关系，都应建立在信息公开、透明的基础上，如果没有公开，公平、公正就无从谈起。而信息公开，就需要更好地借助互联网的平台。

　　社会风险治理的实践充分证明，在信息化、全球化背景下，只有正确认识社会风险的高度复杂性和高度不确定性，不断推进社会风险治理体系和治理能力现代化，并实现社会风险治理模式的根本性变革，才能更好地应对风险社会的挑战。

第二章

人类命运共同体视角下的全球网络空间治理

一、全球化背景下人类命运共同体理念的重要价值

在全球化背景下，国与国的交往日益增多联系越来越密切，越来越成为"你中有我、我中有你的命运共同体"①。然而，在各国交往中矛盾在所难免，而中国传统文化中的"和而不同"的理念，可以为国家之间求同存异、加强合作提供指导。改革开放以来，随着中国经济的飞速发展，中国的国际影响力逐步增强，中国在国际事务中所发挥的作用也越来越大，中国所倡导的处理国际关系的基本准则得到越来越多国家的认可。

人类是一个命运共同体，这意味着在变动不居的环境中，人类要生存和发展，就必须在相互交流、相互联系中形成共同价值。在共同价值基础上加强合作，并非将世界各国纳入为某一国服务的体系，而是各国共同发展和谐共生。人类命运共同体要求各国有责任担当，而且必须形成共识，采取一致的行动。各国要彼此信任，对于人类所面临的问题共担责任。

人类命运共同体理念可以从不同角度加以诠释。从政治上讲，各国应平等相待，要抛弃冷战思维，通过对话来化解分歧，通过和平方式来解决争端。从经济上讲，要推进经济全球化的进程，不搞贸易保护主义。从文化上讲，要促进不同文明之间的交流互鉴，摒弃文明冲突论。从安全上讲，要统筹应对传统安全与非传统安全。人类只有一个地球，世界各国要保护好人类共同

---

① 习近平. 顺应时代前进潮流　促进世界和平发展：在莫斯科国际关系学院的演讲 [N]. 中国青年报，2013-03-24（2）.

的家园。

传统的观点认为，国与国之间的关系是冲突与对抗的零和博弈的关系。人类命运共同体理念则认为人类社会是一个休戚与共的共同体，它明确了人类社会前进的方向，强调人类社会的共同价值，反对一些大国把自己的意志强加于他国，倡导各国话语权是平等的，各国通过平等协商来解决矛盾和分歧。只有求同存异、相互尊重、加强合作，寻求最大公约数才能实现人类社会的和谐共生。

自古以来，在中国这片土地上生于斯、长于斯的人们休戚与共，形成了伟大的中华民族。中华民族就是一个命运共同体。"和合理念"作为中国古代的一种处理人与自然、人与人之间关系的准则，也是一种可以推广至国与国之间的交融互鉴原则。中国古代社会所构想的大同社会，亦可以作为人类命运共同体构建的参考。由此推而广之，中国共产党把关注的目光投向全世界，关切世界和平与发展，对国际关系做出了创新性解释，提出了人类命运共同体的新理念。

在经济与社会日益全球化的今天，没有哪一国能够独立于世外。人类命运共同体理念，将中国的命运与世界的命运紧紧联系在一起。强调人类共同利益，是人类社会追求的目标。构建人类命运共同体必须遵循平等和主权原则、国际人道主义精神、联合国宪章的宗旨和原则、和平共处五项原则等国际公认的原则。

从中华人民共和国成立以后的外交实践来看，中国要发展，必须有和平的外部环境，要与各国和平共处。中国所倡导与一贯实践的和平共处五项基本原则，已经为世界各国所普遍认同。回顾历史，20 世纪 70 年代，毛泽东针对美苏两极争霸的格局，提出了"三个世界划分"的理论。改革开放后，邓小平对于 20 世纪末的国际局势提出建立国际政治经济新秩序的构想，江泽民提出推动建立公正合理的国际政治新秩序，胡锦涛提出"和谐世界"的思想观点。十八大以来，习近平运用创新思维和战略思维，创造性地提出构建人类命运共同体的重要战略思想。

中国提出构建人类命运共同体，对关乎人类前途命运的重大问题进行了前瞻性思考，形成了中国解决这一问题的方案。中国所提出的人类命运共同体理念是对于如何建设更加美好世界的全新方案。中国一贯坚持和平共处的五项基本原则，倡导各国应当以邻为伴、与邻为善，用合作而非冲突方式处理国际事务，在追求自身利益的同时兼顾他国利益。

实现人类社会的和谐共生，中国不仅是倡导者更是实践者。中国的国家治理不断创新和超越，显示了中国作为全球治理角色的能力。与一些西方国家不同，中国对待国际合作采取包容、开放的态度，有大国担当。中国开放包容的做法得到了国际社会的广泛认可。面对新的国际形势，中国提出了"上海精神""丝路精神"等。这些主张充分证明了中国的大国担当，彰显了中国在国际政治舞台上的重要地位。

中国一贯坚持和平发展的道路，尊重他国的发展权利。在国际事务方面，中国呼吁应当给予发展中国家更多的话语权。中国正同世界各国人民一起携起手来，共同推动构建人类命运共同体①。

人类命运共同体理念是中国对于构建新型国际关系的重大理论贡献。人类命运共同体作为一种全新的理念，有其思想来源。它是中西方文化交流互鉴的产物，也是对马克思主义共同体思想的继承和发扬。

从人类生活的实践来看，自从有了人类社会，就有了共同体的问题。马克思对于共同体做出了经典的阐释，他认为"自由人联合体"是"真正的共同体"②，是建立在人的全面发展以及全人类解放基础之上的共同体。当今国际局势风云变幻，世界各国更加需要同舟共济、安危与共。人类命运共同体理念强调，人类要生存与发展，必须摈弃零和博弈的观念，这与马克思主义共同体思想是一脉相承的。

每一个时代都有引领性的理论。随着中国逐步迈入世界舞台中央，中国解决自身问题的方案日益受到世界各国关注。与此同时，中国也需要向世界贡献关于人类社会发展重大问题的理论阐释。

当前，虽然和平与发展仍然是主流，但是世界呈现出诸多风险和危机。

---

① 张少义.人类命运共同体：维护世界和平与发展的"中国方案"［N］.江西日报，2019-03-25（10）.

② 中共中央马克思恩格斯列宁斯大林著作编译局.马克思恩格斯文集（第1卷）［M］.北京：人民出版社，2009：571.

其中，困扰人类发展的最重要的问题是安全问题，而且安全问题已经超出了传统安全的范畴，非一个国家单独可以解决，共同安全应当成为世界各国所共同面对的问题。在这种背景下，中国提出破解全球问题的对策无疑是中国对世界的重大贡献。

人类社会正经历百年未有之大变局，中国改革开放的实践以及中国新的经济增长方式为世界经济的持续发展提供了充足的动力。中国承担大国责任，尤其是通过"一带一路"建设带动经济欠发达国家的发展，旨在实现世界经济的均衡发展，中国对世界做出了重要贡献。中国以开放包容的心态，成为经济全球化的重要推动力量。

在新技术革命和全球化背景下，旧有的世界秩序已经无法解决新的全球性的问题，世界政治的发展亟须破解这一难题。人类命运共同体理念一经提出，就引发了广泛的关注。文明需要交流互鉴，世界需要开放包容①。世界不应该是单一文明，而是多种文明共生共存，正所谓"一花独放不是春，万紫千红春满园"。

构建人类命运共同体重要战略思想凸显了对人类未来命运的关切。当前，全球治理面临困局，这一思想为人类社会走向和平与发展提供了方向。人类命运共同体思想，既涵盖现实社会，也包括虚拟空间②。近代以来所形成的国际政治秩序是以西方国家为中心的，在全球化背景下，世界各国之间应当建立更加公平、合理的全球治理体系，构建人类命运共同体就是对这一历史重大关切的回应。虽然世界各国因为民族、宗教、历史、文化等方面存在差异，但是人类面临着许多共同挑战，而且许多问题是迫切要求各国通过加强合作才能解决的，比如重大传染病、气候变化以及网络空间治理等。因此，各国在保持自己文化独特性的前提下，必须融入世界这个大家庭，从而形成各国之间的紧密联系。在政治上，各国一律平等，坚持以协商对话的方式解决分歧。在文化上，尊重每一种文明的独特价值，倡导各种文明的交流互鉴。在

---

① 熊杰，石云霞. 论人类命运共同体理念的思想来源、发展逻辑和理论贡献［J］. 国际观察，2019（2）：1-28.

② 谢俊. 人类命运共同体思想的生成逻辑及建构实践［J］. 哲学研究，2019（2）：3-8.

生态上，各国共同面对人类共同的生存环境，应加强全球环境治理方面的合作①。

二、从人类命运共同体到网络空间命运共同体

党的十九大报告将"推动构建人类命运共同体"提升到"习近平新时代中国特色社会主义思想和基本方略"的高度，同时向全世界发出共同构建人类命运共同体的呼吁。报告所确立的"共商共建共享的全球治理观"，不仅为构建人类命运共同体提供了方法论指导，也是构建网络空间命运共同体的基本方略。网络空间治理问题是社会治理问题在网络空间的延伸。相应地，网络空间命运共同体理念亦是人类命运共同体理念的衍生物。

早在 2013 年 3 月，习近平总书记就在莫斯科国际关系学院的演讲中系统阐发了人类命运共同体理念。此后，习近平总书记又在多种国际重要场合倡导全球共建人类命运共同体。2014 年 11 月，习近平总书记在致首届世界互联网大会的贺词中首次将互联网与命运共同体的概念并提。2015 年 12 月，在第二届世界互联网大会开幕式的讲话中，习近平总书记正式提出"共同构建网络空间命运共同体"，强调互联网是人类共同的家园，各国应共同致力于构建网络空间命运共同体，推动网络空间的互联互通、共享共治，同时提出了构建网络空间命运共同体的五点主张②。

2019 年 10 月 16 日，世界互联网大会发布了《携手构建网络空间命运共同体》③。随着信息技术的发展，网络空间已经成为人类社会生产和生活的重要领域，是人类的第二家园④。网络空间命运共同体是人类命运共同体的子集，是人类命运共同体由物理空间向虚拟空间的逻辑延伸。与构建人类命运共同体一样，网络空间命运共同体的构建也是一项系统工程。

---

① 马桂萍，崔超. 论习近平关于构建人类命运共同体的创新性阐释 [J]. 辽宁师范大学学报（社会科学版），2019，42（3）：36-44.
② 蔡翠红. 推动构建网络空间命运共同体 [N]. 中国社会科学报，2021-02-23（8）.
③ 赵永华. 构建网络空间命运共同体的必要性与合理性 [J]. 人民论坛，2020（20）：110-113.
④ 沈正赋. 网络空间命运共同体的版图构建、机制维护与治理方略 [J]. 江淮论坛，2020（1）：130-134，140.

（一）构建网络空间命运共同体的重要意义

在全球化的背景下，构建网络空间命运共同体具有极其重要的意义，具体为以下几点。

第一，有助于实现我国建设网络强国的目标。近年来，随着网络信息基础设施建设不断加速，互联网发展和普及程度日渐提高，我国正在由网络大国迈向网络强国，在网络技术和网络治理方面积累了中国经验，在互联网发展方面逐步实现了从跟跑者到并跑者再到领跑者的角色转变①。相应地，我国在全球互联网中也扮演着更为重要的角色，在构建全球网络空间命运体这一历史使命中，中国应有更大担当和更大作为。

第二，有助于网络信息资源的整合与共享。在现代社会信息资源与人力资源、物力资源、财力资源一样，都是社会和经济发展不可或缺的重要资源。所谓网络信息资源，是在网络存储和传输的各类信息资源。由于各国国情不同，经济社会发展水平各异，互联网发展水平存在较大差异，互联网的硬件、软件、标准、规则等各方面均由以美国为首的网络发达国家所把持，发展中国家缺乏话语权。但是，随着互联网开放度的扩大，越来越多的国家接入互联网，网络空间日益拓展，互联网的发展给每一个国家都带来利好。更重要的是，网络信息资源共享，有助于缩小国家和地区之间的差距，最终实现人类社会的共同发展。

第三，有助于促进网络信息产业快速稳定发展。工业化和信息化的双重推动是中国近年来经济发展的重要原因。互联网是经济发展的新引擎，基于互联网的数字经济更是成为中国经济发展的新秀。互联网+政务服务、移动支付、电子商务的快速发展，极大地改善了民生，增进了社会福祉。进入新时代，我国将制定更加宏伟的互联网发展规划，持续推进网络基础设施建设，让互联网更好地惠及国人、造福人类。

第四，有助于信息基础设施建设。互联网是一个开放的网络空间，具有虚拟性和无国界性特征。正因为如此，世界才逐步变成一个"地球村"，互联网强化了人类社会命运共同体的属性。自从接入国际互联网以来，我国不断

---

① 荣开明. 习近平新时代建设网络强国思想论略［J］. 江汉论坛，2020（3）：46-55.

加大互联网发展的力度，大力推动信息基础设施建设，特别是对于欠发达地区的信息基础设施建设高度关注，使不同地区和不同人群之间的数字鸿沟不断弥合，互联网的发展给人们带来了全新的生产和生活方式。在国际互联网事务方面，中国作为一个负责任的大国，也在积极地发挥着重要的作用。

（二）构建网络空间命运共同体的困难与挑战

随着经济全球化的发展，互联网对人类社会的影响越来越大，人类应该借助互联网成为一个联系更加紧密的命运共同体。然而，这一过程并不是一帆风顺的，网络空间命运共同体的构建是一项极为繁重的任务，想要完成这一任务存在着一定的困难与挑战，具体表现为以下几个方面。

第一，由于世界经济发展不平衡，互联网发展水平存在很大差异，数字鸿沟问题极其严重。美国的互联网发展水平最高，其后是欧洲和新兴亚洲国家，拉丁美洲和非洲的发展中国家相对落后。网络空间的问题极其复杂，需要各国共同参与、协同治理。在全球网络空间治理事务方面，各国不论大小、强弱、贫富，均应平等地参与，然而由于互联网发展水平的差异，网络发达国家尤其是美国掌控了网络空间的话语权。

第二，网络空间主权存在争议，网络空间治理体系不公正。对于网络空间主权有两种主张。一种是以美国为代表的西方网络发达国家，否认网络空间主权，认为网络空间类似太空，不存在主权国家管辖的问题。另一种是以中国、俄罗斯、巴西等国为代表，主张网络空间主权，认为现实社会的国际规则同样适用于网络空间，各国之间应加强合作，共同参与全球的互联网事务和网络空间治理。迄今为止，关于网络空间主权在国际社会尚未达成共识①。一些西方网络发达国家，仅考虑自身利益，甚至将自身国家利益置于他国利益之上。比如，2001年11月欧盟和美国、加拿大等国制定了《网络犯罪公约》，这一公约背离了主权国家之间的合作互利原则，不能体现公正性和合法性。2013年和2017年北约先后制定了《塔林手册》1.0版和2.0版，就是以西方网络发达国家为主导的，美国等国粗暴地侵犯着网络发展中国家的

---

① 李传军，李怀阳.基于网络空间主权的互联网全球治理［J］.电子政务，2018（5）：9-17.

利益。

第三，全球网络空间治理中的不确定因素很多，尤其是网络安全问题值得高度关注。近年来，网络安全事件频发，网络病毒、黑客攻击已经成为全球网络安全亟待解决的问题。同时，美国凭借其网络技术优势，奉行网络霸权主义，由此所形成的不合理、不平等、不公正的网络秩序引起国际社会的普遍不满。就网络安全水平来说，美国处于最高层级，因为美国是互联网的发源地，而且掌握了关键技术，从而形成一家独大的局面。广大的网络发展中国家则处于极其不利的地位。网络具有匿名性特征，一些人利用技术优势实施网络攻击，或者散布谣言，制造不稳定因素，直接影响他国民众的正常生活，干扰正常的网络秩序。互联网的安全和秩序是网络空间健康发展的前提。如果只关注互联网所带来的便利，而忽视互联网的安全和秩序问题，必然造成网络空间的各种混乱现象。在经济全球化的背景下，互联网使世界各国的联系越来越紧密，网络安全问题也更加突出。不合理的网络规则和混乱的网络秩序，会严重阻碍全球经济社会发展。

第四，全球网络空间治理中的国际合作不到位，合作共治的机制有待健全[1]。网络空间协同治理需要政府、互联网企业、技术社群和网民等治理主体的有效协作。针对互联网的物理层、逻辑层和应用层等不同层次的特点，采取相应的治理措施。在国际范围内，网络安全并未形成很好合作机制，也未制定出有效的网络治理规则和政策。某些国家利用自身技术优势搞网络霸权主义，对他国进行技术封锁和网络监控，这种做法严重妨碍了网络空间治理国际合作的开展[2]。

（三）构建网络空间命运共同体的中国贡献

近年来，经过不懈努力中国正逐步成为网络强国，网络制度更加完备，网络空间更加清朗，互联网产业迅速发展。中国还积极参与网络空间全球治理事务，在推动构建网络空间命运共同体方面做出了重大贡献，中国的国际

---

① 李传军. 论网络空间全球治理中的国际合作 [J]. 广东行政学院学报，2017，29（5）：19-24.
② 钟声. 共同构建网络空间命运共同体 [N]. 人民日报，2020-09-10（4）.

影响力也显著提升①。由某一发达国家所主导的单极网络空间治理格局已告终结，以美国、中国、俄罗斯及欧盟等为主的网络空间多极治理体系正在形成。中国所倡导的网络空间主权也逐步获得各国的认可，有效地推动了全球网络空间的繁荣发展。

构建网络空间命运共同体的中国贡献具体包括如下几个方面。

第一，推进网络和平发展，制定更加合理的治理规则。鉴于各国在全球网络空间治理方面存在着不同诉求和利益矛盾，中国倡导以和平方式解决争端。在网络空间安全问题频发的背景下，必须尊重网络空间主权，坚决反对干涉他国网络事务，各国有权维护本国网络空间安全和其他网络权益。中国积极主导构建和参与双边或多边信任机制，主张应更好地发挥联合国框架下的网络空间治理国际机制。

第二，勇于担当使命，提出并践行构建网络空间命运共同体的新主张。如何有效地推进构建网络空间命运共同体，完善全球网络空间治理体系，是世界各国所共同面临的问题。中国作为一个负责任的发展中大国，同时作为一个向网络强国迈进的网络大国，系统阐述自身对于全球网络空间治理变革的看法，是时代赋予中国的使命。中国主张各国应平等参与全球网络空间事务，构建多边、平等、共享、开放的网络空间。近年来，世界格局正在发生着深刻的变化，多极化的趋向非常明显，通过多边协商建立网络空间治理规则已刻不容缓，中国倡导各利益攸关方应当在全球网络空间治理中发挥各自应有的作用。

第三，应对网络空间安全挑战，严厉打击网络犯罪，保障网络安全。各国应加强国际立法执法的合作，推动联合国、国际组织和区域性组织共同应对网络犯罪的滋生蔓延，因为这些问题并非哪一个国家可以独立应对。要推动全球网络空间法治化，确保网络空间的秩序，通过有效监督企业和企业自律，以营造清朗的网络空间②。互联网面临着严峻的安全问题，一旦遭受攻

---

① 李传军，李怀阳．网络空间全球治理问题刍议［J］．电子政务，2017（8）：24-31.
② 李传军．网络空间全球治理法治化问题探究［J］．广东行政学院学报，2019，31（5）：5-11.

击，将造成严重后果，因而保障网络安全是一个难题。联合国等国际组织应在这方面发挥更大作用。

第四，促进数字经济方面的国际合作，引领数字经济产业的发展。中国已经成为数字经济产业大国。2016年9月，G20峰会首次将数字经济纳入会议主题。未来是数字经济发展和规则形成的时期，也是中国引领数字经济发展发挥关键作用的时期。促进数字经济发展，必须加强国际合作，构建数字经济时代的国际规则。中国要坚定不移地支持经济全球化和投资便利化。数字经济的发展正是经济全球化的重要议题。

第五，坚持中国特色，坚定文化自信，向世界输出中国的网络文化。中国有着博大精深的传统文化，中国文化是世界文明的重要组成部分，在推动构建网络空间命运共同体方面，中国文化应当发挥更大、更重要的作用①。网络空间也是塑造国家形象的重要平台，运用互联网讲好中国故事，让世界了解中国，推动中国通过网络开展文化交流和合作，互联网成为传播文化的重要平台，也成为文化交流互鉴的平台②。

三、构建网络空间命运共同体，推动全球网络空间治理

构建网络空间命运共同体，已成为全球网络空间治理的当务之急。构建人类命运共同体是为解决全球治理中所面临问题的中国方案。在国际政治中，秩序观也是价值观。十八大以来，中国以构建人类命运共同体为新视角，倡导各国同舟共济、合作共赢，主张各种文明的交流互鉴。信息是一种重要的资源，信息化是我们这个时代的大趋势。进入21世纪以来，以信息技术为核心的新技术彻底改变了人类社会，网络时代扑面而来。然而与之相伴随的是，网络空间也存在着许多需要我们重视和亟待解决的问题。与现实社会一样，绝对不能任由网络空间中的网络谣言、网络诈骗、网络攻击、网络赌博等不良生态肆意发展。因此，构建网络空间命运共同体就成为全球网络空间治理

---

① 陈联俊. 构建网络命运共同体的文化担当［N］. 中国社会科学报，2019-12-25（8）.
② 李欣. "构建网络空间命运共同体"国际合作的中国贡献［J］. 网信军民融合，2017（6）：36-39.

的努力方向。

（一）全球网络空间治理的基本模式

在现代社会，公共问题往往较为复杂，仅仅依靠行政手段难以解决，需要多主体协同治理。在这种治理模式中，治理主体不仅有政府，还有私人机构、社会组织、公民等。治理过程强调利益相关方的共同参与和协商。

网络空间虽然是一个虚拟空间，然而网络空间所涉及的问题却比实体空间更为复杂，特别是各种各样非传统安全问题的出现，大大增加了网络空间治理的难度①。互联网具有跨国界特征，这使得全球网络空间治理更加复杂，并非哪一个国家可以独自应对，而需要各国共同参与、平等协商、责任共担、资源共享，制定与执行有关国际网络空间行为规则以解决全球网络空间的共同问题②。不仅如此，全球网络空间治理还需要互联网企业、技术社群、社会组织、网民等共同参与。也就是说，全球网络空间治理所形成的是一种基于合作的协同治理模式③。

对于全球网络空间治理有不同的观点，目前有两种治理模式，即多利益攸关方模式和多边治理模式。这两种治理模式各有其不同的主张，协同治理模式是对这两种治理模式的整合，是全球网络空间治理可供选择的方案。

全球网络空间的多利益攸关方模式强调非政府组织、互联网企业、技术社群和网民等共同参与全球网络空间治理。2003 年 12 月，在联合国国际电信联盟主导下，信息社会世界峰会召开。这次会议确立了多利益攸关方模式，这一模式是 The Internet Corporation for Assigned Names and Numbers（互联网域名与地址分配机构，简称 ICANN）所一直倡导的，也受到以美国为首的西方网络发达国家的极力推崇，是目前占据主导地位的网络空间治理模式。

全球网络空间的多边治理模式是由中国、俄罗斯等国所倡导的。2011 年，中国、俄罗斯、塔吉克斯坦、乌兹别克斯坦等国共同提出制定《信息安全国

---

① 范玉吉，张潇．网络空间命运共同体理念与网络空间治理［J］．西南政法大学学报，2020，22（3）：105-116.

② 李传军．构建全球网络空间治理规则的问题与对策［J］．武汉科技大学学报（社会科学版），2019，21（5）：520-526.

③ 马建青，李琼．构建网络空间命运共同体：全球互联网治理范式演进和中国路径选择［J］．毛泽东邓小平理论研究，2019（10）：33-42，108.

际行为准则》，提交联合国大会，作为正式文件散发，受到国际社会的高度重视。2015 年由上合组织成员国向联合国大会提交了新版的《信息安全国际行为准则》。这一准则提倡各国不分大小、强弱、贫富等均有权参与全球互联网治理，推动建立多边、平等、民主的全球网络空间治理体系。2014 年，中国召开首届世界互联网大会，这是中国一直倡导的多边治理模式的重要产物。2020 年 9 月，中国发起《全球数据安全倡议》，倡导全球数字治理应秉持多边主义，兼顾安全发展、坚守公平正义①。多边治理模式倡导全球网络空间治理应当由主权国家处于核心位置，发挥主导作用。当然，鉴于网络空间事务是极其复杂的，全球网络空间治理也应发挥企业、社会组织、技术社群、网民等互联网主体的作用，但是政府的主导地位并未改变。

全球网络空间的协同治理模式是将多方治理模式与多边治理模式相结合的一种新型的治理模式。这种网络空间治理模式认为网络空间最重要的行为体应当是主权国家，政府是治理网络空间的主导性力量，同时强调政府、互联网企业、技术社群和网民等共同参与网络空间事务，共同制定网络空间行为规则，各主体之间协调互动、共享资源、共担责任。

（二）全球网络空间治理中的国际合作

进入 21 世纪以来，互联网成为促进全球经济社会发展的重要推动力，也彻底改变了人类社会和自然界。网络空间对于经济社会发展起到了十分重要的作用，离开网络信息技术的支撑，经济社会甚至会难以正常运转。然而，网络空间存在着大量的不良内容和网络犯罪现象，网络安全问题频发甚至引发人们对国家安全问题的担忧。要使互联网健康发展，全球网络空间治理首先应当以增进全人类福祉为出发点，各国之间加强合作。世界是一个地球村，网络空间也是一个整体，孤立地谈一个国家的网络空间治理，是不现实的，因此，全球网络空间治理必须强化国际合作。

强化全球网络空间治理中的国际合作有以下几点要求。

第一，全球网络空间治理要确立法治理念，推动网络空间治理法治化。科技是一把双刃剑。互联网如果运用得当，就是人类的资源宝库；如果误入

---

① 本书编写组．中国共产党简史［M］．北京：人民出版社，中共党史出版社，2021：506.

歧途，就等于打开了潘多拉魔盒，人类将陷入一场灾难。互联网极大地方便了人们的生产和生活，"网络建构了我们社会的新社会形态"①，但同时，个人的信息安全和国家的网络安全都面临着重大的挑战。这意味着个人获取信息的自由必须处于法律秩序的约束之下。网络空间并非纯粹的虚拟空间，而是现实社会在互联网上的映射，互联网不是法外之地，因此必须确立法治理念。网络空间正常生态的维护需要依赖法治②。基于此，我们必须正确处理互联网发展与网络安全之间的关系，构建网络空间治理的基本框架，加大普法力度，提高公民的法治素养，共同维护网络空间的秩序。法律法规是实现网络法治的前提。想要在网络自由和网络秩序之间实现平衡，法律法规是重要的依据。互联网给人们带来了便利，相应地，遵守网络空间治理的相关法律法规也是网络空间行为主体的义务。想要推动网络空间治理法治化，首先，要健全和完善有关网络空间权益保护方面的法律法规，以保障公民合法权益。依法对网络进行监管，规范网络行为，加大对网络犯罪行为的打击力度，确保互联网安全和网络秩序。其次，要建立网络空间的自律机制，改进互联网监管方式方法，优化网络空间治理的流程，实现全方位无死角的法律监管。再次，要创新网络空间治理的模式，实现信息资源整合和共享，消除信息孤岛，促进大数据技术的运用。最后，要运用法律手段保护关键信息基础设施的安全，构建国际通用的法律基础。

第二，加强网络空间的文化建设。网络空间是人类活动的重要领域，因而网络空间的文化建设也是网络空间治理的题中应有之义。网络是文化传播的平台，也是意识形态的阵地。互联网是塑造文化软实力的重要途径，我们必须从国家战略的高度认识网络空间的文化建设，确保意识形态安全③。要加强网络空间的文化建设，首先，是要丰富网络文化的内容建设，以正面引导为主，弘扬正气，凝聚正能量，培育积极向上的网络文化，大力宣扬主流文

① ［美］曼纽尔·卡斯特. 网络社会的崛起［M］. 夏铸九，王志弘，译. 北京：社会科学文献出版社，2006：434.
② 白佳玉，隋佳欣. 论人类命运共同体理念在网络空间治理中的影响与意义［J］. 学习与探索，2021（3）：62-71，179，2.
③ 李传军. 国家战略视角下的网络空间全球治理［J］. 广东行政学院学报，2018，30（3）：5-11.

化。其次，是要引导网民正确处理国家、集体和个人的关系。最后，是要做好网络舆情监测和疏导。对于网络上的一些过激言论应加强引导，及时关注带有苗头性、倾向性的信息，做好舆情应对和民意疏导，防范可能出现的网络群体性事件。

第三，促进全球网络空间治理领域的合作。互联网是全人类共同的家园，维护好网络空间，是世界各国应共同承担的责任。全球网络空间治理，必须加强各国之间的合作，实现共享共治。加强网络空间治理国际合作是健全网络空间治理体系的重要前提。要加强网络空间治理的国际合作，首先，要加强各国的对话与合作，打造更有效的网络空间治理平台。其次，要在共同确立治理规则的基础上构建网络空间的新秩序，促进全球网络空间治理能力的提升和治理体系的优化，打击网络空间的各种犯罪行为。再次，要在合作共赢理念的指导下，加强各国之间的沟通交流，建立和谐的网络空间秩序。最后，要充分利用既有的网络空间治理平台，形成前沿性成果并向世界传播，掌握网络空间传播主动权和话语权①。

（三）构建网络空间命运共同体的基本内容

构建网络空间命运共同体的任务极其繁重和复杂，涉及网络规则制定、网络空间主权、网络安全、网络经济等诸多内容，具体包括以下几点。

第一，构建网络空间命运共同体，是一个逐步推动的过程。从网络空间治理主体和所涉及的疆域范围来看，网络空间可以分为不同层次，相应地，不同层次有与之相应的网络空间治理规则。2016年，中俄两国签署了《关于协作推进信息网络空间发展的联合声明》，这可以视为双边合作的最佳实践。上海合作组织、金砖五国等组织对于网络空间治理形成了诸多共识，对于网络空间多边治理有重要的推动作用。当然，由于网络空间问题的复杂性，对于全球网络空间治理尚存在诸多重大分歧，全球网络治理体系的构建任重道远。各国之间应秉持平等理念，进行反复的协商和沟通，必要时也需要各自做出让步，以求同存异，取得最大公约数，达成共识②。

---

① 谢晶仁. 加快推进网络命运共同体的构建 [J]. 湖南社会科学，2018（4）：45-48.
② 侯西安. 全球网络治理的中国方案 [N]. 中国社会科学报，2019-12-24（8）.

第二，构建全球网络空间治理的平台和机制。要协调和理顺全球网络空间治理中诸多行为主体之间的关系，协同治理的平台建设非常关键。目前，与网络空间治理有关的协同治理平台有国际电信联盟和世界知识产权组织。信息社会世界峰会和互联网治理论坛是与网络空间治理有关的两个国际会议，但是它们并未形成任何有实质意义的决策。印度等国提出，应当在联合国框架下成立一个机构，负责协调全球网络空间治理的各项国际事务。因此，联合国应当发挥更大作用，确保全球网络空间能够更加有效运作，为人类社会创造更多的福祉。

第三，明确网络空间治理主体的权利和义务。互联网是人类共同的家园，对于全球经济和社会发展有着极为重要的意义。各国有权利充分运用网络空间的各种资源，同时也有维护互联网秩序的义务。网络空间治理所涉及的问题极其复杂，治理难度相当大，同时由于互联网跨越国家边界，网络空间治理也需要主权国家之间的合作。面对复杂的网络空间问题，多方和多边需要各自承担起相应的责任，共同应对网络空间安全问题。

第四，健全网络空间治理主体之间的对话机制，共同参与制定网络空间治理规则。各国之间由于经济发展水平和社会发展阶段的差异，互联网发展水平也各不相同，这些都是开展全球网络空间治理很大的障碍。其中最为棘手的问题就是各国意识形态和价值理念的冲突。要求同存异，找出能够为各国所共同接受的全球网络空间治理规则，并确保规则能够得到切实执行，实现治理目标，就需要各主体之间的对话协商、合作共治。2017 年，中国发布了《网络空间国际合作战略》，倡导全球网络空间治理中应秉持和平、主权、共治、普惠原则。

第五，促进全球互联网的全面发展，提高全球网络空间治理的合作水平。构建网络空间命运共同体，需要世界各国共建共治。目前，数字鸿沟的存在依然是制约网络空间治理领域国际合作的重大障碍。各国之间应加大信息共享的力度，本着合作的意愿，在互联网技术研发、人才培养、应用推广、政策配套等方面均要加大投入①。此外，发展中国家也要争取网络发达国家的支持，提高自身的国际影响力，打破网络发达国家的网络霸权，构建和平、安全的全球网络空间②。

---

① 丁煌，周俊.网络空间命运共同体安全合作治理中的国际信息共享［J］.湖北大学学报（哲学社会科学版），2019，46（6）：141-145.

② 周建青.“网络空间命运共同体”的困境与路径探析［J］.中国行政管理，2018（9）：46-51.

第三章

网络空间命运共同体的思想与实践

一、网络空间命运共同体思想的形成与发展

（一）网络空间命运共同体思想的形成

党的十八大报告提出"倡导人类命运共同体意识"这一概念并对其进行阐释，强调各国应合作共赢，在追求本国利益时兼顾他国关切，在谋求本国发展中促进各国共同发展，建立更加平等均衡的新型全球发展伙伴关系。

习近平主席在国内国外等重要场合多次阐述命运共同体理念。当今世界，各个国家相互联系、相互依存的程度不断加深，人类生存的世界是一个地球村，更是一个你中有我、我中有你的命运共同体。人类命运共同体理念是站在全世界的角度，对全人类未来命运的展望，也是全人类共同应对危机和挑战的愿景。习近平对人类命运共同体的阐释，把握了人类利益和价值的通约性，在国与国的关系上寻求最大公约数。

网络空间命运共同体是一个包容于人类命运共同体的概念，是后者在网络空间这一特定领域的深化与发展。网络空间命运共同体是以互联网为纽带所结成的人类命运共同体，其出发点之一就是对信息技术用其利、避其害的运用。正是互联网使得各个国家相互联系、相互依赖的程度日益加深，使得时间、空间大大压缩，各国人民的沟通交流更加便利，让世界成为一个地球村；互联网使得参与网络的各个主体结成了你中有我、我中有你的复杂关系。信息技术的伟大革命及其所带来的巨大变化，正是构建网络空间命运共同体的现实基础。

网络空间命运共同体是人类命运共同体在网络空间的延伸。在现实世界

要致力于构建人类命运共同体，构建网络空间命运共同体就成为一种必要和必然。网络空间命运共同体虽然是构建于虚拟的网络空间，但是需要现实世界参与者的共同努力。因为网络空间虽然是虚拟的，但是网络空间的主体却是现实的。网络的使用者以及网络所处环境的现实性，决定了网络空间命运共同体与人类命运共同体的逻辑联系。

根据利益和责任平衡的原则，网络空间命运共同体的构建必须强调利益共享和责任共担原则。互联网已经成为信息传播以及社会生产和生活必不可少的工具，给人类社会带来了极大的便利。互联网给人类带来了全新的生产方式、生活方式乃至思维方式，它已经并将继续对人类社会产生重大变革。然而，互联网也给人类带来重大的挑战。比如，信息安全乃至国家安全受到严重威胁。各种网络犯罪，如网络恐怖主义、网络色情、网络赌博、网络诈骗、网络洗钱等时有发生。公民的个人隐私经常面临泄露的风险。网络黑客对特定目标进行攻击并屡屡得逞。各种虚假信息充斥网络，互联网成为谣言的发源地和传播场所。网络命运共同体对于每一个网络行为主体都提出了在享受权利的同时，必须承担各自的责任。网络安全是全球性的挑战，没有哪一个国家可以置身事外，必须共同合作应对。

世界互联网大会提出了"互联互通，共享共管"的宗旨，网络空间命运共同体是对这一宗旨的拓展和提升。网络的本质是互联，网络的价值是互通。正因如此，网络才能将世界各国和人民结成一个你中有我、我中有你的网络空间命运共同体。另外，网络空间的全球性也将各种网络乱象扩散到世界各处，因此必须强化网络空间治理的共享共管。共享是互联网给全人类所带来的福祉，理所应当由全人类共享，也是网络空间命运共同体所有成员应得之利。共同维护网络空间的秩序，防范网络空间的各种危害和风险，当然也是网络空间命运共同体所有成员的应尽之责。构建网络空间命运共同体，使得互联网"互联互通，共享共管"的宗旨得到弘扬，也使得人类命运共同体在网络空间有了具体的体现。因此，从人类命运共同体到网络空间命运共同体是合乎逻辑的发生和发展过程。

（二）网络空间命运共同体的传播学解析

网络是一种信息传播工具，互联网也是信息传播技术的重大变革。构建网络空间命运共同体有着丰富的传播学内涵，这不仅是因为网络空间已经成为传播学的重要研究内容，还因为传播学为网络空间命运共同体提供了重要的理论支持，主要体现在以下几点。

1. 网络空间命运共同体的提出是一次成功的议程设置

议程设置理论认为，大众传播往往不能决定人们对某一事件或意见的看法，但是可以通过设置不同的议题或者提供不同的信息来左右人们关注哪些事件或意见以及谈论的先后顺序。也就是说，大众传播无法决定人们怎么想，但是可以决定人们想什么。

在公共话语空间中，议程设置可以占据舆论的制高点，形成话语优势，从而对大众施加影响、引导舆论的方向。当然，从实际效果而言，议程设置并非万能。最好的效果是，不仅决定人们想什么，而且决定人们怎么想。不好的效果是，议程设置无人理睬，变成自说自话。最坏的效果是，大众的反应与议程设置完全相反。议程设置能够达到哪种效果，起关键作用的主要是以下几个方面的因素：一是议程设置是否有价值，能否引起大众的兴趣；二是议程设置是否正确，能否让人信服；三是议程设置是否合理并且合情。以上三个方面，如果答案都是肯定的，议程设置才能取得理想的效果。在现代社会，议程设置已经成为影响社会舆论进而影响社会的一种重要方式。

在国际社会，议程设置同样可以用来塑造国家形象，引导国际话语。网络空间命运共同体的提出就是一次成功的议程设置，引起了国际社会的积极回应。网络空间命运共同体是全球社会的共同关切，论证合理，因而深得人心。

网络空间虽然是虚拟的，但网络空间主体却是客观存在的，其对现实世界必然产生重要的影响。构建网络空间命运共同体实质上是要由网络空间主体来共同参与构建的人类命运共同体。中国作为正在由网络大国向网络强国转型的负责任的大国，愿意同其他国家分享中国网络发展的成功经验。网络空间命运共同体的提出是运用传播学理论对中国形象在国际社会的成功传播。

2. 网络空间命运共同体与人类的精神交往密切相关

人是社会化的动物，"鸡犬之声相闻，老死不相往来"的小国寡民状态，如果说曾经存在，也已经成为遥远的过去。当前，人与人之间的生产交往和生活交往借助互联网而呈现出社会关系的全新形式。马克思关于"人是一切社会关系的总和"的论断，在网络时代仍然是成立的。人的交往包括物质交往和精神交往，二者紧密联系，物质交往是精神交往的基础，精神交往是物质交往的产物。人类的传播活动与精神交往之间是互为因果的关系。

人类命运共同体是全人类互通、交往的共同体。在这一共同体中，信息沟通、精神交往是必不可少的。互联网将人类的物质交往和精神交往推展到一个更为广阔的空间。正是借助互联网，物流和电商迅速发展。人们也借助互联网这个平台与他人进行精神交往，扩大了交往的范围，丰富了交往的内容。网络空间命运共同体为人们在网络空间的交往提供了基本规范，确保了交往的秩序。

3. 网络空间命运共同体是对"地球村"这一传播学概念的阐释

互联网使得全球范围内的人们联系更加紧密，时空大大压缩，以至于世界被冠以"地球村"的称谓。相应地，人类社会发生了巨大而深刻的变化。借助互联网，人们的交往方式更多以非直接的、文字的方式进行。在地球村里，信息流动大大加快，传播效率大大提高，互联网促进了人们思维方式的变化、交往的日益频繁，进一步诠释了构建网络空间命运共同体的必要性。

4. 网络空间命运共同体有助于缩小信息鸿沟

全球各国对于构建网络空间命运共同体并非没有分歧。比如，在网络安全方面就存在着不应有的双重标准。某些网络发达国家奉行网络霸权主义，将自身利益置于他国利益之上，以牺牲别国安全而实现自身绝对安全，甚至对他国实施网络监控，侵犯他国网络空间主权，利用网络对他国进行舆论控制，实施"颜色革命"，很多国家和地区的乱局都与网络发达国家存在千丝万缕的联系。上述问题的出现，原因之一就在于信息鸿沟的存在。在网络空间发展中，信息鸿沟即数字鸿沟，数字鸿沟是由于全球互联网发展不平衡、规则不健全、秩序不合理所导致的。信息鸿沟的存在对于构建网络空间命运共同体是不利因素。由于信息鸿沟的存在，全球各国之间在网络发展方面的差距会越来越大，而这又进一步拉大了各国经济方面的差距。中国致力于全球网络空间治理体系变革，推动各国在网络空间治理领域的合作，这不仅有利于缩小信息鸿沟，而且最终对于构建网络空间命运共同体是重要的一招①。

二、网络空间命运共同体思想的基本内容

（一）网络安全是构建网络空间命运共同体的重要基础

互联网深刻地改变了人们的生产和生活方式，并与全球化一道给全球治理带来了前所未有的机遇和挑战。这就要求各国必须携手并肩共同面对全球治理中的各种问题。就全球网络空间治理而言，网络安全是其所有任务的重中之重。在网络空间中，每一个拥有网络边界的国家是组成命运共同体的个体，如果个体的安全无法保障，那么共同体的安全就无从谈起。因而，推动构建网络空间命运共同体必须保障网络安全。

保障网络安全首先必须坚持维护网络空间主权。主权是一个国家处理自身对内对外事务的最高权力。传统意义上的主权管辖范围主要涉及领土、领海、领空，网络空间主权是一个国家主权在网络空间的拓展和延伸，可以称为领网权。网络空间主权作为国家主权的重要构成，神圣不可侵犯。然而，互联网产生之初的技术结构决定了网络具有匿名性、开放性、虚拟性等特征，以致有些人认为网络是没有国界的，互联网是完全独立于国家管辖之外的虚拟领域，这种认识是完全错误的。虚拟网络空间不可能脱离信息基础等物理世界而存在，在网络空间中活动的每一个行为体也是现实世界中的国家、组织和个人。互联网不是法外之地，不可能脱离国家和政府的管辖。在涉及网络空间国际事务方面，为了维护国家利益，保障国家安全，必须毫不动摇地维护网络空间主权。进入 21 世纪以来，网络安全问题已经成为继恐怖主义、气候变化等传统安全问题之后的新型非传统安全问题，引发世界各国的高度重视，也对维护国家主权提出了重大挑战。网络攻击、信息泄露、信息基础设施被破坏等网络安全事件频发，使得网络安全这样一个技术问题日益成为影响国家安全的重大问题。一些西方国家利用自身技术优势大搞网络军备竞赛，给国际网络空间带来了更多的不安全因素。2010 年 9 月，伊朗国内互联

---

① 丁柏铨．"网络空间命运共同体"及其传播学解读［J］．新闻与写作，2016（2）：50-54.

网遭受"震网"电脑病毒攻击，使伊朗的核计划受到严重影响。2013 年，美国利用互联网对他国实施大规模监控的"棱镜门"计划曝光，使得各国认识到网络安全的重要性。尊重网络空间主权，共同维护网络安全应当是每一个国家的义务。主权独立平等是国际法所确立的基本原则，也应是各国在网络空间相互交往的行为准则。维护网络安全不能采取双重标准，更不能搞网络霸权，要在构建人类命运共同体理念的指导下建设和谐的网络空间。

维护网络安全必须提升网络技术安全。国家主权的维护必须依赖一国的经济、科技、军事等实力，网络空间主权的维护也必须依靠网络技术的硬实力。在网络空间命运共同体的构建进程中，网络技术创新是重要的促进因素。互联网核心技术必须由自身牢牢把握，很难想象网络核心技术受制于人而不能够保障自身网络安全和国家安全。前文述及的"棱镜门"事件就给各国敲响了网络安全的警钟。促进网络核心技术创新，必须从国家战略的高度来动员全国的力量，超前部署、集中攻关，才能实现自主创新。

维护网络安全还必须坚守网络文化安全。文化是一个国家和民族的灵魂，文化安全关乎国家的前途和命运。网络文化安全是文化安全的重要组成部分，对于维护网络空间主权的意义不容忽视。随着网络文化日益与人们的社会生活更加紧密地联系在一起，各国在全球网络空间展开了网络话语权的争夺战。网络文化安全与网络意识形态安全紧密相关。在网络空间中，制造网络谣言、煽动网络情绪、对他国进行意识形态渗透甚至大搞"颜色革命"的做法并不鲜见，利用网络宣扬利己主义、拜金主义、历史虚无主义等更是时有发生，甚至有某些坚持冷战思维的西方国家利用网络舆论"唱衰"他国的例子也屡见不鲜。上述网络乱象导致了网络文化安全存在重大隐患。正因如此，维护网络文化安全在构建网络空间命运共同体中的地位相当重要。

（二）共享共治是构建网络空间命运共同体的核心内容

互联网是人类文明发展的产物，也是人类共同的财富。各国都应当能够共享互联网发展的红利，从网络空间新秩序中获益。人类历史曾经经历了弱肉强食的原始丛林状态，现在人类文明已经进入高级阶段。构建网络空间命运共同体就是要建设和谐的全球网络空间，让每一个国家都能获得平等地参与全球网络事务的权利。只有真正实现共享共治网络空间才能健康发展。

互联网给人们的社会生产和生活方式带来了根本性的变化，也丰富了国际交往的内容，增加了国与国之间的利益交汇点。在构建网络空间命运共同体的框架结构中，网络安全是基础，网络共享是动力。如果没有网络安全作为保障，网络命运共同体的结构就不牢固，而缺少网络共享的动力，网络命运共同体就难以实现可持续发展。要构建网络空间命运共同体，各国必须同舟共济、互信互利，抛弃冷战思维和以邻为壑的做法，共同致力于完善全球网络空间治理体系，维护全球网络空间治理秩序。

网络共享共治的前提是网络的互联互通。网络是由各个信息节点联结而成的，如果联结中断网络就变成一个一个的信息孤岛。网络互联互通是以信息基础设施来提供保障的。为此，各国应加大资金投入力度，加强技术支持，共同推动全球信息基础设施建设，使得更多国家和人民能够共享互联网发展的机遇。

网络空间命运共同体也是各国在网络空间的利益共同体。只有让各国共享互联网发展的红利，网络空间命运共同体才能实现可持续发展。所谓"共享"，就是让更多国家、更多人民能够从互联网发展中获益，通过互联网提供的各种服务让更多国家和人民享受互联网发展的成果。所谓"共治"，就是国家不分大小、贫富、强弱，都有平等参与全球网络空间治理各项事务的权利。各国在网络空间结成了命运共同体，意味着责任共担、利益共享，只有相互合作、相互信任，才能在增进共识的前提下创造更大的利益。

网络空间命运共同体的构建必须实现普惠共赢。普惠共赢是网络空间命运共同体的基本特征，也是其必然结果。全球治理的战略目标就是实现普惠共赢，网络空间治理是全球治理的重要内容，因此，实现普惠共赢是构建网络空间命运共同体的题中应有之义。推动全球经济向着普惠共赢的方向发展，这是中国的一贯主张。从构建网络空间命运共同体的实践来看，互联互通是前提条件，共享共治是运行机制，普惠共赢是必然结果。互联网是人类的共同家园，推动网络空间互联互通、共享共治并最终实现普惠共赢是每一个国家尤其是网络大国的责任。作为负责任的发展中大国，中国提出了构建网络空间命运共同体的主张。未来，中国会在全球网络空间治理方面扮演更为重要的角色，发挥更大的作用。

（三）依法治网是构建网络空间命运共同体的坚实保障

互联网具有开放、共享、自由的基本特征，这促进了人类社会生产的重大变革，也创新了人类社会交往的方式。相应地，网民对于网络自由也有更多的期许。然而，正如在现实世界不存在绝对自由一样，网络空间的自由也是有条件的。网络安全和网络秩序都会对网络行为进行必要的规范。网络空间不是法外之地，法律对于网络空间的行为同样有约束力。网络空间与现实社会一样，既有自由也有秩序，自由和秩序二者之间是矛盾统一体。自由是秩序的目的，秩序是自由的保障。如果网络空间没有秩序的保障，将会出现极端混乱的状态，网络自由根本无从谈起。如何确保网络空间秩序的实现？这就有赖于网络法治。在全球网络空间治理领域，相关国际法和国际公约是维系网络空间命运共同体基本秩序的必要保障。在网络空间中，各种网络犯罪现象层出不穷，网络道德失范问题更是屡禁不止，这就给构建网络空间命运共同体带来了诸多困难和挑战。因此，对于网络犯罪必须严厉打击。

互联网是人类共同的精神家园，面对全球网络空间治理的难题，中国愿同世界各国一道，共同参与制定能够为各国所普遍接受的网络空间治理规则。

（四）追求共同价值应当成为构建网络空间命运共同体的精神纽带

网络空间命运共同体有一个贯穿于其基本结构的精神纽带，这就是共同价值。如果在网络空间治理中不能达成基本共识，那么治理目标就难以实现。同样，构建网络空间命运共同体必须以追求共同价值为出发点和终极目标。追求共同价值，就能够在相互理解的基础上求同存异，形成最大公约数。

网络空间命运共同体的共同价值追求的基本内容有以下几点。

第一，网络空间命运共同体的共同价值应当与世界文明的发展方向相一致。世界文明发展的脚步从未停止，和平、发展、民主、公正、自由，是全人类的共同价值，也应当成为构建网络空间命运共同体的共同价值。

第二，网络空间命运共同体的共同价值应当与网络独特的精神文化相契合。网络空间命运共同体的概念来源于人类命运共同体的概念，因而其必然具有人类命运共同体的基本特质，但也具有网络空间的特定意涵。经过长期的发展，网络文化形成了共享、虚拟、交互、快捷等特性，并由这些特征决定了网络空间结构的非中心性、多元化和扁平化。基于网络文化的上述特质，中国提出了促进网络空间健康持续发展的五大理念，即"创新、协调、绿色、开放、共享"，这是中国对于全球网络文化的重大贡献。

第三，网络空间命运共同体的共同价值应当与社会主义核心价值观形成共振。社会主义核心价值观不仅是对中国优秀传统文化的继承，也是对世界优秀文化成果的汲取。中国在社会主义核心价值观推动下进行网络空间治理的成功经验，可以为全球网络空间治理提供重要的借鉴。面对当前全球网络空间治理领域决策和执行方面的疲软和涣散，中国经验为其注入了新鲜血液。人们有理由相信，中国经验能够为全球网络空间治理难题的解决提供一把钥匙①。

三、网络空间命运共同体的践行路径

2015 年 12 月，在第二届世界互联网大会的主旨演讲中，习近平主席提出了"网络空间命运共同体"的概念。互联网是人类的共同家园，世界各国应当共同致力于推动互联网的互联互通、共享共治，构建网络空间命运共同体。网络空间命运共同体是互联网发展的必然产物，也是人类命运共同体的逻辑延伸。网络空间命运共同体的提出具有重大的现实价值和深远的历史意义，有助于消除数字鸿沟、破解网络空间治理中的诸多难题，并为我们构建和谐世界指明了方向。

（一）网络空间命运共同体的实然性

网络空间命运共同体并非虚拟的建构，而是一种现实存在。互联网本质上是一种信息沟通手段，从农业社会到工业社会再到后工业社会，许多重大技术突破往往是以信息传播技术的革新为表征的。印刷术、电报、电话、广播、电视、互联网、移动互联、大数据、云计算等信息传播技术和应用得以推广都是以互联互通为前提的。互联网将人类社会带入"一荣俱荣，一损俱损"的命运共同体。在网络命运共同体中，各行为体休戚与共、责任共担，共享网络空间发展的福利，共同致力于维护网络空间的秩序。

---

① 葛大伟. 网络空间命运共同体思想的内在结构和治理逻辑［J］. 重庆邮电大学学报（社会科学版），2018，30（4）：86-93.

网络空间命运共同体是互联网发展不可逆的产物。共同体是基于特定物质空间或地理区域的人类联合体，网络空间命运共同体则是基于互联网的人类联合体。

互联网从产生一开始就决定了它必然朝向人类命运共同体的方向发展。互联网是基于全球统一的信息通信协议而组建起来的，这就决定了互联网的开放和共享特征，而且互联网不存在一个控制中心，具有去中心化的结构特质。互联网使得各国可以进行信息的交流和传递，从而具有全球化特征。互联网打破了时间和空间对人类沟通的限制，突破了国家、民族、种族、宗教等有形或无形的疆界。互联网加快了信息传输的速度，扩大了信息传输的范围，大大提高了信息传输的效率，使得信息在全球范围内得以流通，世界成为地球村，这为网络空间命运共同体的形成提供了前提。随着信息通信技术的发展，人类的数字化生存状态的图景越来越清晰，不论是个人的生活方式，还是社会的生产方式，都与基于互联网的信息技术紧密结合在一起。但是，网络空间安全问题所致的网络空间的脆弱性，在全球范围一旦传播开来，任何国家也难以独善其身。网络空间的问题，需要世界各国共同面对，诸如网络恐怖主义、网络诈骗、网络监控等都会威胁到每一个网络空间行为体。因此，可以说，互联网是加速时代变革的重要力量，但也是社会风险的重要来源。应对网络空间的各种风险，构建网络空间命运共同体是必然选择。

网络空间命运共同体是人类命运共同体的自然延伸和逻辑结果。人类社会发展演进的历史就是共同体形成和发展的历史。在不同的时代背景和不同的空间环境中，共同体呈现为不同的形态。随着新技术的发展，人与人的联系方式发生了质的飞跃，从面对面的个体关联到以网络联结方式而形成的全面关联，从现实世界拓展至虚拟空间。基于信息通信技术的互联网营造了全新的人类活动空间，是人类命运共同体的自然延伸。其实，自从人类社会产生以来，人类作为一个整体就是命运与共、休戚相关的。当然，在人类社会早期，由于信息沟通不畅，可能会出现"鸡犬之声相闻，老死不相往来"的状况，但是人的类本质并不因为个体之间没有联系而消弭。全球化、网络化使得人类命运共同体因信息互联互通而成为必然。网络带来的信息化缩小了世界各国的时空距离，人们之间的交往更加方便、联系更加紧密，国际社会的"互嵌"结构特征更加明显。互联网使各国的经济利益高度相关，合作共赢理念日益被国际社会所认同。另外，全球化、网络化也促成了风险的"互嵌"，网络犯罪、网络恐怖主义等各种问题也呈现出全球性特征，要解决这些问题，需要各个国家相互合作。风险的"互嵌"，使得任何一个国家甚至国家集团都无法独立面对，而必须通过全球治理来化解。

网络空间命运共同体是人类命运共同体的典型代表，二者具有共同的核心价值理念。首先，二者涉及的主体都是全人类，既非国家也非个人。与现实世界相比，网络空间并没有创造新的主体，网络行为关系都是现实世界中各种关系在虚拟空间的映射。其次，二者的价值核心是相同的，都强调人类共同体的共生共存、共管共治，在人类共同体理念的指导下谋求国家、民族和个体的和谐共生，从而实现人类文明的可持续发展。最后，随着信息通信技术的发展，网络空间与现实世界的契合度越来越高，纯粹意义上的网络空间是不存在的。在上述意义上，网络空间命运共同体可以理解为人类命运共同体的典型代表。

（二）网络空间命运共同体的内在逻辑

人类命运共同体的本质是共享共存，网络空间虽然不同于物质世界，但它同样承载着人类活动，延续着人类文明。推进互联网的共享共治，是构建网络空间命运共同体的基本宗旨。网络空间命运共同体的内在逻辑可以从以下几个方面进行解读。

第一，网络空间对人类文明具有承载功能。文明是历史积淀的产物，有助于人类更好地适应和改造世界。尽管有学者认为，不同文明之间存在着冲突，但是文明的融合趋势更为明显。人类共同体的演变过程可以看作是从区域化走向全球化的过程。从文明演进的角度来看，人类命运共同体也可以称为文明共同体。网络空间作为人类文明的承载物，对于文明的一体化进程无疑是极为重要的促进因素。

人类文明有不同的载体，比如建筑物、文物等物质载体，但是文明更多的是以信息方式呈现出来的，网络空间作为最大的信息库，能够更好地展示种类繁多的文明。另外，网络空间也是文明互鉴的平台和工具。在文明的传承和发展过程中，人是最重要、最活跃的因素。随着全球化进程的加快，跨越国界的人员流动促进了文明的交流与互动。全球超过一半的人都拥有了智能手机，借助移动通信技术的支持，每个人都是一个移动的文明载体。通过网络传播，各种文明之间交流互鉴，差距越来越小，文明的全球性拓展和融合不断加速，更具包容性的人类文明共同体得以形成。从间接效应来看，网络正是人类文明融合的重要因素。网络不仅在物质基础上促进了全球一体化，而且也在观念上促成了人类文明的交流互鉴，从而使得和平与发展成为国际社会的主流价值观。

网络的价值在于其互联互通。随着全球化和信息化的推动，越来越多的国家和地区接入互联网，网络空间所承载的国家利益和民族利益亦越来越多。信息通信技术深刻地改变了人们的社会生产和生活方式，激励技术创新，促进经济繁荣，推进社会发展。"互联网+"与各行各业的融合度更高，极大地促进了生产力的不断发展。各国事关国计民生的重要部门，如金融、电力、交通管理等领域的网络化程度越来越高。网络空间的安全、稳定和繁荣对于一个国家乃至世界的和平与发展越来越具有重大的意义。同样，这也是人类的共同利益。网络空间将人类的共同利益连接起来，从而使得网络空间命运共同体也具有利益共同体的特点。

第二，网络空间具有动员和利益表达的功能，这也是实现利益弥合的重要机制。不同的利益主体都有不同的利益指向。信息可以减少或消除不确定性。网络空间的信息传输可以使得利益主体表达诉求，避免冲突积累，从而达到利益整合的目的。互联网使得信息在国与国间交流，减少信息的不确定性，增加互信。网络空间的动员机制可以弥合国内国际的不同利益。

网络空间命运共同体是共享利益、共担责任的命运共同体。权力的分散性决定了只有共担责任才能应对网络空间的问题。在全球信息化的条件下，国家不再是权力的唯一主体，国家要和其他网络空间行为体分享权力。网络空间权力的分散性体现在不同的网络行为主体拥有不同的网络权力。各种主体相互牵制，共同构成网络空间治理的责任共同体。

网络空间是由各个节点联结而成的，每一个节点都是一个权力中心，权力在网络节点之间进行流动。信息是权力的重要来源，能够充分利用网络的人，就可以获取更多的信息，从而占据更大的信息优势，为其在网络空间争夺更多话语权提供基础。此外，掌握更多信息技术也意味着有更多的获取信息的权力。网络空间权力的分散性使得权力具有去中心化的特质，从而决定了不同权力主体之间的相互依赖性。

网络空间命运共同体是对人类未来的想望，是可以通过人的努力实现的美好愿景。与其他科学技术一样，互联网是一把双刃剑。一方面，互联网为人类社会的繁荣与发展创造了机遇，使得社会生产力产生质的飞跃，人类的社会生产和生活也更加便捷。各国利益借助互联网相互交织在一起，全球形成一个利益共同体。另一方面，由于互联网的开放性和技术本身不够完备，各种网络犯罪现象经常发生，而且其危害也因互联网的互联互通而扩散至全球每一个国家，大到国家、小到个人，都难以置身事外。全球性的网络安全事件已经证明网络威胁是人类的公敌。网络安全问题的存在，要求各国必须采取合作的行为。人类社会的这种休戚与共的关系更加确认了网络空间作为人类命运共同体的性质。

（三）破解对于网络空间命运共同体的质疑

与人类命运共同体相类似，网络空间命运共同体的提出，无论是在国内还是在国际，都是一种价值哲学和外交战略。从全球和人类的角度来看，网络空间命运共同体对于合作共赢的强调，有利于国际社会的和谐和人类社会的发展。但是，这一全新观念的提出必然会受到传统的冷战思维以及零和博弈观念的质疑。现实的国际关系中，国家和地区间的冲突时有发生，不同文明之间并未形成和谐共存的状态。网络空间命运共同体观念是中国的互联网发展战略，其所受到的质疑主要有两个方面。

第一，"网络强国"与"中国威胁论"的质疑。确保网络安全的共同安全观，是人类命运共同体和网络空间命运共同体的核心价值观。然而，共同安全观却受到了一些质疑。中国提出了网络强国的战略，在中国网民数量已经居世界第一的背景下，网络强国战略的提出对于我国信息化的发展和网络安全都起到了非常重要的引导和推动作用。随着中国互联网的发展，一些持冷战思维的西方国家开始炒作网络版的"中国威胁论"。这些国家通过媒体报道和政府机构报告的方式，指责中国支持或者暗中指使黑客窃取境外信息等，这对于中国所倡导的网络空间命运共同体理念在国际社会的推广产生了负面的影响。所谓的"中国网络威胁论",无视中国在网络技术和互联网治理方面总体处于弱势,也无视中国是网络攻击的最大受害国以及西方在网络安全问题上采取双重标准的事实。

网络空间命运共同体实现的障碍之一是"社会达尔文主义"。在这一价值理念的指导下,每个国家都追求自身利益最大化,奉行弱肉强食的原则,一些国家甚至将自身利益凌驾于国际社会之上。要构建网络空间命运共同体,必须号召各国要关切他国利益和整体利益。网络空间命运共同体的提出旨在构建新型的国际秩序,确立和平、发展、公正、民主、自由的共同价值,实现合作共赢的新型国际关系。

第二,关于网络主权问题的质疑。网络主权是中国所一贯坚持的原则立场,这使得有人质疑中国能否践行网络空间命运共同体。因为根据近代国家主权学说,主权即国家对内对外的最高权力,国家为了实现自身利益,可以采取任何可能的手段或方式。马基雅维利甚至明确主张,为了达到国家的目的,君主可以不择手段。如果简单地理解共同体的概念,很可能将共同体与主权对立起来,其实这种观点忽视了主权的相对性。网络主权的相对性体现在对自我权利的限制和让渡。网络空间命运共同体的概念就意味着承认网络空间主权的让渡。中国尊重网络主权,强调各国主权的平等,不论国家大小、强弱、互联网发展水平高低,都有参与国际网络空间治理的权利。这种观点的错误还在于无视网络主权建设的长期性,忽视了主权国家是一个历史范畴,是实现人类全面自由发展的一个阶段。

当前,国家仍然是网络空间的重要行为体,网络主权原则有其存在的必要性。网络主权原则是全球网络空间治理的前提,也是一个国家对其网络行为负责的基础,同时也是维护网络空间公平正义的基础。尊重网络主权与构建网络空间命运共同体是辩证统一的关系。网络主权是构建网络空间命运共同体的前提,网络空间命运共同体是网络主权的保障。

(四)构建网络空间命运共同体的基本路径

在第二届世界互联网大会上,习近平主席向世界发出了构建网络空间命运共同体的倡议。具体包括五点主张,即加快全球网络基础设施建设,促进互联互通;打造网上文化交流共享平台,促进交流互鉴;推动网络经济创新发展，促进共同繁荣；保障网络安全，促进有序发展；构建互联网治理体系，促进公平正义。在第三届世界互联网大会上，习近平主席在上述五点主张的基础上又提出了构建网络空间命运共同体的"十六字方针"，即"平等尊重、创新发展、开放共享、安全有序"。这"十六字方针"可以作为构建网络空间命运共同体的指针。

构建网络空间命运共同体的基本路径有以下几点要求。

第一，在平等尊重的基础上达成共识。这是构建网络空间命运共同体最为重要基础的一环。共同的价值基础是构建网络空间命运共同体的基本前提，也是网络空间命运共同体的最高追求。

第二，在安全保障的前提下实现创新发展。创新发展和安全保障是网络空间发展中需要平衡的一对矛盾。互联网深刻地改变了社会生活，极大地推动了社会发展，也日益成为促进创新发展的重要力量。但是，如果没有安全保障作为前提，创新发展也不可能得到持续。处于网络空间命运共同体中的创新要实现从技术安全到协同安全的转变。首先，要从观念上确立共享安全保障的意识。维护网络安全是每一个国家的责任。网络安全是一种全球性的挑战，没有哪一个国家能够独立应对网络安全问题。各国应彼此确保不受网络威胁和遭受损失，同时也不能将自身网络安全建立在牺牲他国网络安全的基础上。其次，各国应采取行动，同舟共济，综合运用技术、制度等各种手段共同应对网络安全问题的挑战。由于网络的匿名性特征，网络行为往往难以溯源。这一特征决定了即使是网络技术再强大的国家也难以完全防范所有的网络安全问题。因此，单纯的技术安全观必须转变，要更多地依靠协同和合作。

第三，开放共享要实现合作共赢。网络空间命运共同体建设要求网络行为体摆脱零和思维，要合作共赢，实现网络空间的开放共享。开放共享不仅体现在网络空间物理上的开放共享，更体现为人们思维观念的开放共享。零和博弈的非合作观念已经存在了几千年，然而，当今国际社会中国家和地区之间的数字鸿沟越来越大，关键信息基础设施面临着巨大的风险，网络恐怖主义已成为全球公害，网络犯罪更呈蔓延状态。要从根本上解决这些问题，只有共建共治、合作共赢，才能构建和平、安全、合作、开放、有序的网络空间。合作共赢是网络时代人类命运相互依存的必然要求，也是全球化背景下社会进步的必然结果。国家之间的关系不再是你死我活的安全威胁和领土扩张的传统战略敌对关系，而是一种战略竞争关系。构建网络空间命运共同体，实现合作共赢要从以下方面着手：加快全球网络基础设施建设，打造网上文化交流共享平台，推动网络经济创新发展，保障网络安全以及构建网络空间治理体系。

第四，安全有序目标下的全球治理。实现网络空间的安全有序发展是网络空间全球治理的目标。网络空间命运共同体的构建需要人类社会和而不同。网络空间命运共同体是一个整体，而不是各网络行为体简单的聚合。共同体强调整体本位，而非个人本位。在共同体内部，尽管有种种差异，但是仍然是结合的关系。然而在社会中，尽管有种种的结合，但仍然是分离的关系。当然，命运共同体并非意味着其中的每一个个体都是相同的。中国提出人类命运共同体和网络空间命运共同体，并不否认世界存在着诸多矛盾，而是强调即便存在如此众多的矛盾，也不能回避人类面临的共同利益，并倡导包容、开放、共赢的理念来聚同化异。当前，世界各国在网络空间有不同的利益诉求，谋求全球共识基础上的全球治理模式存在一定的困难。因此，网络空间全球治理并非一味求同，而是不同问题寻求不同的解决方案，但是要求各行为体互相尊重网络主权，维护和平安全，促进开放合作，构建良好秩序①。

---

① 蔡翠红. 网络空间命运共同体：内在逻辑与践行路径［J］. 人民论坛·学术前沿，2017（24）：68-77.

第四章

网络空间命运共同体及其构建研究

一、网络空间命运共同体倡议的提出

网络空间是一个虚拟、动态、复杂的系统。人们在充分享受网络信息技术带来便利的同时，也遭受到网络犯罪、网络恐怖主义等困扰。经济全球化借助网络信息技术迅速发展。然而，全球网络空间治理面临着诸多困境，各国之间的共识难以达成。网络空间命运共同体的提出为化解全球网络空间治理的难题提供了可行的方案。不仅如此，这一主张还有助于将广大的网络发展中国家纳入全球网络空间治理体系之中，有利于构建公正合理的网络空间新秩序。

2015 年 12 月，习近平主席在第二届世界互联网大会上提出各国应共同致力于构建网络空间命运共同体。这是中国在新形势下，推动全球网络空间治理体系变革，深化网络空间治理领域国际合作的重大倡议。

党的十八大以来，我国高度重视网络空间和信息化工作。构建网络空间命运共同体，是习近平关于网络强国重要思想的重要组成部分，也是人类命运共同体理念在网络空间的延伸和体现。

网络空间命运共同体理念强调网络空间是一个全球各国共建、共享、和平、开放、安全、合作的空间。其硬件前提是全球网络信息基础设施的互联互通，各国数字经济开放发展，共同促进网络空间的和平发展，确保网络空间安全和秩序，构建公正合理的全球网络空间治理体系。

要消除网络发达国家与网络发展中国家以及网络欠发达国家之间的数字鸿沟，必须实现网络互联互通。一方面，要加大网络信息基础设施的投入力度，推动各国网络信息基础设施的共建共享和互联互通。另一方面，也要增强网络安全保障能力，使互联网成为国际交流可靠的关键设施。跨境电子商务作为网络互联互通的范例，同时是经济全球化的重要推动力量。"一带一路"沿线国家绝大多数是网络欠发达国家，这些国家的网络信息基础设施普遍较为落后。参与"一带一路"沿线国家的网络信息基础设施建设，是我国对外援助、援建的重要内容，也为我国相关企业实施"走出去"战略提供了契机。

网络空间命运共同体建设应当使全球各国均受益，这就要实现各国利益的高度融合。各国因社会制度、意识形态、利益诉求不同，对待互联网的态度亦不同。奉行网络霸权主义的国家，一方面对于他国正常的网络管理行为加以指责，另一方面又采取各种措施侵犯别国的网络空间主权。要构建网络空间命运共同体，必须消除各国对于网络空间治理方面的重大分歧，增进共识，协调各国在网络空间的利益关系，寻求最大公约数。

构建网络空间命运共同体，要求实现各国数字经济共享，促进共同繁荣。数字经济对于推动经济全球化、实现世界经济的持续发展，具有不可替代的作用。世界各国应当珍视数字经济发展的机遇，以开放、包容的姿态，促进各国在数字经济发展方面的共建、共享，推动传统经济的转型升级，使数字经济成为经济发展的新引擎，借助网络信息产业的发展，推动全球经济的可持续发展。数字经济领域的双边、多边合作应当成为国际合作的重要内容。

构建网络空间命运共同体必须尊重各国的网络空间主权。网络空间主权是一国主权在网络空间的逻辑延伸，也是继领土、领海、领空、太空之外的第五空间。网络空间主权对内表现为一国有权根据本国国情确定网络发展模式、制定网络空间管理的法律和政策并对网络空间实施管理，对外表现为一国有权防范来自外部的对本国网络空间的侵犯和破坏行为。

2003 年 12 月召开的联合国信息社会世界高峰会议发布了《日内瓦原则宣言》，明确与互联网有关的公共政策决定权属于一国主权的范畴。现代国际关系的基本准则，如和平共处、互不干涉内政、互相尊重主权和领土完整等，同样适用于网络空间。习近平主席在第二届世界互联网大会上指出，各国应当互相尊重、互相信任，各国有权自主选择网络发展道路和网络治理模式。

国家不分大小、强弱，在网络空间主权方面应当一律平等，坚决反对任何形式的网络霸权主义。

互联网是一个全球性的网络，任何国家都不得以任何理由侵犯他国的网络空间主权。各国都有权维护本国的网络空间主权和网络安全。各国在维护网络空间主权时，不能搞双重标准，即一方面反对别国维护本国的网络空间主权，另一方面以强化本国网络安全的名义对别国实施网络监控。国际社会应维持基本的公平正义，在网络安全方面，不能为自身国家安全而将别国置于不安全的境地，更不能以邻为壑，以牺牲他国网络安全为代价，换取本国所谓的绝对安全。

构建网络空间命运共同体，应推动各国文化的交流互鉴、和谐共生。互联网是信息沟通交流的工具，也是文化的重要表现形式。互联网为各国文化从区域性走向全球性、从相对封闭走向开放提供了重要条件。然而，网络发达国家凭借其技术优势垄断了网络空间话语权，对网络发展中国家进行信息渗透，将符合自身国家利益的意识形态和价值观奉为所谓"普世价值"，潜移默化地影响他国民众的思想和行为。更为恶劣的是，某些网络发达国家以文化冲突而不是文化包容的观点来看待不同文化之间的关系，它们借助网络捏造事实，散布谣言，对于网络发展中国家进行诋毁，甚至进行文化侵略。

构建网络空间命运共同体要求各国消除意识形态偏见，杜绝种族歧视和文化歧视，借助互联网推动各种文明之间的交流互鉴，增进相互理解、相互包容，消除隔阂。我国应将构建网络空间命运共同体的理念贯穿于对外交流和交往的各种活动之中，通过互联网塑造中国形象，传播中国文化，提升中国的网络软实力。

构建网络空间命运共同体必须保障网络空间风清气正。网络信息技术是一把"双刃剑"，互联网在促进经济社会发展的同时，也带来了诸如网络安全、网络犯罪等问题。这些问题单靠一个国家根本无法解决，必须依靠各国之间大力开展国际合作。人类命运共同体理念强调，全人类同呼吸、共命运，网络空间亦不例外。营造风清气正的网络空间符合全人类利益。然而，某些国家坚持旧有的冷战思维，大搞网络霸权主义，缺乏合作意识，这是构建网络空间命运共同体的重要障碍。

互联网不是法外之地，网络空间不应当成为犯罪行为的滋生地。因此，构建网络空间命运共同体，必须在国际法层面增加网络空间行为规则的制定，加强国际合作，加大对网络犯罪行为的打击力度，绝对不允许网络犯罪分子逍遥法外，共同维护好网络空间的生态环境。

二、网络空间命运共同体的存在形态

共同体是由一群人构成的特定形态，可以是一个组织、一个社区等。人类命运共同体是建立在真诚合作基础上的全球性的社会群体。网络空间命运共同体是基于网络空间而构建的人类命运共同体。它在内涵和外延上不同于一般的共同体。它不是一个地区性的社会群体，而是以世界上所有国家作为组成部分，具有全球性特征。

网络空间命运共同体以互联网为重要形式，它通过互联网打造了一个超越时空限制的人类沟通交流平台。互联网将世界各国人民紧密地联系在一起，世界由此变成了一个"地球村"，网络空间成为人类休戚与共的共同体。

冷战结束以来，世界的多极化趋势已经越来越明显，虽然一些大国逆世界潮流而动，试图维系其独霸地位，但是遭到其他国家的强烈反对。这种国际关系在网络空间也有具体表现。在互联网形成之初，美国凭借其技术优势，形成了一家独大的格局。美国将其在现实世界的霸权主义延伸至网络空间，形成网络霸权主义。美国把控了互联网关键资源，在特定情况下，甚至将某一国家从网络空间予以消灭。比如，2002 年伊拉克战争期间，美国就将伊拉克的顶级域名封杀，从而使伊拉克在网络空间一度消失。美国还掌握着网络信息技术规则的制定权，对于网络信息技术的后起之秀进行打压。不仅如此，美国等国还利用其对网络空间的掌控权，对他国进行信息输出，大肆宣扬其价值观，将本国政治制度和意识形态视为"普世价值"，而对别国政治制度和意识形态横加指责，利用网络鼓动、支持他国的颜色革命和街头暴力行为。

进入 21 世纪以来，中国、俄罗斯等国的互联网和信息技术以及国家力量都取得了长足的发展，世界各国也根据本国国情制定了网络空间战略，在国际互联网权益方面都提出了自己的主张。

互联网是一个全球性的网络，各国命运息息相关。面对网络空间的安全问题，没有哪一个国家能够独善其身，网络空间格局由单极走向多极是一个必然的趋势。各国之间不应该是对抗和竞争的关系，而是既竞争又合作的关系，因此，网络空间命运共同体是各国和各种社会力量在网络空间相互依存、相互作用的状态，形成互助合作、共建共享、平等相待、和平共处的多极格局。

网络空间命运共同体具有开放、包容、合作的基本特征。传统的国际组织是建立在参与国利益基础之上的国际机构，追求自身利益最大化。这些国际组织都有规范的组织章程，对于加入的条件也有严苛的规定，因而具有一定程度的封闭性特征。

不同于传统的国际组织，结成网络空间命运共同体的各国之间以自愿、自觉为原则开展交流与合作，从而使网络空间具有相当大的开放性和包容性。

三、网络空间命运共同体的构建路径

在第二届世界互联网大会上，习近平主席提出了构建网络空间命运共同体的"四项原则"和"五点主张"。这是构建网络空间命运共同体的指导性方针。在此指导下，构建网络空间命运共同体应从以下方面着手。

（一）凝聚共识

中国作为网络空间命运共同体理念的提出者，已经做出了表率。当然，要取得理想的结果，必须动员更多的国家参与进来，在相互尊重、平等互利的基础上增进共识，让每一个国家都意识到参与构建网络空间命运共同体的重要性和必要性，从而自觉积极参与到网络空间命运共同体的构建工作中。网络空间命运共同体本质就是利益共同体，不过这种利益是全人类的共同利益，而不是某一个或某一些国家的特殊利益。构建网络空间命运共同体有助于推动全球经济发展、政治稳定、文化繁荣、社会和谐，有利于实现世界和平。

构建网络空间命运共同体应强化理论研究，为网络空间命运共同体提供理论支持，针对网络空间命运共同体建设中遇到的问题进行深入研究并提供有针对性的解决方案。网络空间命运共同体建设应加强各国之间的沟通交流。我国理论界和网络管理机构可以通过参与或主办网络空间命运共同体方面的

国际会议,增进与相关国际组织和各国的交流,阐释中国网络空间治理的方案,尽可能获得理解和支持。除了理论界和政府部门之外,中国新闻媒介也应通过各种形式对外宣传中国网络空间命运共同体的战略构想。

(二)建立互信

网络空间命运共同体的构建需要世界各国共同努力,建立互信是构建网络空间命运共同体的基础和前提。党的十八大以来,我国信息产业获得了突飞猛进的发展,网民人数在位居世界第一的前提下不断增长,与互联网相关的新业态、新模式不断涌现,数字经济已经成为经济增长的重要推动力量。为适应这一变化,我国及时提出了网络强国战略和国家网络空间安全战略。中国网络信息产业方面的强劲发展,也招来某些国家对于我国构建网络空间命运共同体的误解和猜疑,加之这些国家与我国存在社会制度、意识形态、国家利益等方面的矛盾和分歧,有关中国网络威胁论的观点被炮制出来,质疑中国试图谋求全球网络空间主导权。一些奉行网络霸权主义的国家更是借助网络对中国抹黑,故意夸大所谓中国在网络空间的威胁,试图对中国的发展进行打压,这对于我国所提出的网络空间命运共同体理念在世界的传播带来极为不利的影响。

为此,我们要用实际行动来打消国际社会的疑虑,增进与其他国家的战略互信。中国提出构建网络空间命运共同体,旨在建设公正合理、和谐合作、相互尊重的新型国际关系。提出网络空间命运共同体并不只是为了维护中国的利益,也是为了更好地维护世界各国在网络空间的权益。构建网络空间命运共同体,以维护世界和平为目标指向,以使互联网能够更好地造福于全人类。中国的发展,从来不以牺牲别国利益为代价。中国奉行的外交政策是不称霸,在网络空间亦是如此。

(三)开拓创新

互联网的产生与发展相较人类社会的历史,只是短暂的一瞬,构建网络空间命运共同体这一新生事物,需要具备开拓创新的精神。

网络空间命运共同体是人类命运共同体的子集,世界各国都有参与网络空间全球治理的权利。这就要求我们必须构建公正合理的全球互联网治理体系。网络空间命运共同体对于各国之间的互信、合作提出了要求,互联网将世界紧密联系在一起，各国结成休戚与共的利益共同体，各国之间建立在互惠互利、共建共享、合作共赢基础之上的双边或多边关系已经成为大势所趋，每一个国家都成为人类命运共同体中的重要成员，没有哪一个国家能够闭关锁国与世隔绝。网络空间的安全威胁是各国所需要共同面对的，没有哪一个国家能够置身事外独善其身。各国之间应增进共识，创造更多共同利益，实现各国在网络空间的优势互补共同发展。

网络空间命运共同体中的各个国家之间是互相尊重、合作共赢的关系。尊重网络空间主权是构建网络空间命运共同体的前提条件。只有彼此尊重网络空间主权，才能建立公正合理的新型国际关系，各国之间才能开展平等的对话与交流，网络空间中的国际合作才能得以实现。联合国宪章所确立的各国不分大小、贫富、强弱，主权一律平等的原则，在网络空间同样应得到体现。各国均有权自主选择适合本国国情的互联网发展道路和网络治理模式，制定本国的互联网法律和政策，平等参与全球网络空间治理的各种事务。各国都不得搞网络霸权主义，不得侵犯他国的网络空间主权。全球网络空间治理秩序的确立，不能由某些网络大国搞单边主义，而要反映绝大多数国家的意愿和利益。

构建网络空间命运共同体，必须推进全球网络空间治理体系变革。现行网络空间治理体系曾经为促进全球互联网发展做出了贡献，但是也存在着很多问题。由于互联网发展历史的原因，一些互联网管理机构无法体现公平性，例如，互联网域名与地址分配机构（ICANN）、国际互联网协会（ISOC）、国际互联网工程任务组（IETF）等机构的成员主要以美国为主，全球根服务器绝大多数都位于美国，美国也曾经以其国内法来管理全球互联网，而且现行的网络空间治理的国际规则也是由美国主导制定的。毫无疑问，这些规则主要代表了美国的意志和国家利益，美国一贯奉行的网络霸权主义做法已经对其他国家的网络空间安全造成了极其严重的侵犯，因此有必要改变这种不合理、不公正的网络空间治理体系，建立多极化的全球网络空间治理体系，加强网络空间治理中的国际合作，推动全球网络空间治理法治化，构建公正合理的全球网络空间治理规则。

构建网络空间命运共同体，需要世界各国加强合作，增进共识，搭建多元化、多层次的合作交流平台，完善全球网络空间治理的协商对话机制。中国作为最大的发展中国家和网络大国，一方面，要巩固和深化与现有全球性或地区性的网络空间治理平台的交流与合作，另一方面，中国也要积极搭建更多的网络空间治理交流与合作平台①。

四、全球网络空间治理的模式

20 世纪最伟大的发明之一就是互联网，世界因互联网而更加丰富，生活也因互联网而更加精彩。互联网跨越地理疆界，为人类创造了一个沟通交流的虚拟空间。全球网络空间治理也成为这个时代重要的国际议题。大数据、物联网、云计算等新兴网络技术的出现，推动着网络空间的不断发展，也拓展了人类社会实践的空间。互联网具有开放性，经过几十年的发展，形成了全球性网络。从技术特征来看，网络空间是崇尚自由的，虽然网络空间具有虚拟性，但其对现实世界也产生了重大影响，因此，必然要对网络空间进行治理。

（一）网络自由主义与多利益攸关方治理模式

网络空间是利用网络信息技术营造的虚拟空间。网络空间对于每一个人都是开放的，每个人都能够在网络空间找到属于自己的虚拟存在方式。网络空间与现实世界不同，它不具备法律意义上的"领土完整"特征，信息经由互联网可以跨越国家的疆域。网络的开放性特质塑造了一个无权威的世界，它瓦解和分散了传统的权力结构。互联网的兴起对于传统的国家主权和治理方式都产生了重大冲击。上述方面构成了网络自由主义兴起的背景。

网络自由主义的代表人物巴洛（John Perry Barlow）和拉平（Todd Lapin）认为网络空间造就了一个自由而不混乱、有管理而无政府、有共识而无特权的社会。网络自由主义受到全球治理理论较深的影响。网络自由主义的全球网络治理就是要打破传统的国家中心主义体系，建立没有政府管制的治理模式，主张网络社会由网民自治，由各种网络规则、软件和硬件实现对网络空

---

① 余学锋. 网络空间命运共同体及其构建研究［J］. 中共福建省委党校学报，2019（4）：157-162.

间的管理。

1996 年，巴洛在瑞士达沃斯论坛上发表了著名的《网络空间独立宣言》。这一宣言吸纳了全球治理理论的"没有政府的治理"的观点，还结合网络的开放性和无权威性特征，宣称网络空间是一个没有国家主权的独立空间。在上述背景之下，网络空间的"多利益攸关方"治理模式应运而生。互联网社群和国际政治学者对这一治理模式存在着不同的理解。在互联网社群看来，这一治理模式旨在让所有受到网络空间治理和政策影响的群体都能够参与合作，参与对话、决策和执行。而国际政治学者则认为，这一治理模式的重点在于全球网络空间治理框架的建立、相关政策的制定应体现广泛的国家行为体和非国家行为体的利益关切。其实质就是实现网络空间治理组织的扁平化、政策制定的民主化和治理权威的去中心化。在这种治理模式中，国家的权威让位于网民和社会组织。网络空间的开放性逐步消解了国家主权的概念。"多利益攸关方"模式更加强调个体的利益而否定国家的作用，主张网络空间的治理应当是自下而上的，政府、市场和社会各自承担其功能，但是将政府管制排斥在外。

"多利益攸关方"模式被网络发达国家用来作为挑战网络发展中国家网络主权的工具。美国利用其信息技术优势，宣称网络空间是全人类的"公共领域"，主张所谓网络自由，反对网络空间主权，排斥国家主权对网络空间的管制，强调网络空间应当由私营企业、技术社群等非政府组织主导。

（二）现实主义与政府主导治理模式

网络空间虽然是虚拟的存在，但它是现实社会的逻辑延伸。现实与虚拟的双重交织导致网络空间中公共领域与私人领域的模糊不清，而这恰恰是网络空间混乱无序的重要原因之一。网络空间的开放性赋予了人们利用网络的自由，但是也为网络犯罪打开了方便之门。网络空间的匿名性能够保护网民隐私，但也造成各种负面信息的泛滥。网络空间的脆弱性致使网络攻击行为时有发生，侵犯个人隐私，乃至危害国家安全。网络空间的失序给现实世界产生的不利影响迫使各国必须予以应对，各国纷纷采取措施强化网络空间治理，网络自由主义日渐式微，而网络现实主义成为主流。

网络现实主义认为，网络空间虽然是虚拟的，但是其赖以建立的信息基础设施则是位于国家的主权管辖范围之内的，国家主权自然可以延伸至网络空间。网络空间的开放性和无权威性提升了网络空间中私营机构、国际组织、技术社群、网民等非国家行为体的地位，但是上述行为体在现实世界中依然要受到国家主权的管辖和约束，而且即使在网络空间中，国家作为重要行为体的地位并未被撼动。实践证明网络自由主义的观点根本站不住脚，如果没有国家行为体的主导，网络空间治理就无从谈起。全球网络空间治理的过程伴随着各国对于治理权力和网络资源的争夺。网络犯罪、网络恐怖主义等问题使各国认识到，必须加快全球网络空间治理进程，更好地发挥国家行为体在网络空间治理中的作用。由此，以政府为主导的网络空间治理模式应运而生。

在全球网络空间治理中，大国之间不可避免会产生利益矛盾和冲突。政府主导的网络空间治理模式以主权国家及其政府为网络治理的主体，强调主权国家在全球网络空间治理中的主导权和领导权。而多利益攸关方模式则强调各行为体的平等参与。在国家和政府的主导下，网络作为一个开放的空间逐步转变为一个受到约束的虚拟空间。国家和政府凭借国家主权和传统权力以法律和制度的形式来维护自己在网络空间的地位。美国虽然标榜所谓"网络自由"，但它却拥有世界上最多的有关互联网方面的法律。事实上，网络安全作为一种非传统安全，对于国家安全乃至全球安全都产生了重要的影响。政府主导的网络空间治理模式强调网络空间并非法外之地，维护网络安全，确保网络空间的有序发展，离不开国家和政府的有效管控。

五、构建全球网络空间治理体系的困境

互联网构建了一个虚拟的空间，它在给经济、社会、文化等方面带来便利的同时，也产生了诸多的问题。解决这些问题，必须全球一盘棋，推进全球网络空间治理体系变革。但是，网络发达国家与网络发展中国家在网络空间的性质、网络空间的治理模式、网络空间治理规则和权力分配等方面存在着较大的分歧，这是制约全球网络空间治理体系构建的重要原因。

（一）重建全球网络空间秩序的必要性

冷战结束之后，全球化进程加快，与之相伴随的则是非传统安全问题日

益增多，全球事务治理主体多元化，国际权力呈现一超多强的局面。美国和欧洲发达国家仍旧把控着网络空间的主导权，但新兴和发展中经济体也不断崛起，最具有代表性的就是金砖五国。经济发展与国际地位的提升使得这些国家越来越关注自身在网络空间的地位和话语权。可以预见，未来全球网络空间新秩序的构建取决于网络发达国家与网络新兴国家之间的互动关系。美国和欧洲网络发达国家虽然认为全球网络空间存在着技术变革和网络安全的挑战，但整体上还能够有效运转，因而主张维持现行的全球网络空间治理体系。目前，互联网基础设施资源和关键技术都掌握在美国等网络发达国家手中。混乱的网络空间秩序为这些国家输出其价值观、向发展中国家进行意识形态渗透大开方便之门。然而，全球网络空间治理必须根据网络信息技术及其他环境因素的变化做出相应的调整，才能更好应对网络空间的各种风险和挑战。现有的网络空间秩序是由西方网络发达国家所设计和掌控的，网络发展中国家为了维护自身在网络空间的权益要求变革不合理的网络空间治理体系，公平合理地分配网络空间资源，提高发展中国家的网络话语权。如果全球网络空间治理体系无法满足发展中国家的合理诉求，网络空间混乱无序的状态就无法从根本上得到改变。

（二）网络空间是否属于全球公域

构建公正合理的全球网络空间治理体系，必须兼顾国家利益与全人类共同利益。造成网络空间治理困境的原因之一就在于对网络空间的性质有不同的认识。网络空间究竟属于全球公域还是国家主权管辖范围？对于这一问题的不同回答，反映了各国基于自身利益对于网络空间的不同定位。全球网络空间治理过程充满了各国的利益博弈过程，各国对于网络空间的属性存在不同认识，各国对于网络空间治理的模式也存在差异。美国主张网络的全球公域属性，其目的在于将网络变成所谓全人类的共同领土，排斥其他国家的网络空间主权，从而为其推行网络霸权主义，输出其意识形态和价值观提供便利。中国等网络发展中国家则主张网络空间主权，认为网络空间虽然是虚拟的，但是仍然应当置于国家的主权管辖范围之内。广大网络发展中国家坚决反对网络霸权主义，要求构建公正合理的全球网络空间治理秩序。网络空间的复杂性和变动性增大了各国对其治理的难度，各国对于网络空间性质的认识分歧曾一度令全球网络空间治理进程陷入停顿状态。

（三）全球网络空间治理体系的构建缺乏统一的法律规制

网络犯罪、网络安全等诸多问题迫使各国必须共同面对。为保障网络空间，1996 年国际社会制定了《世界知识产权组织版权条约》和《世界知识产权组织表演及录音制品条约》，禁止破坏他人的技术保护措施。然而，此后有关国际网络空间治理方面的法律规制发展缓慢。网络发达国家和网络发展中国家之间矛盾重重，难以形成全球统一的网络空间治理法律规制。目前，网络空间治理的规范主要是国家之间签订的条约或国际组织的决议，不具备强制性约束力，无法作为全球网络空间治理的依据；欧洲各国签订的《打击网络犯罪公约》以及欧美国家为规范网络空间秩序制定的《塔林手册》，都充斥着网络霸权主义的色彩，不具备普遍的约束力；《日内瓦行动计划》和《突尼斯议程》等由国际组织制定的网络规范或会议决议，也不具备强制执行力。如果网络空间治理规范因各国矛盾而无法推进，则网络空间的诸多问题难以得到有效解决，最终会造成网络空间出现严重失序状态。

（四）全球网络空间利益分配不均衡

全球网络空间治理必须顺应全球化发展的历史潮流，兼顾全球共同与各国利益，构建全球网络空间治理的新型秩序。然而，发达国家与发展中国家之间不仅在经济发展方面存在着巨大的差距，而且在互联网资源占有方面也有天壤之别，这必然导致各国在参与全球网络空间治理方面的权力存在着严重的不均衡。美国是互联网的发源地，它掌控了互联网关键基础设施，同时，它对于互联网的依赖程度也较高。以美国为首的网络发达国家通过掌握先进的网络信息技术从而获得了全球网络空间治理的话语权。因此，网络发达国家试图将历史上形成的"中心—边缘"结构克隆到网络空间，推行网络殖民主义和网络霸权主义，从网络发展中国家获得政治上和经济上的利益。现在，网络发达国家掌控了互联网相关软件技术和硬件技术，网络发展中国家为此要支付高昂的使用费。技术资源的垄断使得网络发展中国家的利益严重受损。上述问题的解决，必须通过建立公正合理的全球网络空间治理体系。

六、构建全球网络空间治理体系的中国方案

面对全球网络空间治理的困境，习近平主席在第二届世界互联网大会上提出构建网络空间命运共同体的中国主张。这一主张既是体现了中国价值意蕴的中国方案，也反映了全球网络空间治理的本质要求。

（一）网络空间命运共同体的价值意蕴

网络空间命运共同体是指存在于网络空间的相互联系、相互依存，共同掌握网络空间前途和命运的各种组织与团体。

互联网打破了人与人之间交流的壁垒，可以实现信息的即时沟通。网络的开放性使得这种沟通可以跨越国界，世界也由此变成了一个"地球村"。各种文明在网络空间交流互鉴，人们也在文化交流中获得更多价值认同。每一种文化都有自身独特的魅力，每一个国家或民族基于不同的文化对于同一问题也可能形成不同的认识。网络空间命运共同体强调和而不同、兼容并蓄的理念，倡导不同文明之间的交流而不是冲突，打破不同文明之间的隔阂，推动各国互相理解、互相信任，在网络空间的性质和构建网络秩序方面逐步达成共识。

中国一贯坚持合作共赢的外交原则，中国的发展离不开世界，世界的繁荣也需要中国。网络空间命运共同体的构建必须强调合作共赢。网络空间的开放性赋予了每一个国家都有平等参与全球网络空间事务的权利，每一个国家都有自主制定本国网络政策和选择适合本国国情的网络发展模式的权利。在全球化时代，网络空间的风险和挑战对于每一个国家都产生了重大影响。网络空间的发展直接关乎人类的前途和命运。网络空间所存在的安全问题不可能由单一组织或单一国家来解决，各国必须共同面对。在网络空间命运共同体中，合作是唯一选择。尽管各国在网络空间的利益存在分歧，但是只有合作，才能解决诸如网络犯罪、网络恐怖主义等问题。各国只有不断扩大合作的领域，深化合作议题，才能促进网络空间的健康发展，也才能更好地维护自身的国家利益。中国举办世界互联网大会，为各国共同参与全球网络空间治理事务提供了重要平台，也极大便利各国人民共享互联网发展成果，促进网络空间的健康发展。

保障网络空间的安全、促进网络空间有序发展是国际社会的共同责任。网络空间秩序是构建网络空间命运共同体的基础，也是其重要组成。全球化浪潮推动着社会的发展，但与此同时，传统安全问题与非传统安全问题交织在一起，使得没有哪一个国家可以独善其身。各国应当共同面对网络空间的安全与风险，加强对话与交流，有效管控分歧，扩大共识，制定有效的全球网络空间治理国际规则和规范，打击网络恐怖主义和网络犯罪行为，提升网络空间的安全水平，共同维护网络空间的和平。信息技术的发展塑造了虚拟的网络空间，这一空间的平稳运行离不开秩序规范。各国只有加强合作，共同反对网络霸权主义，才能营造良好的全球网络环境。

（二）网络空间命运共同体理念应运而生

网络信息技术的发展使得世界各国借助互联网互联互通，国际社会越来越成为你中有我、我中有你的命运共同体。网络空间是人类活动的新空间，其发展前途和命运应当由各国共同掌握。构建网络空间命运共同体是全球化的必然要求，也是实现网络空间有效治理的必由之路。

网络空间命运共同体的构建要求多方主体共同参与网络空间治理。随着网络信息技术的发展，国家和社会对网络空间的依赖程度越来越高，参与网络空间治理的政府机构也越来越多。信息主管部门、外交机构、军事部门等都从自身角度对于网络空间治理提出了不同的要求。私营企业是全球网络空间治理的重要参与者。从信息基础设施到网络服务，私营企业都是不可或缺的提供方。网络社群和网民对于网络空间特定领域的关注促进了这些领域的发展。网络空间治理主体多元化是网络空间命运共同体形成的前提条件。中国是构建全球网络空间命运共同体的重要倡导者和推动者，中国鼓励政府、企业、技术社群和网民共同参与网络空间治理。网络空间命运共同体理念有助于化解网络空间各方矛盾和冲突，构建公正合理的全球网络空间治理体系。

在国际社会，发达国家凭借自己在政治、经济、技术等方面的优势谋求利益最大化，试图将对自身有利的不合理的国际秩序固化。这些主张扩展至网络空间，自然地引申出网络空间无主权论，其本质就是发达国家利用自身优势搞网络霸权主义。发展中国家因为互联网发展水平较低而无法真正参与全球网络空间治理进程。中国作为最大的发展中国家，也是一个负责任的大国。中国提出发展大国之间的新型合作关系，在全球网络空间治理中，国际合作特别是大国之间的合作是极为重要的。和平与发展是大势所趋，只有合作才能实现共赢。网络发达国家与网络发展中国家加强合作是全球网络空间治理的必然选择。没有哪一个国家能够永远领先，特别是在网络信息技术领域，即便是技术先发国家，也不可能通过技术封锁以永远保持其技术领先的地位。恰恰相反，各国加强技术合作，才能更好地促进技术发展，也才有可能为人类创造更加光辉灿烂的明天。人类命运共同体理念的提出就是对这一前景的瞻望与勾画。网络空间命运共同体是人类命运共同体在网络空间的延伸。网络发达国家与网络新兴国家应当增进合作，担负更多责任，以实现全球网络空间的良好治理。

全球化对于构建网络空间命运共同体是一个重要的促进因素。全球化以经济全球化为核心，在这一进程中各个国家、各个民族在政治、经济、文化等诸方面交流融通、互相影响，从而形成密不可分的命运共同体。在网络空间中，网络恐怖主义、网络犯罪等问题是全球性的问题，各国在应对这些问题方面具有共同利益。应对网络安全问题，要求各国必须放下成见、抛开分歧，以全球视野和全人类利益为出发点，以和平方式探讨全球网络空间治理的模式，推动全球网络空间治理体系朝着公正、合理的方向发展。

七、以网络空间命运共同体理念推动构建全球网络空间治理新秩序

网络空间命运共同体理念的独特底蕴和价值取向为破解全球网络空间治理的困境提供了切实可行的方案。

（一）全球网络空间治理中的共享共治

网络信息技术所建构的网络空间具有开放包容的特质，因此，在网络空间命运共同体理念指导下的全球网络空间治理必须坚持共享共治。网络空间主权是国家主权在网络空间的逻辑延伸，理应受到尊重。全球网络空间秩序构建也应反映各国和其他主体的利益关切。网络空间不可能有绝对的安全，一国网络安全不能建立在他国网络不安全的基础之上，各国应当协商合作，共同面对网络空间的各种安全问题。近年来，中国在信息技术方面取得了长足的进展，而且中国以开放、包容的心态加强国际合作，让各国人民共享科

技发展的成果。互联网等信息技术是人类的伟大发明创造，其技术不应当为哪一个国家所独占独享，要构建公正合理的全球网络空间治理体系，必须树立共享共治的理念。

（二）维护网络空间主权

互联网是一个全球性的网络，网络空间的无边界特征给国家主权的维护带来了巨大的挑战。构建全球网络空间治理的新秩序必须解决网络发达国家与网络发展中国家之间在网络空间主权问题上的对抗，以网络空间命运共同体理念化解矛盾与冲突。网络发达国家凭借其网络信息技术优势把控了网络空间的话语权，奉行网络霸权主义，无视别国网络空间主权，对他国进行网络监控。与此同时，又以所谓网络空间全球公域论对别国正常的网络管理措施横加指责。这种将自身网络安全建立在损害他国网络安全利益基础之上的做法是典型的"单边主义"行为。中国一向倡导网络空间主权，强调各国的网络空间主权均应受到尊重。网络空间命运共同体理念强调网络空间的包容性，主张以包容性跨越各国在社会制度、意识形态等方面的分歧，消弭利益冲突，共同构建多边、民主、透明的全球网络空间新秩序。

（三）建立网络空间的对话协商机制

各国在全球网络空间治理方面既存在共同利益，也有重大分歧。互联网的发展使得各国之间的依存度越来越高，世界成为一个地球村，各国人民也日益联结成为一个命运共同体。要解决全球网络空间治理中的矛盾与冲突，必须加强各国之间的对话与协商。网络空间命运共同体理念强调各国应同舟共济，倡导互信互利，抛弃冷战思维，加强沟通，不断增进共识，构建网络空间的新型国际关系。近年来，我国在构建全球网络空间治理沟通平台方面做了大量工作，积极参与网络空间的对话机制，主张应当尊重各国的利益关切和网络空间主权，管控网络空间的矛盾和冲突，构建公正合理的全球网络空间治理秩序。

（四）全球网络空间治理规则的变革

现行的网络空间治理规则是由网络发达国家主导的，它们凭借网络信息技术的优势牢牢把控了网络空间话语权。网络空间命运共同体理念要求各国在增进共识的基础上加强合作，通过对话协商共同参与全球网络空间治理规则的制定。中国作为发展中的网络大国，也是世界上网民人数最多的国家，一直致力于推动构建公正合理的全球网络空间治理体系。2011 年 9 月，中国与俄罗斯等国共同起草了《信息安全国际行为准则》。这一规则明确各国有责任和权利保护本国信息和网络空间以及信息基础设施不受侵犯，主张构建多边、民主、透明的全球网络空间治理机制，这是网络发展中国家致力于变革全球网络空间治理规则的有益尝试。网络发展中国家应当负起在全球网络空间治理中的责任，在推进全球网络空间治理体系变革和推动形成更加公正合理的全球网络空间治理秩序方面发挥更大作用。

进入 21 世纪，伴随着网络信息技术的新发展，数字经济迸发出巨大的活力。互联网作为全球化的重要推动力量，促使各国成为你中有我、我中有你的命运共同体。互联网已经与各国的经济、政治、文化、社会、安全等各个方面紧密相关，甚至不可分割。它在为人们带来便利的同时，也将风险扩散至全世界。各种网络安全问题层出不穷，没有哪个国家能够置身事外。互联网的全球性让各国成为一荣俱荣、一损俱损的命运共同体。网络发达国家所主张的多利益攸关方网络空间治理模式与网络发展中国家所坚持的以政府为主导的网络空间治理模式依然存在着较大的分歧，这是构建网络空间治理新秩序的重大障碍。面对网络空间的共同问题，各国应加强合作，以合作推动共建共享，最终实现共赢，使网络空间命运共同体焕发生机和活力。国家社会只有在网络空间命运共同体理念的基础上互信合作，共同应对网络空间的各种风险和挑战，才能让网络更好地造福于全人类①。

---

① 阙天舒，李虹. 网络空间命运共同体：构建全球网络治理新秩序的中国方案 [J]. 当代世界与社会主义，2019 (3)：172-179.

第五章

网络空间主权相关问题探究

一、主权原则在网络空间面临的挑战

网络空间是继陆、海、空、天之外的第五空间，网络空间主权是国家主权在网络空间的延伸，主权原则适用于网络空间已经获得国际社会的普遍认同。但是，对于这一原则具体如何使用还存在着一定的问题。一方面源于网络的技术特征，另一方面在于网络空间已经成为国家博弈的重要战场，从而使得主权原则在网络空间的适用存在着诸多不确定性。中国是网络空间主权的提出者和践行者，既要对主权原则在网络空间适用的困难有清楚的认识，也要在参与全球网络空间治理的实践中坚持原则性和灵活性相结合，以更好地维护国家的网络空间利益，促进经济社会的发展。

（一）主权原则在网络空间的适用性分析

主权原则作为处理国际关系的基本准则之一，是自 1648 年威斯特伐利亚体系确立以来就形成的。主权是一个国家独立自主处理自身对内对外事务的最高权力。在一国内部主权原则所体现的是国家与所治理对象之间的等级关系；而在国际层面主权原则所反映的是各国不分大小、贫富、强弱，地位一律平等。随着经济全球化的逐步推进，国内主权面临着多种政治参与主体的挑战，而在国际层面国家的政治主权、经济主权、文化主权等均受到各种侵蚀和削弱。在这种背景下网络空间的出现，对于传统国家主权带来了更大的挑战。

网络空间作为一个虚拟的构建，与现实空间有着较大的不同。网络空间的技术架构可以分为三个部分：物理层、逻辑层和内容层。物理层处于网络空间技术体系的最底层，主要由计算机、服务器、移动终端、路由器、光纤等信息基础设施构成。逻辑层负责网络空间中信息和数据的传输，主要包括各种传输协议和标准。内容层是经由网络传输的文字、图像、视频等各种信息和资料，以及互联网应用系统与互联网用户所构建的交际网络。由此可见，网络空间即人类使用互联网的空间。

从物理结构来看，网络空间呈现为一个分布式的网络结构，这一结构扩展至全球从而形成一个全球性的网络，没有现实空间的国界和地域限制，用户以匿名的方式将信息从一个终端传递至另一个终端，实现信息在全球范围之内的互联互通。虚拟的网络空间创造了一个全新的疆域，打破了现实空间的地理边界，对于基于领土的主权国家的权威性产生了冲击，主权国家在现实空间中治理社会的属地管理和属人管理的方法在网络空间很难发挥作用。

网络空间主权的边界包含物理层、逻辑层和内容层以及互联网用户。国家对于网络物理层的主权范围与现实空间是相类似的，因为信息基础设施是有形可见的，所以对其管辖权是可以明确的，各国可以对其境内的信息基础设施及对其的使用行为实施主权管辖，包括有权保护本国范围内的信息基础设施不受侵犯。如果一国范围之内的信息基础设施受到攻击，可以视为对该国的侵略。这一点已经得到国际法和国际社会的认可。

与网络物理层有形可见不同，网络逻辑层是无形的。互联网的域名系统由 ICANN（互联网域名与地址分配机构）负责管理。逻辑层的技术标准制定和域名管理是由技术社群和互联网社群负责。这一层面不属于国家主权的管辖范围。

网络内容层的信息和数据则兼具虚拟性和现实性双重特征。比如，网站内容是可见的，运营网络的公司也位于特定国家而受到国家主权的管辖。但网络信息又是在虚拟空间传播的，它可以跨越国界对世界各国产生影响。目前，国际社会普遍承认数据主权的存在。各国在尊重公民信息自由权的同时，有权根据本国国情，对于网络信息的收集、传播行为以及信息的内容进行监管，但是对于网络信息应在多大程度上以及受到何种方式的监管方面存在着争议。假定网络数据的产生地和网络运营公司的注册地并非一个国家，数据主体和数据管理者的权利与义务到底应受到哪个国家的主权管辖，这是一个尚待解决的问题。包括中国在内的许多国家采取数据本土化的做法，即使网络运营公司是外国公司，但产生于中国境内的网络数据应当存储于中国境内的服务器上，这样就可以对网络数据实施基于领土管辖的主权。

对于网络用户，现实空间的主权原则也可以延伸至网络空间。每个国家都拥有对本国公民的管辖权，国家通过制定法律以保障本国公民在网络空间的权利，对本国公民在网络空间的犯罪行为进行制裁。然而，互联网是全球性的，比如 A 国公民在 B 国利用 C 国的网站侵犯 D 国公民的权益，对这种网络犯罪的管辖权就存在着争议。

由此看来，主权原则在网络空间各个层次的适用性各不相同，特别是在网络数据跨境流动日益增多的情况下，主权原则在网络空间面临着更大的挑战。总体来说，各国对于主权原则适用于网络空间没有争议，但是由于各国国情不同以及国家核心利益的矛盾，在应对来自网络空间的威胁方面，各国有不同的认识和实践。谋求各国在网络空间主权方面的最大共识，是实现全球网络空间良好治理的前提。

（二）各国对于网络空间主权原则的实践

对于主权原则能否适用于网络空间，国际社会也经历了一个认识逐步深化的过程。在互联网发展的早期，有人认为网络空间是一个不同于传统主权国家的全球公域，应当由全球的技术社群来管理和维护。还有人认为，国家对网络空间的管制根本无法实现，因为互联网的去中心化特征已经将权力交给终端和用户，金字塔式的主权国家权威体系在网络空间无法发挥其作用。然而，主权原则无法适用于网络空间的论调很快就被打破了。随着网络空间与现实空间的联系越来越紧密，技术社群根本无法管理纷繁复杂的网络空间。为维护网络空间的安全，促进经济社会的发展，国家主权介入网络空间已经成为必然，主权原则在网络空间如何适用的问题就引发人们的高度关注。

目前，各国的网络空间主权观大致分为三种类型。一是以美国为首的西方网络发达国家，出于自身利益的考虑和传统的自由价值观，主张网络空间是所谓全球公域，网络空间治理应当由多利益攸关方共同参与，排斥任何一方的优势地位，特别是政府主体应减少对网络空间的干预。这种观点得到西方国家和非政府组织的支持。二是以俄罗斯、中国等为代表的网络新兴国家认为，政府在网络空间治理中的作用被严重低估，主张国际电信联盟、联合国等政府间国际组织应当在全球网络空间治理方面发挥更大作用。这种观点得到了印度、巴西等新兴经济体和一些政府间国际组织的支持。三是仍处于观望之中的发展中国家和欠发达国家，这些国家信息基础设施发展水平较低，互联网对本国的政治、经济等方面尚未产生决定性影响，因此对于网络空间主权的态度和立场往往并不鲜明，在全球网络空间治理事务方面参与度也不高。

作为两种对立的网络治理观，美欧国家与中俄两类国家在对待现有互联网治理体系方面有不同的立场。其背后深层次的问题主要在于国家利益，网络发达国家试图通过操控互联网来谋求更大话语权以维护和巩固其既得利益，而网络新兴国家则希望打破这种不公正不合理的网络治理体系。在经济与安全领域，各国对于主权原则适用于网络空间没有争议，各国博弈的重点是对于网络空间治理规则的制定权，以获取相比其他国家更大的利益和网络话语权。这其中最具有影响力的因素是各国的综合国力和信息技术发展水平。

美国是头号发达国家，而且是互联网的发源地，自互联网诞生之初就牢牢地把控了互联网，从而在网络空间博弈中处于绝对优势地位。20世纪90年代之前，美国并不支持网络空间全球公域说，而是积极与互联网技术社群开展网络控制权的争夺，最终妥协的结果是1998年互联网域名与地址分配机构（ICANN）成立，这一机构由私营部门运营，但是受到美国商务部监管。但是，进入21世纪，为了扼制中俄等国互联网的发展，美国转而支持互联网技术社群，鼓吹所谓"互联网自由"，主张网络空间治理的"多利益攸关方模式"，将政府以及政府间机构不介入域名管理事务作为美国移交ICANN监管权的前提条件。美国从试图控制互联网域名管理系统到以所有政府权威不介入为条件而放弃对域名系统的监管权，是因为美国的私营机构和技术专家已经在ICANN中占据了主导地位，排斥政府权威的介入，目标指向就是中国和俄罗斯。

虽然美国鼓吹所谓"互联网自由"，但是这种自由并非没有边界，其前提条件是美国的国家安全不能受到威胁，美国企业的全球竞争力也应得到保障，从而确保美国在全球政治、经济和军事等方面的绝对优势地位。2018年，美国先后出台《网络安全战略》《国家网络战略》等重要文件，将中国和俄罗斯视为战略对手，通过制定一系列法律、政策等，以强化美国的网络控制力，维护美国的国家利益。2018 年美国总统特朗普签署了《澄清域名合法使用数据法》，为美国政府从全球各地的美国数据控制者手中获取数据提供了法律依据。

与美国不同，即使欧盟国家与美国持相同的价值观，也支持"多利益攸关方"网络空间治理模式，但是在网络空间治理实践中，欧盟国家也非常重视政府对网络空间的管控，特别是在"斯诺登事件"之后，欧盟国家极为关注个人信息安全和隐私保护。2016 年欧盟与美国就数据安全重新签订协议。2018 年 5 月，欧盟制定的《一般数据保护条例》生效，其管辖范围不仅限于在欧盟国家注册的互联网服务提供者，也包括为欧盟公民提供服务的国外网站和公司。

俄罗斯是网络空间主权论的倡导者和坚定支持者。2011 年，俄罗斯发布《国际信息安全公约草案》，提出各缔约国均享有平等的网络空间主权。2016 年，俄罗斯发布《俄罗斯联邦信息安全学说》，进一步阐释了国家在网络空间的权益，明确了网络空间主权的内涵。在实践中，俄罗斯也非常重视国家主权在网络空间的作用，认为从关键信息基础设施安全到军事领域的安全，国家都应当发挥重要的作用。2019 年，俄罗斯制定了《俄罗斯互联网主权法案》，旨在减少俄罗斯与外部信息的交换，同时确保俄罗斯互联网的正常运行。

对于中俄与美欧在网络空间主权方面的冲突，西方学界大致有两种观点。一种观点认为，问题的焦点并不在于网络空间主权是否存在，而在于主权原则应如何适用于网络空间。另一种观点认为，强调网络空间主权旨在将国家主权权力置于其他考量之上，这与美国所倡导的尽可能减少政府干预不同。后一种观点在西方技术社群、学术界具有代表性。在这种观点看来，网络空间主权论意味着一个国家的网络空间利益不应受到任何外在力量的干涉或威胁。但是，这种认知会产生不良影响，一是一个国家能够保护其公民的个人信息免遭侵犯，但是这种权力却没有受到有效的监督；二是国家应该控制本国互联网，以使本国公民免受不良信息的影响，同时保护关键信息基础设施和政府系统免于外部敌对势力的攻击。然而，上述判断的基础是：国家主权在实践上是绝对的、稳定不变的。显然，这一立论是站不住脚的。

由上可见，各国对于主权原则适用于网络空间并不存在争议。对于涉及国家安全的领域，主权原则的适用性是毋庸置疑的。各国争议的焦点在于对互联网技术和内容层应如何监管。在网络空间治理方面，西方国家更加强调私营部门的平等参与权，中俄等国更注重政府的主导作用。虽然两种主张迥异，但本质上所反映的都是国家利益在网络空间的博弈。各国对待网络空间的不同立场本质上所反映的都是本国的国家战略。由于各国在网络空间的核心利益不同，因此各国对待网络空间主权的态度也存在差异，而且会随着环境的变化和网络安全问题的严重程度发生变化。

总体来说，各国在网络空间主权问题上的主张都反映了各国当下的核心利益。美国的核心利益是确保其在互联网产生伊始就具有的网络空间优势，因此无论是其主张所谓网络空间信息流动自由还是对他国启动大规模数据监控都是"美国优先"战略目标的具体体现。欧盟的网络空间主权主张主要是数据安全与个人隐私保护。以金砖国家为代表的新兴国家面临着发展与安全的双重任务。随着实力的提升，这些国家对于其网络空间的国家利益越来越关注，更加需要获得网络空间话语权。

（三）未来趋势与影响

信息通信技术的发展使得网络空间的内涵更加丰富、外延不断拓展，这也大大增加了国家主权在网络空间行使的难度。首先，网络空间涉及的主体更加多元，有政府、私营企业、非政府组织、技术社群、互联网用户等。其次，网络空间所涉及的事务更为繁杂，一个议题可能同时涉及经济、社会、文化、技术、安全等多个领域。最后，虚拟空间与现实空间的互动更为复杂，传统的地理边界在网络空间趋于失效，维护网络空间主权仅仅依靠政府的力量或者一个国家的力量已经难以做到。未来主权原则适用于网络空间还存在诸多不确定性因素，具体表现为以下几个方面。

第一，在国内层面，政府与私营企业以及其他行为体之间的边界在发生变化，国家不是唯一具有巨大权力的社会行为体。尽管随着经济全球化进程的推进，国家权力已经在向私营部门和非政府组织扩散，在网络空间这一进程更为显著。通过技术赋权，网民、团体和自组织网络，正在挑战国家作为网络空间治理主体的权威。

一方面，国家和其他行为体的权力边界都在向网络空间延伸并创造新的权力。在网络平台上，任何人都可以表达自己的意见，网络行为主体在网络空间的联结点越多，其所获得对舆论的影响力越大。也有人认为，互联网创造的信任资源是政治权力的重要来源。一些互联网巨头的国际影响力已经远远超过一个普通国家。从政府的角度来看，对网络空间实施管辖是其重要职能，然而这一职能虽然具有与现实空间同样的目标，但是其实现路径迥异，因而需要全新的理念和方法来应对新的问题。特别是在大数据时代，政府所掌握的庞大数据资源如何更好地为社会所利用，同时又要确保信息安全与个人隐私保护，以及如何界定政府与数据利用者之间的权责，都需要我们深入研究。

另一方面，私营部门因互联网的技术赋权而使得政府与私营部门之间的权力边界发生了较大变化，特别是互联网巨头对于关键信息基础设施的掌控能力显著增强，国家主权在网络空间的行使受到很大限制。与传统时代信息稀缺的状况不同，网络时代信息爆炸造成国家在网络空间行使主权时无法做出正确预判和控制。互联网的无中心特征反映在虚拟组织方面就是基于互联网的社会组织无须组织核心即可以开展大规模的社会行动，国家对于社会单元已经无法独享控制权。共享经济改变了传统的商业规则，基于互联网的新规范正在逐步取代政府所设定的规范。与传统媒体的信息获取中人的主动性不同，新媒体的推送模式使得网络信息的受众越来越沦为信息的奴隶。互联网企业掌握了网民的大量信息，通过大数据算法实现精准营销和信息推送，从而影响社会生态和政治生态。互联网企业的影响力越来越大，以至于政府要维护网络安全特别是国家安全离不开互联网企业的支持，否则政策目标难以实现，这样就造成企业在网络空间部分地参与公共事务、提供公共服务，而政府也在一定程度上介入企业的经营过程，对于企业行为涉及公共安全问题的领域实现政府与企业的协同治理。

第二，在国际层面，国家主权的行使面临更加复杂的局面。

首先，国际行为主体除了国家，还有其他非政府国际组织。国家的权威正在逐步被非政府国际组织侵蚀。即使是经济与安全等传统的属于国家主权管辖的问题，如打击网络犯罪、数字贸易规则制定等，仅仅依靠政府间国际组织往往难以奏效，也都需要非政府国际组织的参与。同时，互联网企业也积极参与网络空间治理规则的制定进程。2017年，微软敦促各国政府制定了《数字日内瓦公约》，建立一个独立的小组来调查和共享网络攻击信息，以使网民免受来自政府所支持的黑客攻击。2018年，微软再次联合34家互联网巨头签署《网络科技公约》，加强对于网络攻击行为的联合防御和技术合作，承诺不卷入由政府发起的网络攻击。由此可见，政府间组织在传统的主权领域仍然是对话和规则制定的主要主体，但是在网络空间，政府不得不与非政府组织和私营部门共享权力、共担责任。

其次，随着信息通信技术的发展，网络空间主权的排他性越来越弱，一国网络空间主权的维护更加需要其他国家的协助才能实现，特别是要做好国内法与国际法之间的衔接。比如，在数据跨境流动方面，2018年美国通过了《澄清域外合法使用数据法案》，使得美国政府可以合法使用企业的境外数据。欧盟出台的《一般数据保护条例》也将监管的对象扩展至欧盟之外的相关企业和国家。这都是网络空间主权向外延伸的典型例证。网络空间的全球性特征决定了，如果只是制定了本国的数据保护条例而未制定有关跨境数据的规则，那么本国的数据保护无法从根本上得到实现。在网络空间中，一国所受到的网络攻击很大可能是来自境外，这就需要通过网络空间的全球治理来化解网络安全的风险。由此可见，网络空间主权维护与构建网络空间命运共同体的理念和路径是一致的。

当前，国际关系正在发生深刻变化，网络时代大国之间的博弈正在展开，各国都在试图抢占网络空间的制高点。一方面，网络攻击、网络犯罪问题频发，不仅直接影响国家安全，也是全球性的灾难。另一方面，大数据、物联网、云计算、人工智能等新技术领域已经成为各大国角力的内容。新技术的出现还衍生出新的政治生态，对一国的意识形态安全产生影响，日益严峻的网络安全问题对于网络空间主权的行使产生重大考验。

从客观上看，主权原则在网络空间的适用正面临着双重张力。一是国家主权在网络空间的边界在不断延伸，二是国家主权在向非政府行为体和私营部门让渡。这两个方面交织在一起增加了国家主权在网络空间行使的难度，这也是网络时代大国之间战略博弈的环境特征。在网络时代，国家权力竞争主要体现为对于网络的控制权，其中最重要的就是一国的科技实力，特别是对于网络信息核心技术的掌控程度。具体表现在以下三个方面：一是技术标准的制定。不同于实体的现实空间，网络空间是通过信息技术所营造出来的虚拟空间，在这个空间里技术是权力衍生的基础，而技术标准则决定了网络空间运行的基本规则，掌握了技术标准的制定权对于一个国家在网络空间占据优势地位是至关重要的。二是对网络空间关键资源的掌控力。在大数据时代，信息资源与物质资源、人力资源一样成为关键性的生产要素，催生了新的业态，带来了新的政治生态和社会生态。三是对网络空间国际规则制定权的争夺。网络空间是一个不同于现实世界的虚拟空间，网络空间规则的制定涉及现实世界规则的适用性问题。例如，《联合国宪章》的基本原则如何适用于网络空间？数字贸易规则、网络空间行为规范如何确立？诸如此类的问题是大国之间博弈的焦点。

一个国家的综合国力决定了该国维护本国网络空间主权的能力。近年来，网络信息技术发展迅速，一个国家在信息技术方面的创新能力和改革能力是其维护网络空间主权的重要保障。在大国战略竞争的条件下，网络空间成为各国战略博弈的重要领域，这对于一国维护网络空间主权的能力提出了重大挑战。

我国应当基于对网络空间主权内涵和外延的认知，在实践中一方面要把握网络空间主权原则的底线，另一方面也要有适度的灵活性。网络空间主权应当是发展的、分层次的，维护网络空间主权的策略要随着国家利益的变化做出适当的调整。应当针对网络空间事务对于国家利益的影响进行综合考量。在网络时代，只有坚持原则性和灵活性相结合，才能更好地维护网络空间主权和国家的核心利益，为建设数字强国、网络强国创造更加有利的外部因素①。

---

① 郎平．主权原则在网络空间面临的挑战［J］．现代国际关系，2019（6）：44-50，67．

二、网络主权否定论批判

"网络主权"这一概念是在国际社会所普遍认可的"国家主权"概念与新兴的"网络"概念相结合的产物。"网络主权"并不只是作为一个术语而存在，还反映了网络空间治理的原则和理念。自互联网产生以来，对于基于互联网的网络空间的治理问题就争议不断。对于网络主权是否存在以及网络主权的基本原则问题，国际社会并未达成共识，而是形成了两种截然相反的主张：网络主权存在论主张网络主权是国家主权在网络空间的自然延伸和体现，是客观存在的；网络主权否定论认为网络空间是一种新型空间，国家对此并无主权，对于网络空间的治理需要新的治理模式与理念。

网络主权之所以存在争议，主要有两个原因：一是当代社会对主权概念存在争议；二是对于互联网的性质以及基于互联网而产生的网络空间的性质存在不同的理解。但是不管主权的概念如何发生变化，它仍然是国家统治权的基础和国际秩序的前提。从主权的基本原则和互联网发展的历史与现实来看，国际对网络空间拥有主权既有坚实的法理基础，又有现实的实践价值。否定网络主权不但在理论上站不住脚，也不符合各国对网络空间治理的实践。

（一）网络主权否定论及其立论依据

虽然互联网产生于 20 世纪 60 年代，但是直到 20 世纪 90 年代中期，互联网还仍然只是网络技术人员、大学和科研机构之间的专业性网络，发展网络技术、制定网络标准主要由专业性组织来承担，国家基本不介入，互联网对社会的影响也不大。此时，网络空间往往被界定为基于互联网而生成的不同于现实世界的虚拟空间，受到网络规则的约束。受到这一认识的影响，早期对于网络治理的讨论基本上不涉及国家主权，很多学者和互联网从业人员认为，国家既不能够也不应该对互联网施加影响，这实际上是对网络主权的否定。这一主张以约翰·佩里·巴洛于 1996 年发表的《网络空间独立宣言》为代表。

早期否定国家对网络空间拥有主权的观点实质上是技术论和网络空间独立说。然而，随着互联网和信息技术的不断发展，网络与社会生活的结合越来越紧密，技术论和网络空间独立说逐步失去了其存在的现实基础。事实上，没有任何一种社会力量持续不断地捍卫网络空间的独立，也没有哪一个国家完全放弃对网络空间行使主权。但是，技术论和网络空间独立说对于后来西方国家关于网络空间治理的理念产生了重要影响，欧美国家也利用这一学说，为其反对网络主权、干涉他国网络事务、推行多利益攸关方网络空间治理模式提供理论基础。

对于网络主权的争议主要表现在各国对于网络主权的不同主张。此前，无论是网络界还是学术界对于网络主权的不同观点对于网络空间治理的实践并未产生多大影响。一旦主权国家介入，情况就发生了根本的变化。世界各国因经济状况、社会制度、文化传统、互联网发展水平、在全球网络空间治理中的地位以及国家网络治理实践和价值的差异等，不同国家对于网络主权存在不同的理解，世界主要国家之间就网络主权甚至产生重大分歧。2011年中俄等国联合倡议"信息安全国际行为准则"，明确提出网络主权的概念，而以美国为首的西方国家则强烈反对，坚决否定网络主权的概念和实践。

对于网络主权争议，既涉及对于网络的不同认识，也涉及不同国家、不同群体对于网络及其应用的价值观。因此，对于网络主权的否定，主要与上述方面相关，具体体现为以下三种观点。

第一，基于网络特征否定网络主权。网络是由人类创造出来的一种新型社会现象。它是建立于网络基础设施、遵循网络逻辑和规则，并由人的活动所形成的虚拟空间，从特征上有别于基于自然空间而产生的现实社会。其最为根本的特征是全球互联和海量信息，由此网络具有了即时性、大众性、信息性等特征。在未加约束的情况下，信息完全可以从一个国家流向另外的国家。据此，有人认为网络是超越国界的，不应受主权国家治理。因此，网络主权是不存在的。

第二，基于网络的全球公域属性而否定网络主权。这种观点认为，互联网与外太空、国际水域和空间一样，属于全球公域，国家对此不享有主权。2005年美国"国土防卫与民事支持战略"和2010年美国"国家安全战略"都持这种观点，认为网络基础设施虽然位于一个国家内部，但是又是全球联通的，因而属于全球公域。

第三，基于网络空间自由秩序论否定网络主权。这种观点认为，网络空间的创新和自由是最重要的，网络空间应当是自由的，不应对网络信息的自由流动施加任何限制，如果国家拥有对网络空间的主权，就意味着对网络自由的压制，网络空间应当实现自治，这将实现网络福利最大化，能够更好地保障民主的实现。

上述三种观点虽然从不同角度否定网络主权，但都是错误的认识。从各国网络空间治理的实践来看，虽然各国对网络主权存在不同认识，但事实上都在行使着网络主权。网络从未独立于政府而存在，因而否定网络主权与实践是不相符合的。

（二）网络主权否定论忽视了互联网的本质特征

互联网因其架构设计、支撑技术和互联协议而具有其独有特征，这些特征对于网络空间治理、网络所涉及的社会关系都会产生深刻的影响。但是，要判断网络的独有特征对于网络空间治理会产生哪些影响，能否脱离国家主权的管辖，就必须对网络的本质特征进行分析。网络主权否定论只看到了网络所具有的表象性特征，而未能认识网络的本质特征。其错误认识主要表现在以下三个方面。

第一，网络主权否定论孤立、局部地看待网络。对待网络可以有不同的认识角度，认识角度不同，网络的特征也不同。要认识事物的本质特征，只有从整体的、普遍联系的角度，才能得出正确的结论。网络主权否定论只是从孤立的、局部的角度来认识网络的特征。对于网络空间的概念，目前尚未形成统一的认识，但是对其核心部分，已取得了初步共识。国际标准化组织将网络空间定义为通过连接到因特网上的技术设备和网络，由因特网上人的互动行为、软件和服务所构成的不以物质形态存在的复合环境。从这一定义可以看出，网络空间并非自然存在的空间，而是由人与人、人与设备之间借助技术手段互联而形成的虚拟空间。离开了人、设备与技术中的任何一个要素来谈网络，都难以理解网络的本质特征。网络不仅是一个复合的虚拟空间，它与现实世界也存在千丝万缕的联系。网络空间是由人创造的，不管是在现实世界还是在虚拟空间里，人的活动对人自身、人与人的关系、国家与社会都会产生直接或间接的影响。网络空间实质上是现实世界的映射，只不过因为网络的技术特征而具有某些特殊性。但是，网络空间既不是现实世界的替代物，也不可能完全独立于现实世界而存在，就其本质来说，它是现实世界的一个构成部分。因此，对于网络，不仅要关注网络及其内容、网络行为主体的特征，更要关注网络与现实世界的联系。只有从普遍的、联系的观点看待网络，才能形成正确的网络空间治理方式。网络主权否定论往往只强调网络某一个方面的特征，比如网络的技术特征、网络主体的权利等；或者只从孤立的角度看待网络，比如只关注网络技术，由此难以把握网络的整体性特征。因而，不可能对网络主权问题形成正确的认识。

第二，网络主权否定论以静止的观点来看待网络。任何事物都处于运动变化发展之中，只有以发展的观点看待事物，才能形成正确的认识。特别是对待复杂的新生事物的认识，更需要有一个逐步认识的过程。每一次重大的技术革命都会对社会治理产生重大影响，但是对技术革命所创造的新事物、所带来的新现象的治理，却需要经历一个逐步探索的过程。在新技术产生和运用之初，治理通常是不成熟的，既有的法律规范在适用性上也往往捉襟见肘。但是，随着技术的大规模使用，技术对社会生产和生活的影响越来越大，国家和政府的介入就成为一种现实的需要。在技术发展史上，这种情况非常普遍，比如蒸汽发动机出现40年之后才出台了安全标准，汽车标准的形成也经历了50年时间。从治理角度来看，网络发展经历了不同阶段。在每一阶段，网络在保持其基本特征的前提下，也出现了一些新特征。20世纪90年代之前是网络技术的发展阶段，发展新技术是人们关注的重点。网络主体是技术群体，探讨新技术以及形成技术标准是这一阶段的主要任务。网络与社会的关联度较低，其他社会主体基本上不介入网络，因此也不涉及复杂的社会治理问题，国家和政府的介入并无迫切的需要。20世纪90年代中后期，网络从实验阶段进入应用阶段并迅速扩张。在这一时期，网络成为信息交流与社会交往的重要方式，网络技术人员、网络服务商和用户都希望依旧维持网络技术发展期的治理模式，试图自我治理，保持网络的中立和自由。20世纪90年代末，特别是进入21世纪之后，网络技术和网络应用的发展突飞猛进，全球性网络已经形成，网络更加深入地影响到社会生产和社会生活的方方面面，人们不再只是关注网络技术，还把关注的内容扩大到与网络相关的更为广泛的事项上，比如网络安全、数字鸿沟、网络对国家主权的影响等等。网络主权否定论未看到网络发展给社会所带来的重大变化，而把着眼点放在网络技术上，一叶障目不能形成正确的认识。事实上网络技术本身也不是一成不变的，它会随着社会的需要而变化发展，而且随着技术的成熟、政府治理经验的获得，技术也会被逐步纳入治理的范畴，而不是由技术来决定社会治理的模式。

第三，网络主权否定论未能抓住网络的主要矛盾和矛盾的主要方面。网络主权否定论的一个重要依据就是网络具有全球性和即时性，认为网络具有了这种特征就意味着网络是没有边界的，故而国家无法对网络行使主权。然而，网络作为新生事物，自然具有一些新的特征，但这些特征未必是其本质特征，事物的本质是由事物的主要矛盾和矛盾的主要方面来决定的。网络主权否定论强调网络的全球性和信息传递的即时性特征，这确实是网络自出现以来就具有的两个重要特征。但是，网络的技术特征包括全球性和即时性，并不代表网络的本质特征，而是人类对网络技术和网络架构自主选择的产物。如果网络技术和网络架构发生变化，网络的全球性和即时性特征也会相应改变。事实上，凡由人类的智慧和实践所产生的事物，都可以由人类意志进行规制。因此，网络的技术特征并非网络的主要矛盾和矛盾的主要方面。网络治理的前提和依据都不是网络的技术特征，而是网络中的社会关系以及网络对社会的影响，也就是说网络的主要矛盾和矛盾的主要方面，应当从网络的社会属性去分析。网络的社会属性可以从如下四个方面分析：1. 网络是在一定技术支撑下，由人（网络活动的主体）与人或人与物（网络基础设施及其他网络设备）的互动而形成的。虽然技术可以使虚拟的网络空间具有全球性特征，但是作为网络活动主体的人和网络基础设施及其他网络设备都客观存在于实体地理空间中，受到主权国家的管辖。2. 网络虚拟空间不是独立存在的，网络活动的后果并非仅作用于虚拟空间，而是也对现实空间产生深刻影响，因此网络空间与现实空间存在紧密的联系。3. 网络空间并不存在治理的权威，因此网络安全无法由网络自身来保障。从实践来看，网络安全必须依赖外在的权力来保障。4. 网络活动主体的权利虽然具有一定的特殊性，但从本质上来看，仍然是主体在现实空间的权利在网络空间的映射。

基于以上分析，可以看出网络的主要矛盾并不是网络的全球性、即时性与国家主权之间的矛盾，而是网络的虚拟性与现实性之间的矛盾，因此网络的现实性是矛盾的主要方面。在国家并未消亡而且是国际社会主要构成单元的社会阶段里，国家对其领土范围内的人、物和活动行使主权是必然的结果，在网络空间也不例外。正是在这个意义上，我们说网络并非法外之地，独立于政府之外的网络空间从来就没有存在过，网络的现实性使得网络主权否定论毫无立足之地。

（三）网络主权否定论缺乏网络领域的实践基础

网络主权否定论将网络空间定义为全球公域，从而否定国家对网络空间的主权。然而网络空间的本质属性必须符合网络实践并经得起实践的检验，网络主权否定论对于网络的本质属性认识是错误的，对于网络空间的定性不符合实际，也经不起网络实践的检验。依据对于网络的错误定性来否定网络主权，当然是站不住脚的，主要体现在以下两点。

第一，将网络空间定性为全球公域是从概念到概念的推演而不是基于实践。实践是正确认识的前提，只有符合实践的认识才是正确的。对于事物的认识要经历一个从感性认识到理性认识的过程，同样对于网络空间的认识，也需要在大量实践的基础上，经历一个由浅入深、由表及里，从而获得正确认识的过程。将网络空间定义为全球公域并不符合这样一个认识过程，这种定性只是根据网络局部的、静止的、非本质的认识，是从概念到概念的推演，而不是从实践中得出的。网络主权否定论将这种对于网络的错误定性作为否定网络主权的理论依据，实质上是概念先行，武断地认定网络是一个全球公域，然后根据全球公域的相关规则来否定网络主权，这种做法完全是本末倒置的。如果要认定网络是全球公域，必须从网络的客观实际出发判定其是否具有全球公域的特征，而不是根据全球公域的概念来认定网络应该具有哪些特征。

目前对于全球公域虽没有统一的定义，但也取得了一些基本共识。一是具备公域的基本特征。公域是一个资源域，它对多方行为者开放，他们可以根据自身利益使用域内的有限资源。全球公域包括在国家管辖之外的或人类共同拥有的那些地表部分。符合上述特征的有公海、空气等。二是具有全球性，即该公域不受任何国家的主权管辖，但向国际社会共同体开放。

一个空间是否属于全球公域或国际公域，应当根据这个空间的客观性特征来判断。一般来说，公海、极地、太空等都属于国际公域。但是国际公域并非固定不变，比如随着人类开发利用自然资源的能力和国家控制能力的不断提升，领海的宽度从 3 海里拓宽为 12 海里，加上毗连区概念与制度的形成，作为全球公域的公海就在不断减少。

目前世界公认的全球公域都是不在任何主权国家管辖范围之内，但同时人类具备了探索和利用能力的资源域，比如公海、太空、南极等。网络空间则不同，虽然在全球性和互联意义上具有公共性特征，但这些特征并非网络的自然属性，而是取决于网络基础设施所有者的选择以及各国接入互联网的政策。网络空间是由人类创造的，而且具有不确定性，因而并非公共池塘资源。虽然在虚拟的意义上来讲，网络可以理解成一个独立的空间，但是在地理分成上，它与地球的地理空间又是重叠的。在每一个国家网络空间与国家的领土空间都是重叠的，不符合全球公域不属于任何国家管辖的特征。网络空间对国家会产生积极的或消极的影响，而在全球公域各国对资源的利用有竞争性，但不会彼此产生直接的消极后果。综上所述，网络空间并不具备全球公域的特征。网络空间全球公域说并不是因为网络空间具有全球公域的特征而将之界定为全球公域，而是通过将网络空间界定为全球公域，从而否定网络主权。这种做法是违背人类认识的一般规律的。

第二，网络空间全球公域说经不起实践的检验。人的正确认识来源于实践，同样一种认识是否正确也需要通过实践来检验。网络主权否定论是否正确，并不是一个主观认识问题，而是一个需要通过实践加以检验的问题。从现实情况来看，网络主权否定论与各国网络空间治理的实践显然是不相符合的。

虽然各国对于网络主权的理念存在不同理解，但从网络治理的实践来看，各国事实上都对网络行使着主权，网络从一开始就未完全脱离政府的规制而存在和发展，各国也未将网络空间作为全球公域进行开发利用或治理。

国家对于网络空间的主权有诸多体现。在国家安全领域，各国对于网络普遍行使着主权。网络安全直接关乎国家安全，没有哪一个国家不关心自身的国家安全，更不会将网络对于国家安全的影响完全交由他国或国际组织来负责。随着网络的普及和网络技术的发展，各国对于网络安全的关注程度会越来越高，在关系国家安全的问题上，国家会对网络进行更为严格的规制和管理。在立法领域，各国纷纷出台法律以应对网络自身的问题以及网络所带来的其他问题。在司法方面，各国通过审理与网络有关的案件，充分表明了国家对于网络的司法管辖权。在网络监管方面，没有哪一个国家对于网络采取放任自流的态度，都会要求网络公司在必要的时候配合政府的行动。从上述实践来看，即使是不愿承认网络主权的国家，对于网络治理也采取非常现实的态度，在实践中对于网络行使国家主权，而从未将网络视为全球公域。因而，网络主权否定论完全不具备实践基础。

（四）网络主权否定论反映了主张者的特殊利益

网络主权否定论为什么违背认识的基本规律，为什么与实践不相符呢？其中有一个重要的原因，就是为了维护主张者的特殊利益，从而在主观上不愿意承认网络主权的现实合理性和必要性。

美国是网络的主要发源地，在网络的形成和发展过程中，网络的基本架构和技术规范主要反映了美国社会的价值观，在网络治理方面主要采取自我规制的方式。自我规制在美国的政治文化中有着浓厚的基础，由此形成了美国网络治理的基本原则：政府在政策上支持技术中立，网络发展的政策由产业引导，政策须在全球市场中发挥作用。

但是，网络的迅速发展超出了自我规制能够发挥作用的范围，以美国为首的西方国家为了确保其网络优势和控制权，不愿意承认网络主权，试图建立新的网络治理模式，即多利益攸关方模式。网络主权否定论就成为这一治理模式的理论基础。从表面上看，网络主权否定论反映了这一理论提出者对于网络的认识；但从本质上来看，这一理论反映了主张者的特殊利益。具体可以从以下两方面体现。

第一，网络主权否定论维护了网络强国特别是美国在网络领域的强势地位。网络问题并不仅仅是技术问题，也不是只涉及安全和经济问题，而是与全球秩序的建构息息相关。由于网络发展的特殊性，发达国家是网络基础设施和应用技术的提供者，而广大的发展中国家则是网络用户，二者在网络领域的地位、权力和影响力不可同日而语。网络关键基础设施主要位于美国，且受到美国控制。美国对于网络资源的分配有很大的影响力，这些影响力在相当程度上决定了谁可以利用网络资源，谁可以从中获得经济利益。在网络尚处于发展之中，网络规范尚未形成时，各国都希望引导网络理念和规范的发展方向，以形成对本国有利的网络结构与规则。

如果否定网络空间主权，那么发展中国家在网络发展、应用和规则方面只能听命于发达国家。发达国家可以利用其技术优势对发展中国家进行网络监控，并从中获利。"棱镜门事件"就揭露了美国利用其国内的互联网公司对他国实施大规模网络监控的事实。虽然美国主张多利益攸关方网络治理模式，但是美国拥有强大的技术优势和政治影响力，如果否定网络主权，多利益攸关方网络治理模式最终还是由美国来控制网络，而将美国的主权扩展至整个网络乃至其他国家。由此可见，关于网络主权的不同主张，实质上反映不同国家在网络空间的不同利益诉求。

第二，网络自由秩序论的实质是西方国家试图利用网络推销西方价值观。网络自由秩序论以自由作为网络的核心价值，貌似在推进全球网络的自由。但是，以网络自由秩序论作为否定网络主权的理论依据，理由并不充分。

网络自由与现实世界中人的自由一样，不是绝对的。一方面，人类在各个领域都享有一定程度的自由，比如通信自由、婚姻自由等，这些自由与国家主权并不冲突，受到国家主权的保护。与此同时，任何自由都是有前提条件的，不存在不受任何约束的自由，享受自由的同时必须承担一定的义务。现代社会的自由都是受到法律规范的自由，既受法律保护，也受法律约束。另一方面，自由只是人类所追求的诸多价值之一，人类还追求其他价值，诸如安全、效率等。在某种情况下，自由可能与其他价值存在冲突，这就要求自由必须与所冲突的价值进行平衡。价值平衡需要依赖权威，在现代社会，能够承担平衡价值功能的权威只有国家。正是在这个意义上说，自由与国家主权并不是对立冲突的关系，网络自由亦不例外。事实上，各种网络治理的理念和模式，目的都在于平衡人类所追求的各种价值。而网络自由秩序论片面强调网络的绝对自由，放大了自由在网络中的价值，实质上是西方国家利用其网络优势传播其价值观，以实现利用常规传播手段所未能达成的目标。

表面的网络自由隐藏着网络霸权主义的特权。国家是一个利益共同体，其行为由国家的结构和国情所决定。美国是网络的发源地，且掌握了绝大部分的网络关键基础资源，网络空间对于美国来说几乎是不受任何限制的，这就为美国利用网络传播其价值观提供了技术支持。主张网络秩序自由论的国家并非为网络技术人员和网络使用者谋求网络自由，而是为了实现自己的国家利益。

西方国家主张网络自由，在很大程度上是利用个人自由来淡化网络领域中国家与国家之间的冲突。将网民对网络秩序的关注点引向个人自由与国家规制之间的矛盾，动员各种力量反对国家对网络的控制，从而淡化国家之间在网络权力和利益上的严重不对称问题，确保美国等发达国家在网络领域的主导权，以利于这些国家利用网络获取更多利益。

实际上，网络空间的自由，如果没有国家主权的保护，是虚幻的自由，对于网络用户而言，这种所谓的个人自由是无法得到实现的。网络存在着复杂的结构，运用网络需要复杂的技术，网络行为也会造成复杂的后果，绝大多数网络用户对此是完全不了解的。一旦网络对自身造成负面的后果，个人要么无从知晓，要么无从应对。在个人无法解决的情况下，网民只能寄希望于网络公司或其他网络力量予以帮助。所以没有国家介入的网络空间，个人自由是无法得到保障的。

关于网络主权的不同主张，实际上反映了不同主张者特别是国家在网络空间的特殊利益。网络主权否定论者的根本目的并不是为网络技术人员和网络应用者谋求网络自由，而在于维护其在网络空间的特权和特殊利益。因此，只有坚持网络主权，才能维护各国和其他网络行为体在网络空间的权利和利益，反对网络霸权主义，实现网络空间的公平和正义。

网络主权是国家主权在网络空间的延伸，是国家对网络事务行使主权的体现。具体表现为国家对其领土范围内的网络设施、网络行为和网络后果拥有最高的管辖权，依据国内法和国际认可或公认的国际法对网络空间进行管理和管辖。各国在网络空间拥有平等权，不允许他国对本国网络事务进行干涉。

网络主权争议的实质是各国对于网络的控制权问题。表面来看，网络主权论与网络主权否定论争论的焦点在于国家在网络治理中处于什么位置、发挥什么作用的问题，但实质上是各国在全球网络空间治理中是拥有平等权利，还是由网络发达国家把控全球网络治理权的问题。虽然在网络主权的观念上存在争议，但是各国在实践上都在对网络行使着国家主权，网络从未脱离国家和政府的管辖而独立存在。网络主权否定论在理论上和实践上都是错误的。

虽然网络主权有坚实的法理基础和实践支持，但是由于网络的技术特点，网络行为及其后果也带有一些新的特征。这些新特征虽然未能否定国家主权，但是国家在网络空间治理中应考虑这些新特征带来的影响。网络尚处于发展之中，人们对于网络的认识也在不断进步，国家应以何种方式对网络空间进行治理，以及在网络领域如何行使主权，也处于不断探索和完善之中①。

---

① 程卫东.网络主权否定论批判［J］.欧洲研究，2018，36（5）：61-75，7.

第六章

网络空间国际治理的模式与机制

一、网络空间国际治理的"多方模式"与"多边模式"

随着信息技术的发展，互联网在经济社会等方面的作用越来越重要，在国家安全层面，互联网安全也引发各国的高度关注，网络空间日益成为人类生存和国家发展的新空间，网络空间治理被各国提升至国家战略高度，成为全球治理的热点话题。

由于各国互联网所处发展阶段不同，而且各国的基本国情也存在很大差异，由此导致各国网络空间治理的政策和理念也有所不同。对于如何建立网络空间全球治理的机制，各国之间的观点也大有不同。总体来看，各国网络治理模式主要有两种："多方模式"和"多边模式"。这两种模式的根本区别在于政府在网络空间治理中的地位和作用不同。一般认为，美国和中国分别是"多方模式"和"多边模式"的代表。随着国际政治的发展变化，以及网络空间治理在全球范围的逐步推进，这两种模式的冲突时有发生。

对于网络空间应采取何种治理模式，学者们也进行了有关学术探讨。约瑟夫·奈（Joseph Nye）认为，国家不是网络空间的唯一行为体，应当对网络权力和各网络行为体进行考察，以分析网络空间中的权力形态。弥尔顿·穆勒（Milton Mueller）认为，将国家主权与全球权力结合起来是很危险的，网络化的全球主义治理模式更具有优势。他构想了全球互联网新治理制度，认为应建立一个非营利性的、私有的域名系统根区监管委员会作为互联网数字分配机构（IANA）契约的委托人，以取代美国商务部通信和信息管理局的职能。丹尼尔·W. 德雷兹内（Daniel W. Drezner）认为国家在网络空间治理中的作用是巨大的。但他同时指出，国家并非网络空间的唯一行为体，非国家行为体可以通过其技术专长和议程设置来影响网络空间治理。当前我国学术界尚未形成统一的网络空间治理的指导性理论，已有的理论分散于哲学、政治学、公共管理学、社会学等多个学科领域。近年来，国内学者主要从国际政治、公共管理、网络安全等角度对网络空间治理问题展开了探讨，提出了网络空间治理的原则和主张。

（一）"多方模式"与"多边模式"的概念及其演进

"多方模式"即"多利益相关方模式"，也有学者称为"多利益攸关方模式"。利益相关者这一概念最初产生于公司治理领域。利益相关者管理理论主张企业的经营管理者开展企业管理要平衡各个利益相关者的利益要求。

当前，对于"多方模式"存在不同理解。国际互联网协会（ISOC）认为，"多方模式"并不是单一的模式，而是一系列原则的构成，这些原则包括包容和透明、共同承担责任、有效的决策和执行等。成立于1998年的互联网域名与地址分配机构（ICANN）被认为承袭了利益相关方协商的精神，它将"多方模式"定义为一种组织治理或政策制定的组织框架，旨在让所有受到治理和政策影响的相关方共同合作，参与对话、决策和执行。2003年召开的信息社会世界峰会日内瓦会议确认了互联网治理的多利益相关方原则。2011年，在ICANN旧金山会议上，时任美国国家电信和信息管理局局长劳伦斯表示支持多利益攸关方共同参与的互联网治理模式，反对建立由各国政府主导的互联网多边治理模式。2014年，在巴西圣保罗召开的全球互联网治理大会通过了《全球互联网多利益相关方圣保罗声明》，明确了互联网多方治理原则以及未来互联网治理路线图，确保各国政府、私营企业、市民社会、技术社群、学术社会和互联网用户都能够参与进来。2016年10月，美国国家电信和信息管理局正式将互联网域名系统管理权移交给ICANN，这向互联网多方治理模式迈进了一步。

"多边模式"是全球治理中的多边主义理念在网络空间治理领域的体现。作为国际交往的规则，多边主义有着较为悠久的历史，到20世纪初形成全球化的多边机制。多边主义是在三个或三个以上的国家之间协调国家政策的实践和制度形式。多边主义的参与主体是主权国家，其目的是协调国家之间的关系。

全球范围内的多边主义形成于 1918—1945 年，国际联盟是"多边模式"的典型代表。第二次世界大战结束到 20 世纪 90 年代是多边主义发展的繁荣期。在这一阶段，"多边模式"思想在实践上得到了扩展，联合国、世界银行、国际货币基金组织等都是"多边模式"的重要产物。除了上述全球性的多边组织外，还有地区性的多边组织，如欧共体、七国集团、东盟等。冷战结束之后，多边主义理念更加深入人心，全球化推动世界各国更加紧密地联系在一起，多边主义进入新的发展阶段。这一阶段成立的多边组织有亚太经合组织、世界贸易组织、上海合作组织、欧洲联盟等全球性和地区性多边组织。

进入 21 世纪，互联网对全球政治、经济的影响日益加深，网络空间全球治理成为世界各国所共同关注的问题。从信息社会世界峰会开始到 2011 年，网络空间全球治理进入政治竞争和主权竞争的阶段，网络发达国家与网络发展中国家之间对于网络空间全球治理模式产生严重分歧，这种分歧主要表现在网络治理手段是选择政府为主导的"多边模式"还是选择非政府行为体为主导的"多方模式"。

（二）"多方模式"与"多边模式"的博弈

近年来，"多方模式"与"多边模式"已经展开了多次激烈的博弈。

2003 年到 2005 年，在信息社会世界峰会（WSIS）上，各国就网络空间治理问题展开了激烈的讨论，争论的焦点集中于两个方面：一是互联网治理应该由政府主导还是由市场主导；二是是否应该继续由当时隶属于美国商务部的 ICANN 来管理互联网顶级域名。以中国、巴西、印度、南非为代表的网络发展中国家与美国的分歧最大。

在信息社会世界峰会于 2002 年召开的第一次筹备会议上，网络发展中国家提出希望取消 ICANN 的管理权，把全球互联网治理纳入联合国体系，支持政府在全球网络空间治理中发挥主导作用。然而，美国商务部于 2005 年 6 月 30 日宣称美国政府将继续拥有对 ICANN 的全权，美国商务部将无限期保留对 13 台域名根服务器的控制权，此举甚至引发欧盟国家的强烈不满。美欧双方为避免矛盾激化，决定相互妥协。

在日内瓦峰会上，各方要求联合国成立一个互联网治理工作组。在突尼斯峰会上，欧盟同意由美国继续管理互联网关键资源，美国则同意召开联合国互联网治理论坛，但这一论坛并不具有约束力，事实上美国并未做出真正的让步。

2011年9月，中国、俄罗斯等国共同起草《信息安全国际行为准则》，呼吁建立多边、透明、民主的互联网管理机制。在2011年举行的国际电信世界大会会前，俄罗斯提议在《国际电信规则》中增设专门章节和条款，强调应加强政府在互联网治理中的作用。大会期间，阿联酋也提交了类似提案。该提案得到了俄罗斯、中国、沙特等国的支持，然而美国、加拿大、英国等国则极力反对。与会的89个国家代表签署了新的《国际电信规则》，美国则联合25个国家拒绝签字。按照大会程序，新的《国际电信规则》要求超过160个国家签字才能生效。

2014年3月，美国商务部宣布放弃对ICANN的控制权，但同时明确反对由联合国或其他政府间组织来接管ICANN，只同意由ICANN董事会与全球多利益相关方来讨论接管事宜。2016年10月，美国通信和信息管理局将互联网域名系统的管理权移交给ICANN。

（三）"多方模式"与"多边模式"的比较

1."多方模式"与"多边模式"的区别

"多方模式"与"多边模式"最大的区别在于政府在网络空间治理中的角色定位不同，具体表现在如下方面：

第一，治理主体不同。"多方模式"认为网络空间治理主体的多样性，认为网络空间治理是由政府、私营部门、社群等多方共同参与的过程，各治理主体的地位是平等的。而"多边模式"则主张，主权国家的政府应当成为网络空间治理的主体，在整个治理体系中起主导性作用。

第二，治理机制不同。"多方模式"奉行自下而上的治理机制，各利益相关方通过协商合作的方式，平等参与网络空间治理。而"多边模式"则实行自上而下的治理机制，强调政府在网络空间治理中的权威，通过制定和执行政策对网络事务进行管理。

第三，决策机制不同。"多方模式"主张网络空间治理政策取决于各利益相关方通过多层次、多回合的协商、沟通所达成的共识。而"多边模式"的决策机制建立在政府的权威之上,政府通过行政命令方式推行网络空间治理的政策,其他治理主体要服从政府的决策安排。

2."多方模式"与"多边模式"的优势和劣势

"多方模式"的优势在于能够最大限度地减少决策失误,因参与主体众多,可以避免单方面利益主导,而且这一模式相比"多边模式"更加开放、包容,灵活性更强。这些优势使其能够更好地适应复杂、多变的环境,在技术创新、产业升级、促进科技传播等方面有一定的作用。

"多方模式"也有其局限性。这一模式虽然称为多利益相关方模式,但是积极参与网络空间治理的主要是专业化的技术社群和商业组织,普通网民的代表性明显不足。另外,作为后加入者,非西方国家没有足够的话语权。在应对网络军备竞赛、大数据监控、网络犯罪等挑战方面,这一模式也缺乏有效性。

"多边模式"的优势主要体现在可以迅速汇集各种资源并快速采取行动,特别是在应对大规模的网络安全挑战、打击网络犯罪等方面具有不可替代的作用。另外,在推动各国信息基础设施建设和提供网络公共服务方面,政府主导的"多边模式"具有明显的优势。

"多边模式"的局限性在于两点:一是政府机构的决策速度较为迟缓,缺乏灵活性,从而削弱网络空间的活力,不利于网络技术的创新。二是政府主导模式对于各方利益的代表性不够,主权国家的互联网监管有可能会侵害人们自由获取信息的权利。

综上所述,"多方模式"和"多边模式"各有利弊,它们在各自擅长的领域中发挥着独特的作用,并不存在着绝对的好坏。

(四)中国的应对之策

如何处理"多方模式"和"多边模式"的分歧,是网络空间全球治理的重大问题,也是我国当前和今后一段时间网络空间治理所要面对的现实。

第一,应当摒弃二元对立的思维定式,实现双轮驱动。"多方模式"和"多边模式"的二元对立的认识误区不仅不利于网络空间治理创新,也不利于我国在国际舞台上扩大话语权。我国网络空间治理的实践经验并不是二选一的对立，而是在事实上也践行了"多方模式"。两种模式在各自的实践领域都发挥着重要的作用。随着网络空间治理的多元化和复杂化，我国应逐步实施双轮驱动，各取所长，相互补充，以健全网络空间治理体系，完善网络空间治理机制。

第二，提升网络空间治理的学术水平，树立国际权威。我国在网络空间治理领域已经培养了一批学者，做出一些理论贡献，但是当前仍然缺乏成体系的网络空间治理理论，特别是具有国际影响力的学者更是匮乏。作为最大的网络发展中国家，我国需要树立网络空间治理领域的国际权威，培养网络空间治理领域的具有国际影响力的一批学者，在网络空间治理理念和行动方面做出创新性贡献。

第三，培养多元治理主体，积极参与国际多方治理平台。我国很早就参与了网络空间治理国际平台，但参与的程度不够对于网络空间治理模式尚未形成长期战略，而且在多个国际场合的表述也不一致。另外，由于参与主体的多元性不够，在国际网络空间治理方面的影响力与我国的大国地位完全不相称。我国应加强与各国政府、国际组织、互联网企业、技术社群等多利益相关方的沟通与合作，积极培育参与网络空间治理的多元主体，增强我国在国际网络空间治理中的影响力。

第四，搭建网络空间全球治理的中国平台，提升自身主场优势。中国应继续办好世界互联网大会等国际会议，与有关国家举行多边或双边互联网论坛，在上合组织、博鳌亚洲论坛、金砖国家会议等框架下举办网络空间治理相关议题的会议，拓展中国与各国网络空间治理合作对话平台，扩大与各国的共识，减少分歧，不断提升自身主场优势，形成更大的国际影响力①。

二、网络空间国际治理机制

在传统的国际关系中，国际规则往往是由主权国家所构成的国际组织来制定的，政府是重要的国际规则制定主体。随着气候变化等全球性问题的日

---

① 方兴东，田金强，陈帅. 全球网络治理多方模式和多边模式比较与中国对策建议 [J]. 汕头大学学报（人文社会科学版），2017，33（9）：36-42，35.

益增多，非政府组织也越来越多地参与到国际规则制定活动中，从而也成为国际规则的制定主体。与传统国际事务相比，网络空间全球治理领域涉及问题更为复杂，因此网络空间国际规则构建除了要求主权国家作为必要的主体积极参与之外，也需要互联网企业、技术社群、非政府组织、网民等多元主体的参与。对于网络空间治理而言，治理方式和治理机制二者缺一不可。相比较而言，治理机制更为根本。对于网络空间治理机制进行探讨并制定相应对策，这是推进网络空间全球治理体系变革的重要一招。

（一）网络空间的形成过程与基本内涵

互联网起源于冷战时期美国用于军事目的一个研究项目——阿帕网。1973 年，阿帕网借助卫星从美国本土扩展至夏威夷、挪威和伦敦，网络节点也由 4 个增至 40 个。此后，接入这一网络的机构和国家逐渐增多，各方倾向于不同的网络由不同的机构管理，但是为了网络互联互通，网络接口标准则是统一的，TCP/IP 协议就是其中最为重要的网络接口标准。1983 年，阿帕网将 TCP/IP 协议规定为网络唯一的通用协议，真正意义上的互联网得以形成。1986 年，美国国家科学基金会建立了在各大学之间互联的骨干网络，取代了阿帕网成为互联网的主体，此后，很多大学和研究机构将自己的局域网并入这一网络。冷战结束后，随着国际局势的缓和，世界各国接入互联网的计算机超过一百万台，互联网进入商业化运作阶段，并在全球范围内迅速普及。

虽然有时人们将网络空间等同于互联网，但是严格意义上讲，二者的含义却存在着区别：相比较而言，互联网的概念更加强调其技术特征，而网络空间则是一个具有社会属性的概念。从技术角度来看，互联网包括基础层、逻辑层和应用层。基础层主要由光缆、服务器、网络终端等硬件基础设施构成，逻辑层包括域名、IP 地址、网络通信协议等，应用层是直接面向用户的各种网络应用和网络服务。网络空间是人类社会在网络上的映射，是人类基于互联网的政治、经济和社会活动所形成的虚拟空间。随着信息技术逐步渗透到政治、经济和社会活动的方方面面，网络空间与现实世界的融合度也越来越高。因此，网络空间与陆、海、空、太空等不同，它并非独立于现实世界而存在。

当前，对于网络空间并未形成统一的概念，分析角度不同定义的内容也各有侧重。国际电信联盟将网络空间界定为由计算机、计算机系统、网络及其支持软件、数据和用户等要素创建或构成的物理或非物理领域。在政策层面，各国对于网络空间的界定反映了本国应对网络空间问题的战略重点。

无论对于网络空间的定义如何，网络空间的内涵和外延仍处于不断变化之中。一方面，随着信息技术的发展，新的技术不断出现并不断渗透到政治、经济和社会生活之中，网络空间的外延不断扩大；另一方面，各种信息技术的应用领域不断拓展，大大提高了生产效率，而且改造了社会组织和生产方式。从这个角度来说，国际上很难对网络空间做出统一的界定，而且随着网络空间与现实世界的逐步融合，网络空间的治理越来越走向议题化，具体问题具体分析，不能一概而论。

（二）网络空间国际治理机制的演进

不同于其他领域的全球治理，网络空间国际治理是从技术层面发端的，而后逐步向社会、经济和安全等层面拓展，这一过程与互联网在全球范围的扩展过程是完全相同的。网络空间国际治理机制的发展可以划分为三个阶段。

第一个阶段是20世纪80年代中期到20世纪90年代中期，互联网治理机制是建立在技术层面之上的。这一时期互联网刚刚在全球得以普及，互联网治理主体主要是互联网技术和产业社群，互联网治理机制建立的目的主要是为互联网制定技术标准，从而确保互联网在技术层面有效、安全地运行。这一时期的网络空间治理主体以私营机构为主，组织形式较为松散，主要依靠自律，任何机构和个人都可以自愿注册参与相关的互联网治理活动，在社群讨论达成共识的基础上制定有关的网络空间治理政策。这一时期的网络空间治理遵循自下而上、协商一致的治理模式，与传统的政府自上而下、集中规范、总体设计的治理模式截然不同。网络空间治理的开始阶段所确立的互联网治理的自由主义精神和文化，对于此后网络空间治理进程产生了深远影响。

第二个阶段是从20世纪90年代后期到21世纪初。这一阶段，互联网应用逐步得到推广，美国作为互联网产业发展的领头羊开始认识到掌控互联网基础资源的重要意义，围绕互联网域名和地址分配的控制权，美国政府与技术社群产生了激烈的竞争，双方博弈的结果是互联网域名与地址分配机构（ICANN）的诞生，由此开始了关于政府应当在互联网治理中发挥何种作用的大论战。这一时期互联网治理的权力表面看起来归属国际非政府机构，但是互联网的核心关键资源依然由美国商务部掌握。一些传统的政府间国际组织也开始关注互联网相关议题，比如世界知识产权组织自1996年就开始制定有关互联网著作权、网络域名和商标问题的条例，国际电信联盟也试图参与互联网域名治理事务，但上述努力都未产生太大影响。

第三个阶段是21世纪初至今。随着网络空间与现实世界融合度的加深，多层次、全方位的全球网络空间治理体系逐步得以确立。这一阶段互联网在全球范围内迅速普及，并渗透到国家政治、经济和社会生活的方方面面，互联网治理的内容也从技术层面扩展至经济社会层面的公共政策和安全领域的治理，信息社会世界峰会（WSIS）、互联网治理论坛（IGF）等全球性的互联网治理机构相继建立起来。与此同时，越来越多的国际组织和机构开始关注网络空间的相关议题。例如，G20、金砖国家等重要的多边治理机制都将网络空间议题列入重要的议程。

目前，网络空间国际治理呈现出两个重要的趋势：一是治理内容从技术层面向经济、政治、安全等领域逐步拓展；二是治理机制由技术专家主导的非政府组织向政府间组织和平台的渗透，形成了新旧两种机制交叉融合的态势。具体来说，网络空间治理与其他领域的全球治理有着较大的差异，具体表现为三个方面：其一，网络空间治理涉及的利益主体复杂，涵盖的领域更广、层次更多，治理机制也更为复杂；其二，非政府行为体在网络空间的权力有了较大的提升，这不仅因为网络工具的使用更为便捷、门槛更低，而且非政府行为体在网络空间国际规则制定方面有了更大的发言权；其三，网络空间安全与国家安全息息相关，网络安全的维护需要各个国家、不同网络行为体、不同领域的协同配合。

因此，网络空间国际治理的机制是全方位、多层次、多形式的复杂体系。随着信息技术的发展，互联网在各个领域的渗透，网络空间治理的内涵会更加丰富，外延会不断扩大。

（三）网络空间国际治理机制的类型划分

从网络空间治理主体之间的互动关系来看，网络空间国际治理机制大致可以分为三种类型。

第一种类型是私营部门主导的治理机制。这种网络空间治理机制是以 ICANN 为代表的"多利益相关方模式"。"多利益相关方"这个概念来源于公司治理领域，是指能够影响一个组织实现其目标，或者在组织实现其目标的过程中受到影响的个体或群体。在网络空间治理机制中，"多利益相关方"是对西方价值观的体现。ICANN 的治理主体是多元的，从技术社群、政府、学界到互联网企业、网民，各相关方都能参与其中，表达利益诉求。

第二种是主导权缺位的治理机制。这种网络空间治理机制以互联网治理论坛（IGF）和信息社会世界峰会（WSIS）为代表，其治理领域主要是互联网公共政策层面。这一治理机制模糊了政府在传统国际关系中的主导权，认为包括政府在内的所有网络空间治理主体均享有平等的参与权。

第三种是国家主导的治理机制。近年来，随着网络空间与现实世界的融合，越来越多的政府间国际机制在原有的治理框架中增加了有关网络空间治理规则的内容。比如，国际电信联盟（ITU）主要负责互联网基础设施的管理，它通过政府间协议来协调各国的行为，虽然私营企业、非政府组织和学术机构也能够参与，但是只有政府代表才有决策权和投票权。

（四）网络空间治理国际机制的比较

基于上述分类，我们可以看到网络空间治理国际机制是从技术层面开始，然后逐步扩展至公共政策、经济和安全领域。不同的网络空间治理国际机制在治理领域、治理模式、治理主体和治理有效性四个维度方面存在差异。

1. 治理领域的维度

表面看起来，网络空间治理国际机制是松散无序的，但如果从治理领域的维度来看，由治理议题所决定，相同层次的治理机制在治理模式和制度安排方面亦存在诸多共同之处。

在技术层面，以 ICANN 为代表的网络空间治理国际机制是由技术社群主导的非政府组织，采取自下而上、以共识为基础的多利益相关方模式，通过制定行业标准或维护互联网基础设施，以确保网络安全、有效地运行。这种机制避免了政府间博弈导致冲突和低效率，有助于快速决策，产生具有约束力的集体行动。但是，由于这种机制缺乏政府的主导权，难以依靠国家权威，因而在公共政策的影响力非常有限，只能局限于技术层面。

在公共政策层面，以 IGF、WSIS 为代表的网络空间治理国际机制大多属于论坛或会议性质，缺乏常态运行的机制。这一机制采取了将政府包括在内的多利益相关方模式，但至今尚未达成具有约束力的集体行动，这是由网络空间所涉及公共政策的复杂性决定的。与网络空间相关的公共政策涉及技术、经济、文化、政治、社会等多个领域，其内涵和外延都处于不断扩展之中。由于国情的差异，各国对于网络空间相关公共政策立场必然存在差异，除了一般性的原则之外，很难在国际上形成一致的网络空间相关公共政策。此外，从组织结构的角度来看，多利益相关方模式是一种分布式的网络化结构，因此，它很难在需要高度集中资源的领域产生有效的集体行动。

在经贸和安全领域，联合国、世界贸易组织、二十国集团等传统的政府间机制仍占据主导地位，其作用机制是通过政府间谈判或协商达成共识或具有约束力的国际规则。当然，由于网络空间相关议题的特殊性，通过传统的政府间机制形成网络空间治理国际规则仍然处于探索阶段。国家之间利益冲突和博弈意味着统一的行动规则的达成仍然需要很长一个时期。考虑到利益的复杂性，有关网络空间的议题在区域性的多边或双边达成共识比在全球范围形成一致的行动规则更为容易，因此可以先易后难，逐步推动。

2. 治理模式的维度

当前，网络空间治理主要有多利益相关方模式和多边主义模式。随着治理领域的层次推进，政府在网络空间治理中的作用逐渐得到强化，网络空间治理模式也相应地由多利益相关方模式向多边主义模式转变。多利益相关方模式由私营企业、政府、国际组织、技术社群、学术机构、网民组织等利益相关方平等协作，是一种自下而上、包容性的网络化组织和决策机制。而多边主义模式则强调政府在网络空间治理中的主导地位，它并不排斥其他利益相关方的参与，但是这种参与应当在政府主导下，因此，决策是自上而下，由政府作为各方利益的代表而形成的。

自从 2003 年联合国召开信息社会世界峰会开始，关于网络空间治理的多利益相关方模式和多边主义模式的争议就在国际社会展开了。这一分歧在2012 年国际电信大会通过新的国际电信规则时达到了顶峰。虽然这两种治理模式存在着诸多差异，这是两种主张冲突的根源，但换一个角度来看，这些差异也可以作为网络空间治理的互补机制来理解。

网络空间治理模式的选择与其所面临的任务和使命息息相关。对于互联网工程任务组（IETF）来说，由技术专家主导的多利益相关方模式有助于吸纳各方面的智慧，对于日益复杂的网络治理中的技术问题迅速做出反应。ICANN的任务是掌握域名和网络地址分配，确保互联网唯一标识符的稳定，治理领域主要是互联网的逻辑层，同时涉及部分公共政策和技术层面的问题，因此将政府以咨询委员会的身份吸纳进来，可以兼顾各个国家的技术和政策两个方面的利益。

对于IGF和WSIS来说，虽然采取了多利益相关方模式，但是政府的作用更强一些，毕竟在政策制定方面，政府具有明显的优势。网络安全问题的本质是国际政治问题，这在传统上属于政府间国际机制的调整范围，因此类似问题的治理由各国政府作为行为体组成的多边主义模式更为合适。

从实践运作的层面来看，"多利益相关方模式"和"多边主义模式"各有利弊。前者更为灵活、包容、开放，代表性也更强，更加适用于需要较强创新性和竞争力的技术和产业发展层面，但是由于其网络化的组织机构，在需要高执行力的领域则失去竞争力。后者的优势则在于可以集中资源并迅速付诸实施，但是在开发性、灵活性和包容度等方面存在不足。因此，问题并不在于二者孰优孰劣，而是在特定议题上哪一种模式更为有效。

3. 治理主体的维度

近年来，网络空间治理主体呈现出两个特征：一是非政府行为体的地位在上升，对于传统的国家主导的国际治理体系产生了深远的影响；二是传统国家的阵营划分不再明显，国家之间的博弈更加复杂和多元化。

网络空间治理不同行为体的角色和作用不同，各有其优劣利弊。政府的优势在于拥有政治权威和强大的动员力量，可以集中各种资源提供必需的公共物品，为网络空间治理创造必要的环境和条件，但是在具体的政策执行、技术创新等方面必须依靠私营企业、研究机构和网民的配合。私营企业是互联网发展和技术创新的重要推动力量，在技术标准制定等方面有着其他网络空间行为体不可替代的作用，但是如果涉及网络发展整体规范和统筹问题，则离不开政府的支持。互联网技术赋予了网络空间行为体以弱胜强的非对称优势，比如黑客发动的网络攻击完全可能会影响互联网的运行和安全。随着网络空间治理机制由技术向经济、安全和政治领域的拓展，涉及议题的政治性越来越强，政府的主导作用也就越来越突出。

考察网络空间治理的历史进程，可以看到，技术社群与政府对于治理主导权的争夺从未停止过，特别是在多利益相关方治理模式中，这种争夺更为明显。以 ICANN 为例，根据其章程 ICANN 采取私营部门主导的机制以促进竞争和创新，在政策制定中采取公开、透明、自下而上的机制，同时接纳来自政府和其他公共部门的公共政策建议。在 2017 年 3 月召开的第 58 届大会上，ICANN 董事会与政府咨询委员会就国家和地区代码二级域名的使用问题展开了激烈的争论，凸显了私营企业与政府之间的利益矛盾。即使在政府占主导地位的网络安全机制中，由于私营企业具备技术优势和组织优势，其参与亦必不可少。由此可见，如何实现不同治理主体的协调与信息共享是当前网络空间治理机制的重要问题。

在网络空间治理由技术向经济、安全层面逐步转变的过程中，各国政府之间的互动和博弈也越来越明显。在早期的互联网治理中，国际社会往往被划分为两大阵营：一是以美国为首的网络发达国家阵营，它们坚持多利益相关方模式，主张互联网由 ICANN 等非营利机构来管理；二是以中国、俄罗斯、巴西等国为代表的网络新兴国家，它们主张网络空间治理应当由政府主导，认为网络空间主权和网络边界是客观存在的。这种阵营划分的依据是各国网络信息技术发展水平和网络空间治理理念的不同，前者作为既得利益者希望维持现有的网络空间治理模式，而后者则希望打破前者的垄断，获取更大的话语权。

然而，随着网络空间治理进程的推进，在一些新兴议题上阵营的划分并非铁板一块。特别是"棱镜门事件"之后，出于对网络安全和国家安全的高度关注，各国纷纷强化了网络空间治理的力度，在利益冲突之下，两大阵营均出现了松动的迹象。美国与欧盟就隐私和数据保护问题各执己见，而网络新兴国家中的印度和巴西则明确表示支持多利益相关方模式。还有一些游离于中间地带的国家，它们一方面支持网络空间主权的概念，另一方面也加强对非国家行为体权益的保护。这些国家既有韩国、新加坡等经济发达国家，也有土耳其、秘鲁、阿根廷这些地区性大国，它们的影响力也不容忽视。随着网络空间治理向深水区推进，国家之间的利益博弈不仅影响到网络空间治理议题的选择，也决定了网络空间治理格局的发展方向。

4. 治理有效性的维度

对于网络空间治理这样的新兴议题而言，判断其机制是否有效并不在于看其是否产生了集体行动，在规则制定的早期，观点交流和发声平台同样重要。

从全球治理的角度来看，一种机制是否有效往往以是否产生集体行动作为判定标准。在技术层面，国际互联网工程任务组（IETF）能够迅速采取集体行动，拿出技术方案，ICANN 也能够在域名和地址分配问题上迅速制定出相应政策；在经贸和安全层面，政府间的博弈常常导致国际谈判进程一波三折，但其目标指向仍然是达成具有约束力的行动规则；在公共政策层面，由于涉及议题极其复杂，IGF 等机制难以发挥实际作用。

集体行动由于涉及主体多元、涉及利益复杂，因而合作难以达成。在全球治理领域，尤其是网络空间治理领域，各行动主体达成一致的认识，并采取切实有效的行动更是困难的。集体行动难以达成，不只是利益冲突造成的，即使利益完全一致，集体行动也会因"搭便车"行为的存在而举步维艰。当然，这就需要通过合理的制度安排来解决合作的难题。比如，可以由一个集权者强制推动集体行动。也可以在高度分权的基础上，由每一个参与者做出自主决策。对于网络空间治理的多利益相关方模式而言，虽然由相关方在达成共识的基础上制定的决策代表性更强，但是诸多主体在缺乏适当集中的情况下，要达成一致意见，必然旷日持久。这也是多利益相关方模式固有的缺陷。

当然，一个机制是否重要不能看它是否达成了集体行动。就网络空间治理的机制而言，尚处于规范构建阶段。作为一个有一定国际影响力的机构，IGF 即使暂时难以达成集体行动，但因其有广泛的代表性，它也为网络空间治理各相关方提供了信息交流的渠道。也可以说，其意义主要在于对话，而不是行动。

网络空间治理机制的选择与交易成本具有很强的相关性。从现有的网络空间治理机制来看，非政府间治理平台主要涉及信息基础设施以及网络资源分配、网络标准制定、网络安全维护等。政府间网络空间治理平台，既有在联合国框架下的全球治理机制，也有区域性的治理机制。所涉及的议题，既有关于互联网安全与发展方面的公共政策，也有传统的经贸事务及其他国际事务在网络空间的延伸。从治理成本的角度来考量，在没有更优机制的情况下，接受现有的网络空间治理机制，要比创新治理机制更节约。对于某一特定治理目标，即使有可以替代的选择，是否选择创新治理机制，行为体也需要对新机制的属性加以甄别，因为这是决定治理成本的主要因素。比如，IGF之类的非政府间治理机制，只有通过参与主体扎实的工作，才能逐步获得认可。对于区域性治理机制，可以综合考虑治理成本、机制的代表性等，制定出相应的参与策略。

（五）网络空间治理机制未来的发展趋势及对策建议

总体来说，网络空间治理的机制是一个复杂的体系。既有政府间治理机制，也有私营企业、技术社群的参与。各种治理平台在自身机制指导下，对全球网络空间治理各自发挥着相应的作用。这些机制并不是对抗性的，而是互补性的。虽然众多的治理机制貌似杂乱无章，但这种情况恰恰与网络空间的复杂性和多元性特征是相吻合的。或者说，不同的治理机制才能够更好地促进网络空间的发展。网络空间治理涉及议题的多样性，也对治理机制的多元性提出了要求。

如果分层来看，网络空间治理机制具有较强的逻辑性，这是与网络空间治理所涉及议题的性质直接相关的。在技术层面，为了确保网络运行的有效性，网络空间治理机制的参与主体主要是私有企业和技术社群，采取由私营部门主导的多利益相关方治理模式。在公共政策领域，主要通过会议或论坛方式来实现，采取由政府行为体和其他行为体共同参与的多利益相关方治理模式。在经贸和安全领域，既有的国际机制被整合进网络空间治理机制，以政府间谈判作为主要的方式。

在当代国际关系中，规则的重要性越来越被人们所认识。因此，各国都积极参与国际规则的构建，并利用规则维护或拓展自身利益。但是规则并不是中立的，制度和规则对于不同的国家行为体和其他行为体具有不同的意义。

因此，对于当前网络空间治理的各种平台，我们应当持开放包容的态度，对各种机制和平台进行评估并制定相应对策。对于 ICANN 等机制，我国应促进政府和私营企业的技术部门积极参与，在技术创新和管理上下功夫。对于 IGF 和 WSIS 等机制，政府部门适度介入，鼓励私营企业、学术机构和其他利益相关方积极参与。对于传统机制下的网络议题，政府应加强与私营企业的信息共享与沟通，建立以政府为主导的治理机制。

我国一贯主张要建立公正、合理的网络空间治理机制，这就需要对不同的治理机制加以分析应对。随着互联网对社会、经济、文化等各个领域影响的加深，网络空间与现实社会越来越走向融合。网络空间治理涉及多个领域，参与的行为主体也是多元的。从上述方面来看，网络空间虽然是虚拟的，但它不可能脱离现实而存在。如果没有物理存在的信息基础设施的支持，网络空间根本就无从谈起。因此，不应过分夸大网络空间的虚拟性特征对于网络空间治理的影响。当前，对于网络空间治理，应重点关注以下问题。

第一，由于信息通信技术发展迅速，网络空间的内涵和外延也在不断发展。一方面，网络空间治理几乎涵盖了现实世界的所有领域；另一方面，网络空间的虚拟特性也改变了现实世界中各种行为体的力度对比和互动逻辑。网络空间治理涉及议题不同，各网络行为体的力度对比和治理机制也存在较大差异。

第二，网络空间赋予了非政府行为体不对称性权力，相应地，政府行为体的权力有所下降。但是，这并非意味着网络空间彻底打破了传统的权力配置格局。在全球网络空间治理中，私营部门在技术层面拥有更大话语权，在公共政策相关领域的地位也在上升，但是在网络安全相关领域，政府依然占据绝对主导地位。特别是网络安全关乎国家安全，可以想象以后在涉及网络安全的领域，政府主导的安全议题在范围上会进一步扩大，在内容上会进一步加深。

第三，在传统国际关系中，地缘政治是一个非常重要的影响因素。然而，网络空间模糊了地理界限。

第四，网络空间治理机制多主体、多层面、多领域的特征，决定了网络空间治理模式应当是多利益相关方模式和多边治理模式并行的格局。

第五，网络空间治理的多领域特征，要求多学科知识和智慧的支持。网络空间治理需要跨学科协作，涉及信息学、政治学、经济学、法学、管理学、传播学等不同学科。

第六，国际网络空间治理与国内网络空间治理之间的联系更加紧密。国际网络空间治理机制和规则会对一国国内网络空间治理政策和模式产生影响。反之，一国参与国际网络空间治理的立场必然受到本国政策和理念的影响①。

---

① 郎平.网络空间国际治理机制的比较与应对 [J].战略决策研究，2018，9（2）：89-104.

第七章

网络空间治理体系和治理能力现代化

一、网络空间治理体系与治理能力的现代化制度供给

随着互联网的产生，与之相应的规则和制度也被制定出来。但是，互联网最初被定位为一种信息技术和沟通工具，因而对其约束的规则和制度主要是技术层面的。如果深入地认识基于互联网所产生的网络空间，我们会看到网络空间本质上是一种新型的人类命运共同体。既有的技术规则和制度无法对网络空间的生产、生活和行为发挥作用。因而，要实现网络空间治理体系和治理能力的现代化，必须建构与之相适应的治理规则和制度。

近年来，关于国家治理体系和治理能力现代化，在实践中引发人们的高度关注，也同样成为一个学术热点问题。但是，对于这一问题的理解更多局限于现实生活的物理时空中。然而必须认识到，随着网络信息技术的发展，网络空间与现实生活已经高度契合，人类生存的空间早已不仅仅局限于现实空间，还拓展至网络空间。因此，国家治理体系和治理能力现代化也应延伸至网络空间。但是，这就面临现实的物理时空与网络的虚拟时空并不完全一致的问题。这就需要我们建立对于网络空间治理体系和治理能力现代化的正确认知。在此基础上，我们还要明确实现网络空间治理体系和治理能力现代化的制度供给的内在逻辑，进而回答在网络空间治理中制度供给的定位。

（一）网络空间治理体系和治理能力现代化的制度供给路径

网络信息技术的发展给人类社会生产和生活带来的深刻变革已经渗透到方方面面，以至于我们把这个正在变革中的社会称为信息社会。上述影响不可避免地包含对于网络空间治理体系和治理能力现代化的影响，以及对于网

络空间治理制度供给的需求。与实体的物理空间相比，虚拟的网络空间具有公开性、匿名性、虚拟性等特征，这使得适用于物理空间的秩序、规则和控制手段难以在网络空间发挥相应的作用。这引发了人们对于技术与社会关系的思考。一方面，技术推动社会发展和进步，对社会的工业体系、经济体系、政治体系进行重塑；另一方面，技术在现代社会中的强势地位消解了人的主体性，人在强大的技术面前感到无力和渺小。人沦为沟通网络中的接线员，接线员是没有主体性的，只负责信息的接收、转换和传递。在网络空间中，人只是众多信息的中转站，人的身份沦为虚拟网络中的一个 IP 地址，人也就失去自身的内在性。

当前，我国的国家治理体系和治理能力正处于由传统向现代的转型期，网络空间治理体系和治理能力的建设亦是如此。根据我们的真实生活和虚拟生活的经验可以得知，网络空间与现实社会并不完全相同。现实社会是真实的物理存在，而网络空间是兼具虚拟性与真实性的存在。由此可见，正在步入网络社会的人类生存在真实与虚拟、本质与幻象、物质与非物质交融的二重空间中。

人类生存时间的革命性变化给人类社会生产和生活带来深刻的影响。它彻底改变了人们的生产方式、生活方式和社会交往方式，而且颠覆了人类的信息生产、传播和作用方式；最重要的是，它颠覆了人类的时空观念，使得社会存在由历时态向共时态、社会生产由串行向并行转化，从而"地球村"成为现实，超大规模协作成为可能。虚拟的网络空间并非无源之水、无本之木，它是以现实社会作为蓝本构建的，但它又具有基于网络信息技术的特征而产生的新特质。它是人类的创造物，但它无时无刻不在重塑着人类。既然网络空间与现实社会存在不同，那么对于网络空间治理体系和治理能力现代化的认知就必须适应网络时空的特征和规律。为此，必须加强顶层设计，针对网络时空的规律和特征提供制度保障。

制度是秩序的基础，而秩序是人类社会生产和生活的前提条件。一个社会可以有秩序而无发展，但是不可想象，一个社会可以有发展而无秩序。我们正在进入的社会是一个风险社会，高度复杂性和高度不确定性的环境对于制度规范提出了迫切的要求。特别是在网络空间，各种不确定性因素增加了社会风险。在信息社会，随着大规模协作活动的增加，复杂的社会活动会产生显著的不确定性风险。因而，必须将这些行动结构和过程建立在正式制度的基础上，并以此来约束行动者的行为，从而建立相应的秩序。制度是能够对人的行为产生制约的规范、价值标准、地位和角色。制度是一个社会的博弈规则，形塑了人们的社会关系，并规范着人们的行为。就其本质而言，制度就是一套规则系统。制度是由多种要素构成的，包括符号性要素、社会活动和物质资源。处于不同社会中的人所受到的制度规约是不一样的。在各种社会群体中，社会规范对于群体认同的形成和维持起到了重要的作用。从网络空间治理体系和治理能力现代化的角度，我们需要考虑完善各种治理制度。

网络空间是人类基于网络信息技术所构建的全新生产和生活空间。网络空间是以现实社会为蓝本构建的，但并非现实社会简单的映射，而具有自身的一些特质。可以想见，网络空间的制度规则既有一些来自现实社会制度规则的内容，又有一些基于自身特质而有别于现实社会制度规则的内容。当然，任何规则和制度只有被遵守才有价值，这意味着规则和制度必须被人们认可和接受。

要实现网络空间治理体系和治理能力现代化，首先必须确立制度供给的目标。这方面，辨析虚拟的网络空间与现实的物理空间制度供给模式的差异是前提条件。很明显，虚拟网络空间的社会结构不同于现实物理空间的社会关系。在网络空间中，人们通过信息沟通和网络连接形成虚拟性的个体或社群，社会结构呈现去中心化的特点。这种结构完全不同于现实社会组织的金字塔式官僚制结构。因此，要实现网络空间治理体系和治理能力现代化，就必须针对网络空间不同于物理空间的社会结构，设计并提供适合的现代性制度。一方面，网络空间的社会是以物理空间的社会为蓝本构建的，可以考虑将物理空间的社会历史文化和既定的社会结构适当地移植到网络空间，并形成人们普遍接受的网络空间行为规则，以使得网络空间的社会秩序根植于物理空间的政治、经济、文化等的土壤中，确保网络空间的制度能够得到物理空间的制度体系的支持，这样网络空间中的虚拟个体或群体就能够根据统一的规范和程序采取行动。另一方面，必须考虑到虚拟的网络空间不同于现实的物理空间的特点，塑造适用于网络空间的价值和规范，弥补现实物理空间规范不能适应网络空间的短板，消除网络空间中存在的非理性主义、极端自由化等弊端，共同致力于构建网络空间命运共同体。同时，我们还必须特别关注网络空间的制度现象，为构建适应于网络空间的制度提供理论基础。为此，我们必须坚决反对将现实社会中制度简单照搬照抄到网络空间的做法，而需要认真梳理分析现实社会中制度规范所适用的问题和所适用的环境，并针对网络空间的技术特征和网络行为体的活动规律进行制度重塑和重构。

网络空间治理体系和治理能力现代化的关键点在于实现现代化的制度供给。以互联网为代表的新技术革命对于网络空间治理所提出的技术要求，在于明确网络空间的虚拟社会系统对于人类的生存、生活和生产带来了哪些影响。如果网络空间治理不能实现制度化，人类的政治、经济、文化等均可能面临失控的风险。对于国家治理体系和治理能力现代化而言，网络空间是一个全新的政治场域，网络空间治理必须被纳入国家治理体系之中。网络信息技术在变革社会的同时，也被既有的社会制度所形塑，这进一步加剧了双重时空中国家治理体系和治理能力现代化制度供给的复杂性。网络空间是多种力量相互作用的场域，没有哪一个或哪一类行为体能够完全把控网络空间。很多在现实的物理空间中行之有效的制度和组织在虚拟的网络空间未必能够发挥作用。因此，必须考虑将物理空间中的制度和组织移植到网络空间的适应性问题。

（二）网络空间治理体系和治理能力现代化中制度供给的逻辑

在当代技术条件下，要实现网络空间治理体系和治理能力的现代化，网络空间治理的现代性制度体系是必要前提。这就要求我们去进一步探索这些制度体系的生成逻辑、供给机制和功能作用。

网络空间治理的现代性制度首先是自发生成的，而非仅仅由国家、企业、技术组织等来供给，也就是说网络空间治理的制度生成和制度供给并非同等地位。制度生成是根本的是第一位的，制度供给则是第二位的。制度供给必须遵循网络空间治理体系和治理能力现代化的基本规律，从属于网络空间治理体系和治理能力现代化自然生成的规律。只有当制度生成和制度供给相辅相成，网络空间治理才能发挥正向的功能，否则二者在运行中相互掣肘，功能就会相互抵消。

　　网络空间治理体系和治理能力现代化制度与组织的关系，是网络空间治理中的一个重要问题。在现实的物理空间中，制度和组织基本上是边界相等的范畴，但是在虚拟的网络空间中这种认识需要修正。相比现实的物理空间中的组织，虚拟的网络空间的组织在结构、形态、体系上都是虚拟的。在现实的物理空间中，个体或组织的行为均受到其他个体或组织的影响，而在虚拟的网络空间中，组织权力及其权威对于个体的影响大打折扣甚至微乎其微。即便现实物理空间中的组织结构、组织形态和组织体系能够在虚拟网络空间中发挥同样的作用，但也无法实现对虚拟网络空间的控制。这是因为在现实物理空间中组织是有边界的，组织的权力、权威和管辖范围也是有边界的，对于主权国家间的组织尤其如此。然而，虚拟网络空间中的组织则不存在边界，尽管从技术上来说，存在着控制的边界，但是从传统组织理论看来，这种边界是不存在的。

　　在现实物理空间中，制度是作为规则性和组织性的结构模式存在的。而且，经过长期的积淀制度会成为文化。社会中的行动者在采取行动之前和行动过程中都必然受到作为文化的制度影响。然而，在网络空间中，作为普适性的制度文化并未形成。恰恰相反，我们在网络空间中看到的是一种"文化乱象"。这说明，物理空间中的制度在网络空间未得到文化的滋养，适应网络空间规律的文化尚未生成。

　　从以上的分析可以看出，没有任何组织能够完全控制网络空间。因此，可以认为，网络空间治理体系和治理能力现代化的制度首先是生成的。开展网络空间治理只能在适应网络空间发展自身规律的前提下进行。网络空间的规律有很多，这些普遍取得共识的规律有开放性、公共性和虚拟现实性。

　　开放性是网络空间最本质的特征，如果没有开放性网络的互联互通就不可能实现，互联网就失去其存在的价值。与网络空间的开放性相伴而生的是网络空间的公共性。网络空间为人们的对话和行动创造了一个全新的公共空间，也可以说，人们参与网络活动的主要价值取向就在于网络空间的公共性。正因为网络空间具有公共性，民主、法治、公平等现代制度的价值才得以彰显。网络空间的虚拟现实性则是虚拟网络空间和现实物理空间之间沟通的纽带和桥梁。而且，这种沟通是无缝隙、不间断的。然而，虚拟的网络空间又是与现实的物理空间性质完全不同的空间。认识网络空间的上述性质，是实现网络空间治理体系和治理能力现代化制度供给的前提。网络空间治理的制度不是凭空产生的，它是在合乎网络空间规律的前提下，在网络空间衍生出的各种惯例和规则。因此，要使得制度供给能够在网络空间发挥作用，必须尊重网络空间的发展规律。只有这种制度，才能得到网络行为体的认可并用以指导网络行动。

在现实社会生活中，特定制度都具有一定的作用和功能。现代国家和社会治理，无不将制度置于治理模式和治理架构的核心位置。网络空间治理体系和治理能力现代化中的制度供给同样也有其作用和功能。在网络空间中，制度供给是实现国家治理体系和治理能力现代化这一目的的重要组成部分。网络空间制度供给是保障网络空间主权以及实现国家治理效能的重要基础。网络空间制度供给要求在目的、原则和方式等方面符合合理性要求，以期与现实物理空间的国家治理实现积极互动。由此可见，网络空间治理体系和治理能力现代化与现代国家治理具有同构性，并与国家治理体系和治理能力现代化相始终，具有独特的作用和功能。具体为以下三点。

第一，网络空间制度供给的社会动员和政治整合功能。在互联网时代，网络活动对于国家和社会发展提供了支撑性功能。网络空间制度供给对于国家政治功能的实现具有一定的推动作用，具体表现在政治形式的基本特征、国家政权组织形式以及政治系统的运行机制等方面。当然，网络空间的制度供给也可能因现实物理空间的政治体系缺乏适应网络空间的政治整合和动员能力而陷入困顿。网络空间的政治运作有其独特的规律，单纯以政治动员的方式实现网络空间的政治整合和秩序维持存在较大的困难。

第二，网络空间制度供给的利益分配功能。网络空间政治整合的目的在于凝聚民心，最重要的就是关心民情、体察民意，维护好最广大人民群众的根本利益。当然，必须考虑正确处理不同利益主体之间的矛盾问题。网络空间制度供给的利益分配功能就是以维护社会公平正义为前提，积极回应社会公众的要求，化解各种利益主体之间的矛盾与冲突，关注弱势群体，履行好社会责任。这说明网络空间制度供给的利益分配功能是更为基础的功能，而利益分配状况则是决定网络空间制度供给合法性和有效性的前提。因此，网络空间治理体系和治理能力现代化的制度供给必须把利益分配作为重要的考量内容。

第三，网络空间制度供给的政治稳定和秩序维持功能。网络空间不但对于社会变迁和政治民主化进程的推进有着极为重要的作用，而且影响着政治稳定和秩序维持，甚至影响着人们的道德观念和判断善恶的标准，从而成为社会关系和社会制度变迁的重要动因。因此，设计出一套具有内在关联的网络空间制度供给体系，对于确保政治稳定和秩序维持意义重大。此外，在网络空间培养人们的信仰、感情和信任也非常重要，因为一个社会的凝聚力来源于共同的感情和信仰，而信任则是人们之间交往、合作与建立社会关系的基础。因此，国家为了实现政治稳定和秩序维持，必须明确自身在网络空间制度供给方面的职责和功能。在制定网络空间治理的政策时，既要考虑到现实物理空间的具体情况，又要合乎虚拟网络空间的发展规律。既要契合现代国家和社会治理的基本理念，又要体现以人民为中心的要求，增强社会凝聚力，使得网络空间健康有序地发展。

（三）网络空间治理体系和治理能力现代化的实践

制度具有一定的可预期性，使得人们可以依据制度采取一定的行动。制度减少了对未来的不确定性，从而有利于制度之下的所有参与者。在这个意义上，制度可以被理解为在特定价值体系中人们相互交往行为的固定模式。制度是思想观念的反映，也是实践操作的指南。十八届三中全会以来，关于国家治理体系和治理能力现代化的探讨不断深入，但是关于网络空间治理体系和治理能力现代化问题的研究尚不多见，特别是关于网络空间制度供给的相关问题值得进一步研究。

从本质上来讲，国家治理体系和治理能力现代化就是政治现代化。这要求扩大政治参与的范围，实现社会治理的制度化。科学合理的制度体系是国家治理体系和治理能力现代化的前提和基础，因此，推进网络空间治理体系和治理能力现代化，必须明确网络空间制度供给的实践定位。

20 世纪 70 年代以来，制度供给作为新制度主义政治学的一个重要理论日益受到人们的重视。根据这一理论，制度都是依据人类的理性预先设计出来的。网络空间制度供给的目的就是要解决网络空间中的政治、经济、文化、社会等问题，实现网络空间良性发展，化解网络空间参与者之间的矛盾和冲突。在我国国家治理体系是在党的统一领导之下的管理国家的制度体系，网络空间制度供给也必须作如此定位。

网络空间制度供给是一个逐步完善的过程。它既是一个制度供给的过程，也是一个根据制度治理网络空间的不断试错和革新的过程，最终达到网络空间治理的合规律性，维护网络空间的秩序，确保网络空间的良性发展，满足广大人民群众的利益诉求。在这个过程中要不断完善网络空间治理体系，提升网络空间治理能力，克服其可能与现实空间发展之间的不适应性，努力减少网络空间制度供给之间的偏差。从理论上来讲，制度供给应当遵循利益最大化原则，当效益低于成本时，即使有制度供给的能力和客观需要，制度供给主体也缺乏制度供给的意愿和动力。当然，除了经济因素的考量之外，政治和社会因素也是重要的影响因素。这说明，制度供给中可能存在着滞后现象。客观地说，由于受到各方面因素的制约，制度供给很难及时随着环境的变化做出相应的调整，从而导致制度供给总是存在着某种滞后性。当然，我们应当尽力避免这种滞后性及其带来的不利影响。最重要的是，要克服网络空间制度供给的偏差。这不仅涉及网络空间制度供给的有效性，还关系到制度执行的方向性。如果方向不正确，制度供给就会离正确的目标越来越远，因此，必须慎重对待。

能否实现高质量的制度供给，关乎网络空间治理的效能。要提升网络空间制度供给的质量，就必须从道德层面强化制度的约束力，使得制度从外在的强制力转化为内在的自发动力。只有制度被人们认同，且自觉自愿地遵从，制度才能得到很好地执行。只有这样，网络空间制度供给才能实现网络空间治理体系和治理能力现代化。制度的有效性不仅取决于制度本身，也与公民的素质密切相关。因此，网络空间制度供给还必须培育公民的法治意识和道德素养。公民道德素养形成的前提是制度的正义性。这是高质量的网络空间制度供给的内在要求。

从网络空间制度供给的实践层面来看，应当平衡和协调各种制度供给之间的关系，确保各种制度相辅相成、形成合力。要平衡和协调各种制度供给之间的关系，一是要协调强制性制度供给与自发性制度供给之间的关系。制度供给是制度需求引发的，制度需求与制度供给之间的互动关系是制度变迁的内生性动力。网络空间治理的目的在于化解网络空间中各种利益关系的矛盾和冲突。要实现网络空间的有效治理，必须处理好强制性制度供给与自发性制度供给的关系，使二者相互补充形成整体效能。二是要协调并平衡正式制度供给与非正式制度供给的关系。正式制度主要是由公共权力制定或认可的法律、法规、规章等规则形式，非正式制度则是为社会或群体所认可的社会习俗、文化传统、道德规范等规则形式。与现实的物理空间相类似，虚拟的网络空间的制度供给也存在正式制度和非正式制度两种形式。两种制度相互配合，共同影响和制约着网络空间行为主体的行为。网络空间制度供给的正式制度往往表现为正式的成文规则，而非正式制度则是隐性的不成文规则。一般而言，正式制度发挥作用要受到非正式制度的影响和制约。非正式制度虽然是无形的，但是人们都要受到它潜移默化的影响，因而其可以作为一种非正式的约束力量与正式制度一起发挥作用。在一些共享价值观的群体中，非正式制度所起的作用甚至比正式制度还要大。因为它更易为人们理解、接受，从而化为人们自觉行动的指南。如果正式制度与非正式制度相契合，就能够产生合力从而增强制度的效能；相反，如果两种制度相冲突，就会在制度运行中抵消彼此的功能。因此，在网络空间制度供给中，必须同时发挥两种制度的作用，使二者相互补充、相互配合、相得益彰，发挥制度的整体效能①。

二、推动实现网络空间治理体系和治理能力现代化

网络信息技术的飞速发展深刻地改变了世界的政治经济格局。党的十八大以来，面对错综复杂的网络安全局势和网络发展态势，我国提出了建设网络强国的重大战略。党的十九大更是明确提出了建立网络综合治理体系，营造风清气正的网络空间，推动互联网、大数据、人工智能等高新技术与实体经济的深度融合，实施建设网络强国、数字中国等发展战略。面对全球网络

---

① 杨嵘均. 论网络空间治理体系与治理能力的现代性制度供给 [J]. 行政论坛，2019，26（2）：11-20.

信息技术的发展和互联网领域的深刻变革，迫切需要我们实现由网络大国向网络强国的伟大转变。

（一）中国网络空间治理体系的特殊性

党中央高度重视信息化，在世界互联网的发展进程中，中国的互联网发展起着举足轻重的作用。自 2008 年起，我国网民人数已居世界第一。2012 年以来，中国互联网领域的创新发展，比如移动支付、网购、共享单车等，以及"互联网+"的蓬勃发展，已经成为世界互联网发展的重要增长极。我国互联网领域的重大发展，充分证明了中国网络发展战略和网络空间治理的独特优势，也为世界贡献了全球网络空间治理的中国方案。

中国网络空间治理具有以下鲜明特色：

第一，坚持中国共产党的领导。十八大以来，习近平总书记先后提出了网络主权、网络空间命运共同体、网络强国等重大理念，要求党加强对于网络信息工作的领导，牢牢掌握信息时代的主动权。2013 年，成立中央网络安全和信息化领导小组。2018 年，成立中央网络安全和信息化委员会。对于网络和信息领域的新动态、新问题，及早发现、及时处理，结合我国国情和世界互联网发展趋势，制定了国家信息化发展战略和"互联网+"行动计划。

第二，坚持以人民为中心，践行群众路线。我国拥有世界上最大的网民群体，管理好互联网、服务于最广大的网民群体是我国互联网管理的重要任务。发展我国的网络信息事业，必须坚持以人民为中心，践行从群众中来到群众中去的群众路线，要满足人民日益增长的对美好生活的需求，加快信息基础设施建设，做好网络信息服务，降低服务成本，让人民共享互联网发展的红利，增加更多获得感。这充分说明，我国互联网治理体现了中国特色社会主义的本质特征。

第三，坚持互联网思维，创新驱动经济社会发展。近年来，我国网络信息产业取得了巨大的发展。改革开放以来，我国抓住了信息革命的机遇，实现了互联网领域的跨越式发展。"互联网+"与各个领域契合，成为引领经济社会发展的新引擎。互联网思维对于传统业态的冲击，激发出新的动能。

第四，坚持依法治网，弘扬网络先进文化。网络空间的发展在给经济社会带来深刻变革的同时，也不可避免造成一些网络乱象、网络欺诈和网络犯罪等。然而，网络空间不是法外之地，不能任由这种现象持续下去。在依法治国的大背景下，网络空间也要实现法治化。为此，应当完善网络空间治理的法律法规，依法规范网络空间的各种行为，保护网络空间行为主体的合法权益，打击网络违法犯罪，营造风清气朗的网络空间。网络空间是一种非常重要的文化载体和传播工具，我们应当充分利用网络空间在传播正能量、传播优秀文化方面的功能，借助网络平台，大力弘扬社会主义核心价值观，为实现中华民族伟大复兴营造良好的网络空间氛围。

（二）中国特色社会主义网络空间治理体系的构成

推进网络空间治理体系和治理能力现代化，是实现国家治理体系和治理能力现代化的重要组成部分。随着网络空间与现实社会融合度的加深，对于营造秩序良好的网络空间的要求越来越迫切。网络空间治理是一项复杂的系统工程，网络空间治理体系涵盖治理制度体系、综合治理体系、法治网络体系、网络安全体系和网络基础设施体系等。

1. 治理制度体系

随着改革开放的逐步深入，我国经济获得了长足的发展，与之相适应，互联网发展也取得了举世瞩目的成就，我国已经迈入网络大国行列。在数字经济、互联网创新、移动网络应用方面居于世界领先地位。另外，我国不但紧跟信息技术发展的新趋势，而且在5G技术、人工智能、大数据技术等方面也逐步取得了中国自主知识产权和与之相应的互联网创新应用。中国的信息产业已经成为国民经济重要的支柱产业。我国网络空间治理制度体系是以中国特色社会主义的基本国情为前提条件的，因此必须坚持党对于网络空间的全面领导。

营造风清气正的网络空间是我国当前和今后相当长一个时期网络空间治理的重要任务。科学技术是第一生产力，网络信息技术在促进经济社会发展方面具有十分重要的作用。信息社会正在向我们走来，在这个时代必须把握好网络信息技术的发展方向，抓住难得的战略机遇期，实现我国由网络大国向网络强国的转变，充分利用好网络信息技术以推动我国社会主义各项事业的发展，让最广大人民群众在网络信息技术发展中增加更多获得感，为实现我国"两个一百年"奋斗目标奠定坚实的网络技术基础。

我国是社会主义国家，人民是国家的主人。我国在促进网络技术发展和网络空间治理中必须坚持以人民为中心。中国共产党始终代表最广大人民的根本利益，为了确保人民利益的实现，必须坚持党对网络空间的绝对领导。各级领导干部应当把发展与治理网络空间、维护网络安全作为一项重要的政治任务。网信部门要切实履行好维护网络空间主权、掌控网络意识形态、规范网络空间秩序的主体责任。网信企业和网络运营部门也要履行好其社会责任，共同维护网络空间秩序。

2. 综合治理体系

社会是一个复杂的构成，我国建构了"五位一体"的社会治理体系，这一治理体系亦可延伸到网络空间。网络空间治理坚持党的领导和以人民为中心的治理模式，坚决捍卫国家网络空间主权、维护网络空间的稳定、保障网络空间健康发展。网络经济是互联网最具活力的构成部分，数字经济、共享经济开启了经济的新业态，结合大数据技术、人工智能技术的运用，推动互联网与实体经济深度融合。营造风清气正的网络空间，必须弘扬优秀网络文化、传播正能量。网络空间治理在一定程度上就是现实社会治理在网络空间的映射。社会治理的内容和要求借助信息技术手段得以实现。我国网络空间的健康发展，必须围绕践行社会主义核心价值观体系，坚持和谐发展的理念，为网络空间治理筑牢坚实的网络生态基础。

健全网络空间治理体系的关键是提升网络空间治理的能力。具体要求就是形成党委领导、政府管理、企业履责、社会监督、网民自律等多主体参与，经济、法律、技术等多手段并用的综合治理格局。加强现实社会治理与网络空间治理的协同，推进科学决策、精细管理、高效服务，更好地发挥信息技术手段在社会治理中的作用。

3. 法治网络体系

作为一种信息互联互通的技术，互联网已经超出技术范畴，而成为全球性网络和人类生产生活的基本形态。一方面，网络空间跨越国家和地区的边界，世界各地的人们得以互联互通。另一方面，因各国政治、经济、文化等方面的差异，也造成了网络空间的冲突。网络空间主权的提出，成为化解网络空间冲突的重要利器。维护网络空间主权必须确立网络发展的国家战略，强化网络法治。网络空间不是法外之地，网络空间的法治建设应纳入依法治国的法治体系。网络空间和网络虚拟社会产生的问题需要法律法规的规范。党的十八大以来，我国颁布实施了一系列法律法规，有效保障了网络空间的健康有序发展。

4. 网络安全体系

2018 年党和国家机构改革将中央网络安全和信息化领导小组升格为中央网络安全和信息化委员会，进一步调整和优化了网络安全和信息化工作职能部门和职责。随着地方党政机构改革的逐步推进，基于顶层设计和统筹规划的网信工作领导体制和工作机制逐步形成，将为我国建设网络强国和维护网络安全提供坚强的组织保障。

总体国家安全观指导下的网络安全观认为，没有网络安全，就没有国家安全。这是筑牢网络安全防范体系的思想基础。网络安全为了人民，依靠人民。在网络安全治理体系中，各级党委是网络安全的第一责任人。政府承担网络安全保障的主要职责。网信企业、社会组织和网民也应积极参与网络安全治理工作，各负其责、各尽其职，共同筑牢网络安全的防线。

5. 网络基础设施体系

关键信息网络基础设施的建设、管理、使用和保护是关乎国计民生的重大战略，直接影响经济和社会的稳定和发展。我国互联网发展之所以取得了长足的进步，是因为我国抓住了互联网发展的战略机遇期，逐步加大网络基础设施的投入力度。建设网络基础设施是网络强国、数字强国的前提，核心技术牢牢把握在自己手中，这是网络安全的必要保障。我国应促进网络基础设施的普惠式发展，解决网络发展的不平衡不充分问题。

网络基础设施建设的目的在于应用。网络信息技术的发展在社会经济文化各领域的创新应用，为改革开放提供了不竭的动力。

（三）实现网络治理体系和网络治理能力现代化的关键因素

当前我国网络发展中存在的突出问题是网络服务普及率与经济发展水平不相适应、信息应用的深度和广度发展的不平衡不充分、网络信息核心技术研发力度有待加强、信息资源共享建设进度滞后等。这些都对我国网络空间治理能力的提升提出了要求。为实现网络空间治理法治化，必须从国家战略高度认识网络空间治理的关键要素，具体从以下几个方面着力。

第一，坚持党对网络空间的绝对领导。中国的社会主义性质决定了共产党是领导一切的核心力量，网络空间作为社会治理的重要领域，自然也应处于党的绝对领导之下。由于网络空间作为信息传播工具的无国界性，其与国家安全尤其是意识形态安全关系极为密切，加强党对于网络空间的领导意义尤为重大。

第二，加强顶层设计与统筹安排。网络安全涉及经济社会和国家治理的所有领域，为此，必须从中央层面加强顶层设计与统筹安排。网络安全与信息化紧密相关，没有网络安全的保障，信息化就难以实现持续健康的发展。国家制定信息化发展战略必须把网络安全放在重要的位置。

第三，"新四化"同步发展。信息化是工业化、新型城镇化、农业现代化的基础性和先导性工程。要积极发挥信息化和数据资源的创新驱动和基础资源作用，这是同步推进"新四化"的关键，也是实现现实世界与虚拟空间同步治理现代化的必然要求。国家安全和信息化发展要紧紧围绕我国网络强国战略的要求，促进我国由网络大国向网络强国的转变，加强网络法治化建设，提高网络治理能力，实现网络治理体系现代化。

第四，自主可控。网络安全关系到国家安全，同时也与社会秩序、公民权益息息相关。信息安全是总体国家安全观和安全体系的重要组成部分，是对传统安全的补充和延伸。鉴于互联网的全球技术特征，网络安全形成了跨越国界的系统安全、宏观安全属性。这就要求从国家层面建立网络安全保障体系。国家安全必须牢牢掌握在自己手上，信息安全要建立自主可控的信息基础设施体系。面对美国掌握互联网和信息技术企业对相关核心技术的垄断，必须加大我国互联网和信息技术的研发力度，扶持信息技术产业，确保核心技术自主可控。

第五，加强网络法治。随着互联网与社会生活融合度的不断加深，网络参与主体更加多元化，网络舆论对现实世界的影响越来越大，互联网治理已经超出了一般的技术范畴，需要适时地针对网络空间全球性、开放性、匿名性等特征，调整现行法律法规，健全互联网相关法规，构建规范、有序的网络法治环境，依法保护网络空间主权、维护公民合法权益。

第六，信息共享。互联网是信息传播的重要载体。进入互联网时代，信息量以几何级数在增长，信息资源成为引领创新、提高效率、创造财富的关键。信息公开、数据开放应当成为各级政府的重要职责，要适应信息化发展阶段向大数据转变的要求，提升信息和数据处理的能力，不断推动和完善信息服务。信息资源蕴含的价值只有通过开发才能挖掘出来，因此，信息资源开发是实现信息资源价值的关键。除了政府自身要承担信息资源开发的责任，还要促进公共信息资源开发的社会化、市场化，破解"信息孤岛""数据碎片"等不利于信息资源共享的难题，解决信息基础设施发展的不平衡、不充分问题，消除地区之间、群体之间的信息鸿沟。

第七，协同治理。互联网是信息互联互通的技术平台，社会生活和生产的参与主体借助互联网得以实现高效的沟通。然而，互联网的健康发展必须以网络秩序和网络安全为前提条件。各级领导干部要善于运用互联网技术，培养互联网思维，提高自身的领导水平，增强改革创新的本领。充分运用大数据、物联网、云计算等新信息技术辅助决策，实施精准社会管理，优化公共服务，畅通政民沟通的渠道。要充分重视网络空间治理，鼓励多主体参与，形成网络空间治理的合力。

第八，创新驱动。新技术对于社会创新的作用是明显的。近年来，互联网与其他领域的深度融合极大地促进了管理创新、技术创新。百度、阿里、腾讯、华为等新兴信息技术公司、互联网企业在带动我国信息化应用方面发挥了重要的作用。推动国家信息化发展，实现网络强国的目标，尤其是核心技术的突破、基础理论研究、新产品和服务的推广等方面的关键就在于人才队伍的建设。

第九，信息普惠。我国互联网发展和网络空间治理始终贯彻以人民为中心的理念。从国际比较来看，我国互联网发展水平已经较高，中东部发达地区已经迈入国际领先行列。但是，从全国范围来看，互联网发展仍然存在不平衡、不充分问题，在地区之间、群体之间造成了巨大的数字鸿沟。而且，这种现象在相当长一个时期仍将存在。尤其是民生领域的社会保障和公共服务方面，需要政府运用"互联网+"行动计划补足短板。加强教育、医疗、住房、就业、社会保障等领域的信息化建设，促进基本公共服务均等化和便利化，让更多困难群众用上互联网，让亿万群众共享互联网发展红利。

第十，命运共担。互联网将世界联结成一个地球村。在国际互联网体系中，对话与对立、矛盾和冲突、攻击与反攻击、协作与沟通并存。习近平总书记提出了网络空间命运共同体的理念，倡导各国共同构建和平、安全、开放、合作的网络空间，建立多边、民主、透明的国际互联网治理体系。对加强全球网络基础设施建设、促进网络文化传播、网络经济创新、网络安全协同治理等方面给世界贡献了中国方案。2022年7月12日，世界互联网大会成立大会在北京举行。世界互联网大会组织机构包括会员大会、理事会、秘书处、高级别咨询委员会和专业委员会等。世界互联网大会国际组织总部设在中国北京，宗旨是搭建全球互联网共商共建共享平台，推动国际社会顺应数字化、网络化、智能化趋势，共迎安全挑战，共谋发展福祉，携手构建网络空间命运共同体。会员均是来自国际组织、全球互联网领域领军企业、权威机构、行业组织还有顶尖专家学者。目前，世界互联网大会（乌镇峰会）将转型为国际组织年会，此外还将举办区域性、专题性论坛或研讨会。

面对网络安全日益严峻的挑战，必须紧紧围绕我国建设网络强国和网络法治化的目标，在信息基础设施建设、信息公开、数据共享、"互联网+"、信息驱动创新发展、大数据应用、人工智能、电子公共服务、全媒体治理以及网络安全战略方面不断提升治理能力、完善治理体系，推动我国网络空间治理能力和治理体系现代化建设①。

---

① 朱锐勋，王俊羊，任成斗. 新时代网络空间治理体系和治理能力现代化关键要素研究[J]. 云南行政学院学报，2018，20（5）：110-115.

第八章

关于人工智能教育发展若干问题的省思

一、人工智能及其在教育领域的运用

人工智能的概念最早可以追溯到 1956 年的达特茅斯会议。在近代历史上，很少有技术发展像人工智能那样两极分化。人工智能发展对于人类既是机遇，也存在挑战。而且，挑战要远远大于机遇，斯蒂芬·霍金曾发出警示，如果处置不当，人工智能甚至可能会终结人类文明①。虽然人工智能已经存在了几十年，它仍然是一项边缘技术。但 2016 年人工智能技术在大数据技术、算力的揭示和机器学习能力等方面取得了重大突破，因而被许多学者视为人工智能元年。现在，由于深度学习和神经网络技术的广泛应用，人工智能已经具有了某些类人的智能，同时具备一定的自主性和决策能力，而且这种自主性有继续增强的趋势②。甚至有学者提出"技术奇点"说，即在未来某一时间节点，人工智能会超过人类智能③。

人工智能深刻地改变了人类的生产方式和生活方式④，它不仅减轻了人们繁重的体力劳动，而且也使得人们能够摆脱烦琐的脑力劳动。人工智能在形式上是技术革命，然而从本质上来看，则是思想革命。人工智能涉及计算、

---

① 曹如军，亓梦雪. 论人工智能与思想政治教育课程的开发 [J]. 教育观察，2021，10（41）：53-56.

② 潘恩荣，曹先瑞. 面向未来工程教育的人工智能伦理谱系 [J]. 高等工程教育研究，2021（6）：38-43，67.

③ 孙田琳子. 人工智能教育中"人—技术"关系博弈与建构：从反向驯化到技术调解 [J]. 开放教育研究，2021，27（6）：37-43.

④ 李传军. 人工智能发展中的伦理问题探究 [J]. 湖南行政学院学报，2021（6）：38-48.

感知和认知三大领域，其所要达到的目标就是让机器像人一样理解、思考和行动①。人工智能会对人类的认识产生根本性的变革。人工智能的研究主要集中在以下智能组成部分：学习、推理、解决问题、感知和使用语言。人工智能有两种类型，即通过机器学习实现的数据驱动的人工智能和基于知识的人工智能。目前人工智能的成功主要归功于数据驱动的人工智能的进步。

人工智能必须依靠数据才能发展起来，可以说，没有大数据就没有数据驱动的人工智能。大数据与人工智能紧密结合，以至于有人创造出"大数据智能化"这一概念。在信息化时代，教育和教学中的丰富数据为人工智能促进教育改革提供了重要契机②。

进入 21 世纪，科技发展水平日益成为综合国力的重要标志，而科技发展必须依赖人才培养。2019 年《中国教育现代化 2035》发布，明确提出要推动智慧教育的发展，这为人工智能在教育领域中的运用提供了国家层面的政策支持。2020 年教育部推动智慧教育创新发展行动，创建"智慧教育示范区"③。

人工智能运用于教育领域是对教育的赋能，实现人工智能与教育的深度整合，从而在教学、学习、考试、评价、管理等方面实现教育创新④。教育数据挖掘和学习分析是大数据可用于教育的两个特定领域。教育数据挖掘发展了统计、机器学习和数据挖掘的方法和技术，用于分析教学过程中收集的数据。学习分析旨在通过批判性地评估原始数据和生成模式来描述学生的习惯、预测学生的反应并提供及时反馈，从而改善教学。此外，学习分析还能够定制可读内容，简化现实评估，从而为教师的教学设计提供支持。

目前，人工智能在教育领域主要是作为一种教学辅助手段来使用，尚未

---

① 彭波，王伟清，张进良，等．人工智能视域下教育评价改革何以可能［J］．当代教育论坛，2021（6）：1-15.

② 韦妙，何舟洋．本体、认识与价值：智能教育的技术伦理风险隐忧与治理进路［J］．现代远距离教育，2022（1）：75-82.

③ 刘邦奇，张金霞，胡健，等．智能+教育：产业现状、热点及发展趋势：2020 年中国智能教育产业发展研究［J］．电化教育研究，2021，42（11）：55-62.

④ 林攀登，张立国，周釜宇．从经验回顾到数据驱动：人工智能赋能教师教学反思新样态［J］．当代教育科学，2021（10）：3-10.

出现革命性的变革①。不过，随着人工智能的不断发展及其在教育领域的深度应用，人工智能必将带来教育的重大变革。人工智能在教育领域有着广阔的应用前景，形成了人工智能教育这一跨学科应用领域，教育智能体也呼之欲出②。教育以人为本，教育智能体在教学过程中以虚拟角色（比如教师或学习伙伴等）呈现，与学生进行情景互动，创设逼真的学习环境，为自主性学习提供支持，做到因材施教，改善学习效果。教育智能体的情感功能对于学习过程中的认知有极大的促进作用。目前，教育智能体仍然处于探索阶段，其功能尚有很多局限。比如，对于一些课堂突发事件，教师能够根据经验做出灵活的处置，而教育智能体的反应完全依赖于预置的模型，否则教育智能体无所适从。

2021 年 9 月，科大讯飞公司推出了人工智能学习机，可以为学生生成个性化知识图谱。相比较传统知识表示方式，知识图谱的优势在于增强了人工智能算法设计的解释能力③。个性化知识图谱使得人机交互成为可能，虚拟教师可以针对学生的薄弱知识点提供专门的学习辅导。增强现实（AR）和虚拟现实（VR）技术促进了人工智能的教学现场化，形成了视觉空间智能场景。不同于一般的面对电脑平面屏幕的学习体验，学生通过佩戴专门的眼镜，与在实体教学环境中的感受一样，学生还可以通过操控手柄与人工智能进行交互。人工智能为特定学科和特定场景（比如有毒、有害场所）的教学提供了便利。人工智能运用到教育之中可以再造教学流程，减轻了教师在传统教学方式中的烦琐的教学任务，改变了传统的教师"填鸭式"教学方式，学生有更多的参与，学习过程更加富有趣味性。

---

① 张志华，季凯. 应用伦理学视阈下人工智能教育的反思与应对［J］. 南京邮电大学学报（社会科学版），2021，23（5）：1-10.

② 徐振国，刘志，党同桐，等. 教育智能体的发展历程、应用现状与未来展望［J］. 电化教育研究，2021，42（11）：20-26，33.

③ 王萍，田小勇，孙侨羽. 可解释教育人工智能研究：系统框架、应用价值与案例分析［J］. 远程教育杂志，2021，39（6）：20-29.

二、发展人工智能教育的重大意义

有人预测，未来人工智能将取代教师80%的重复性的工作，如智能测评、批改作业等①。在教育中利用人工智能能够消除教育鸿沟，促进教育公平，实现教育普惠化②。我国各地经济、社会发展的不均衡性决定了教育发展方面存在着较大的差距，如何让落后地区能够享受大城市先进的教育资源，互联网以及人工智能提供了全新的方案。2021年9月，教育部明确提出了在教育领域运用人工智能的新任务、新要求。

人工智能教育是将人工智能技术运用于教育领域，从而改善教学效果③。学习分析是一种新兴的人工智能技术，可以应用于不同的知识领域，如社会学、心理学、伦理学、教育学等，通过收集大量数据，并对这些数据进行分析，以获取见解，甚至为教育或管理任务开发有用的智能工具。

人工智能具有智能、精准和个性化的特点，运用于教育，可以担负助学、导学、伴学、督学等功能④。借助人工智能设备，任何学生均可以在任何时间、任何地点，使用任何设备，获取任何信息，实现泛在学习⑤。人工智能运用于教育，为每个学生享受个性化、更高质量的教育提供了可能⑥。

教育的本质是育人，教育关乎全人类的共同利益，在教育中运用人工智能亦不能背离这一基本准则⑦。人们经常提到技术改变教育的潜力，目前关于人工智能在教育中的发展似乎是这一众所周知的现象的又一个例子。当然，

① 马艳，杨润东．人工智能时代教师角色的危机与重构［J］．教学与管理，2021（33）：56-59.

② 孟亮，陈蕾，汪严磊．"AI+教育"打破教育鸿沟，实现教育普惠化［J］．张江科技评论，2021（5）：66-69.

③ 徐晔．从"人工智能教育"走向"教育人工智能"的路径探究［J］．中国电化教育，2018（12）：81-87.

④ 王一岩，郑永和．智能教育产品：构筑基于AIoT的智慧教育新生态［J］．开放教育研究，2021，27（6）：15-23.

⑤ 廖婧茜．未来学习空间的场域逻辑［J］．开放教育研究，2021，27（6）：90-96.

⑥ 于发友．人工智能时代的乡村教育创新之路［N］．中国信息化周报，2021-10-11（10）.

⑦ 李子运．人工智能赋能教育的伦理思考［J］．中国电化教育，2021（11）：39-45.

我们不能只看到人工智能运用于教育中的重要功能，而忽视了这一技术可能带来的不良后果，特别是随着人工智能的发展，人机关系可能会重构，当人工智能不再只是作为一种工具的客体，而"反客为主"时，人类就面临着潜在的风险，其中最大的风险是随着人工智能越来越聪明，人的能动性逐步丧失变得越来越笨，甚至成为技术的附属物。随着智能教育技术的升级，而相应的人工智能伦理并未同步发展起来，上述风险可能会逐步加大。人类必须认识到人工智能运用于教育的风险，兴利除弊。人工智能设计者应当遵守人工智能伦理规范，承担起应有的道德责任，避免人工智能在教育领域的滥用和误用。

众所周知，创新得以大规模推广的前提是其取得相较于其他选择的战略优势。学校应更好地适应人工智能社会的需要，并选择适当的教学方式，以促进人工智能在教育中的应用。这不仅需要资金支持，也需要监测和评估人工智能在教育中的作用、对教师的意义以及如何大规模应用等问题。

对于当前的教育挑战，没有一个通用的基于技术的解决方案，人工智能也不例外。人工智能研究应当将教师视为参与者，而不仅仅是技术解决方案的受益者或用户。鉴于教育现象相当复杂，应当根据教学条件和现实情况，由每个教师来确定如何在课堂上运用哪些人工智能解决方案以满足不断变化的学习需求。人工智能应正确地嵌入良好的教师实践中，否则就永远看不到任何教育效果。

三、教师在人工智能教育中的角色定位

人工智能运用于教育的目的并不是对教师的替代，而是赋能教学和教师，提高教学效率，改善教学效果，实现精准教育和智能评估。人工智能能否促进教学创新，以何种方式促进教学创新，是人们关注的重点[①]。而要实现教学创新，教师能力的提升是关键[②]。人工智能时代要求教师具备多元化的技能，

---

① 卢国庆，谢魁，刘清堂，等. 基于人工智能引擎自动标注的课堂教学行为分析 [J]. 开放教育研究，2021，27（6）：97-107.

② 冯晓英，郭婉瑢，黄洛颖. 智能时代的教师专业发展：挑战与路径 [J]. 中国远程教育，2021（11）：1-8，76.

以更好地实现人机协同。人工智能运用于教育，对教师的能力提出了挑战，教师的角色应当实现从管理者、教学者、监督者、权威者向参与者、导学者、服务者、研究者转变①。为此，应通过多种培训手段，补足能力短板，全面提升教师适应人工智能的能力。

人工智能能够帮助教师发现问题、分析问题，促使教学由点到面、由浅入深、由经验到研究，并基于数据支持形成理性的认识，以改善教学效果。学习分析平台能够使用预测算法帮助教师诊断和预测学生所面临的学习困难，从而实施个性化干预措施来应对这些困难。然而，虽然预测算法肯定有助于数据分析和解释，但这些算法并不是学习分析系统强大的原因。学习分析系统的有效性在于其对学生和教师的有用性和相关性。实时数据处理应转化为实时反馈、更快的干预和个性化教学，因此，而教师应继续发挥主要作用。教师和班主任应该有足够的自主权来管理各自的教室和学校，这是基于他们最熟悉学生需求的理念。只有当教师和班主任有权管理各自学校的学习安排时，自动化分析才有助于实现自主性。

教师角色是社会对于教师在教育和教学中的功能和地位的期待②。教师永远是教育教学的核心角色，人工智能运用于教育是为教师赋能，教师将继续处于教育的第一线，人工智能只是一种辅助工具，不能够完全取代教师。在人工智能时代，知识传授可以借助技术手段，人工智能所长的是"教书"，而教师应当为人师表，成为学生言行的榜样，"育人"层面不可能离开教师，那种将教师职业简化为单纯的认知和日常任务的观点，忽视了强调人类导师对支持学习过程的重要性，忽视了教学的创造性和社会情感方面。此外，教师将决定如何以及何时使用人工智能工具。因此，这些人工智能工具的开发及其与教育计划实施的整合必须是一个参与式过程，旨在提供教师需要的支持，而不是技术专家或设计师认为他们需要的支持。对于教师目前正在执行的评分和记录保存等工作，可以运用人工智能完成这些任务以节约教师的时间，

① 钱海燕，杨成，吉晨子．人工智能时代教师角色的审视［J］．中国教育信息化，2021（21）：33-38.

② 赵磊磊，代蕊华．人工智能时代教师角色再造路径［N］．中国社会科学报，2021-11-05（4）.

让教师有更多的精力投入"育人"活动中。

鉴于人工智能最终在课堂上的广泛使用，教师培训只是授权教师使用教育数据改进教学法的一个关键方面。要适应人工智能教育的要求，教师还需要提升智能素养，强化数字能力，明晰人工智能教育的重要作用；提高数据分析技能，提出有关数据的有用问题，并根据数据产生的见解向学生提供反馈；掌握新的管理技能，充分利用人工智能资源，从而将更多时间投入指导、情感支持和人际交往活动等，帮助学生获得机器无法替代的技能和能力。

无论传统方式的教学，还是利用人工智能的教学，技术的作用都不可低估。然而，需要强调的是，必须警惕技术对价值的垄断，防止技术控制人类，成为与人类异化的力量。技术革命并不必然导致教育进步，甚至技术越先进，留给教师和学生的自主性越少。因此，必须遵循教育规律，重视学生身心发展，人工智能技术始终应当作为辅助手段而不能滥用。否则，学生可能会被过度监控，课堂形成"圆形监狱"。人工智能技术一旦控制了教学主导权，教师的作用就会被弱化，学生也成了技术的附庸，这是与教育的本质和目的相背离的。

四、确保人工智能教育的包容性和公平性

为了实现教育的可持续发展目标，必须确保人工智能教育的包容性和公平性。从国际经验来看，人工智能教育为残疾人、失学者和生活在偏远地区的人提供了学习机会。例如，人工智能教育可以面向多元学习场景，远程呈现机器人技术允许有特殊需要的学生在家或医院上学，或在紧急情况或危机中保持学习的连续性。通过这种方式，它能够支持包容和无处不在的访问。

基于数据分析，人工智能能够根据学生的优势和劣势，帮助学生实现个性化学习。教师在日常和管理事务上花费大量时间，例如在学校环境中一次又一次地批改作业和回答常见问题，这些简单而重复性的工作可以由人工智能代劳，人工智能还可以作为一种评估工具用于辅助教师的评分测试，从而节约教师的时间。

当然，人工智能毕竟是一种技术，如果在教育中运用人工智能演变成只从技术视角来看待教育，那么就是一种严重的偏颇了。韩愈对于教师的角色

定位是"师者，所以传道授业解惑也"，同理，教育的功能亦可以从上述三个方面来认识。人工智能在授业和解惑两个方面可以发挥很大作用，但是，传道的功能无法由人工智能来单独完成，因此教师的主导地位是不能动摇的。

虽然人工智能可以提供多种可能性，但是也必须认识到其可能造成数字鸿沟，从而加剧既有的不平等现象。要防范人工智能所营造的一种形式上的公平，公平是一种基本价值，不应被简化为某种技术符号，人工智能看似公平的数据与计算可能会干扰人们对于公平与否的判断，人类不能把价值判断的主导权直接交付给机器。前些年，教育产业化的做法严重背离了教育作为公共物品的属性，这种做法已经在很大程度上得到纠正。然而，如果在人工智能运用于教育的过程中，由资本来操控技术，商业逻辑很可能所带来的是不公正的结果。

上述问题应当在人工智能的算法设计中予以高度关注，防止人工智能成为某些人或集团攫取高额利润的工具。人工智能在教育中的运用旨在更好地造福人类，而实现教育普惠化是公平正义价值的目标指向。人工智能的技术导向有可能偏离教育的公平性目标，特别是"算法黑箱"中隐含的价值歧视必须得到高度重视。依赖不透明的算法模型可能产生有违公平道德的现象。人工智能运用于教育中，应当确保算法是透明的，使得各个不同教育层次的人都能够理解算法设计，以可解释的人工智能来确保教育的公平性。防范人工智能算法中的价值歧视，并不只是技术部门的事情，政府应加强监管，社会组织也应参与监督。教育团队，特别是教师应当在人工智能算法设计中有一定的发言权。要严格防范利用算法设计窃取用户隐私信息以及其他侵犯用户权益的行为。在人工智能运用于教育的过程中如果发生了侵犯受教育者权益的情况，政府应追究算法设计主体的责任。

五、发展高质量和包容性的数据系统

人工智能教育是一个复杂的数据系统，具体包括智能导师系统、教育推荐系统、学习分析系统等。智能导师系统是通过人工智能模拟教师对学生进行个性化教学。教育推荐系统通过向学生提供个性化的信息服务，实现学生与智能系统的交互，为学生量身定制适合的学习活动。学习分析系统通过运用人工智能对学习数据进行分析，总结学生的学习规律，以改善教学效果，提高学习效率。

人工智能离不开大数据的支持，完整、可靠和及时的数据是安装人工智能增强型数据分析系统的重要先决条件。数据使智能系统成为可能，没有所需的数据，任何一种算法无论多么复杂都无法正常运行。因此，数据丰富的环境是支持人工智能系统的先决条件。人工智能可以把教学过程中的各种数据进行整合，形成海量的教学数据，然而数据可用性是一个必要但不充分的条件。事实上，预测算法只有在处理的数据本身完整准确的情况下才能做出完整准确的预测。人工智能基于大数据分析，能够更好地把握教育规律，从而有针对性地采取教学措施，不再千人一面，把学生当作产品一样，而是因材施教，因人施教，充分张扬个性，实现人的全面发展。要尊重学生的主体价值，启发学生学习的积极性，不能把复杂的教育过程简化为知识的灌输。人工智能应当是一种人机和谐共生的系统，人工智能必须汲取人类已经形成的成功教育经验，使技术与价值二者相得益彰，人类应当赋予人工智能以道德判断能力，将道德教育观植入人工智能体。当然，这一项工作不可能一蹴而就，而是一个长期的过程。

人工智能教育所运用的数据来源于教育系统和家庭两个方面。前者已经得到了较多的关注，家庭数据也可以提供关于可能导致学校学习困难的外部因素的见解，这说明了数据集成的重要性。当政府系统集成时，数据共享具有重要价值，从而产生更多的分析、模型或预测的可能性。

要使得巨量的教育数据发挥作用，必须依赖人工智能技术。每个学生都是独立的个体，教育并非批量生产行为，必须针对每个学生的具体情况开展教学活动。基于教育数据的学习分析，为因材施教、精准施教提供了更加科学的前提。此外，数据的实时生成还可能意味着学生级数据的不断更新。自动化分析还能够根据各种人口统计因素对数据进行分类，从而更容易地确定教育不平等的来源。当然，拥有足够数量的数据是进行此类分析的先决条件。然而，数据收集的成本可能高得令人望而却步，因此，需要进行数据收集成本的分析，并与潜在收益进行权衡。

人工智能运用于教育必须防止出现"信息茧房"现象。人工智能与大数据的结合，可以对每一位学生进行"画像"，为他提供某一类别的信息或知识，长此以往，学生的知识面会越来越狭窄，电子阅读替代了纸本阅读，让学生获得了大量"碎片化信息"，造成了一种"知识非常渊博"的错觉，然而，这种现象只代表学生"知道"（知其然），而非"理解"（知其所以然），相应地，学生的自主学习能力逐渐丧失，因此要防止因为运用人工智能反而造成学生智能退化的现象。

六、人工智能教育的伦理问题

随着人类对人工智能依赖程度的提高，隐私泄露、算法黑箱等人工智能的伦理风险也加大①。因此，人工智能运用于教育必须考虑到可能带来的伦理冲突以及对既有教学模式的冲击，特别是要防止人工智能教育低龄化可能造成的滥用。青少年正处于道德养成期，必须强化青少年使用人工智能的道德教育和社会责任意识的培养。

虽然人工智能有许多积极的应用，但也有一些社会和道德问题需要解决。比如，人工智能系统存在不公平歧视现象、算法不透明，甚至有可能从人类手中夺取控制权。对此，虽然没有必要惊慌失措，但当人工智能在我们的社会中大量应用时，所有这些担忧都应该得到考虑，特别是因为技术正在迅速进步，今天不可能的事情明天也可能发生。

人工智能以算法为基础，算法必须确保透明性，这是人工智能伦理的基本要求。算法设计看似价值中立，但是其内在机理是由设计者主观选择的，因而，算法设计在提升效率的同时，不可避免地会带来偏见与歧视。一些机器学习技术（如深度学习）无法轻松解释为什么某些学生被接受而其他学生被拒绝，被拒绝的学生是否有权了解其原因。当机器学习算法在某个数据集上进行训练时，结果可能不会直接适用于其他地区的学生。训练数据集很可能会偏向某一组，因此在不同组上使用时就存在不公平的歧视。

如果对个别学生的建议是基于大量以前的数据"机器学习"的，那么产

---

① 李传军. 人工智能伦理原则及其价值冲突研究［J］. 山东行政学院学报，2021（6）：114-121.

生的建议可能不适合来自不同目标群体的学生。当然，如果建议是基于学生的个人学习历史，那么这个问题就不存在了。

与数字世界一样，教育平台将由世界上少数几个主要参与者拥有，这种情况引起了两个担忧：一是个人（学生和教师）信息的集中，这可能会造成隐私风险，甚至会引发网络犯罪行为。二是占据主导地位的平台可能会形成数据垄断，在开发最佳算法的能力上垄断市场。当这些"最佳"算法在学生学习路径的大部分教育决策中占据主导地位时，这将赋予他们很大的权力，从而使用户处于更加不利的位置。

数据隐私和安全问题也是人工智能伦理中的一个重要问题，其主要挑战在于如何能够在保护公民隐私的前提下更好地使用个人数据。近年来，数据隐私泄露已经引发人们的担忧，人们通常不确定在同意后如何使用他们的数据。政府应该特别关注这种日益增长的不信任，特别是要考虑到公共部门收集的数据数量不断增加的情况。尽管这些数字化努力可能有助于改善公共服务，但公众对于潜在数据泄露和扩大政府监管的担忧仍然存在。鉴于这些担忧，政府必须依法保护公民个人数据免受网络侵犯，还必须确保公共部门所收集的公众数据不会被滥用。

政府必须明确说明数据收集工作的范围和目的，将收集何种数据，数据的用途是什么，以及数据模型中可能出现的预期或非预期后果。这不仅增加了公众参与这项工作的意愿，还让公众能够权衡其利益与潜在风险，从而让他们在同意使用其数据方面做出更明智的决定。作为数据来源，公众必须知道为什么要收集他们的数据，并能够以知情的方式同意提供他们的数据。此外，数据收集应该遵循最小化原则，即使用实现公共利益所需的最小数据量。

上面讨论的道德问题表明，在教育中使用人工智能的政策框架显然需要纳入道德导向。个人数据的收集和使用，即使用于改善学习，也应始终以明示和知情同意、透明、公平和公平为基础。

七、人工智能对高等教育的影响

人工智能有可能给所有类型和规模的高校带来重大变化。当利用人工智能提高学生成绩时，它使高等教育机构能够预测入学趋势、优化招生工作并提高学业成绩。人工智能可能通过以下方式影响高等教育：

第一，国内和国际招生做法将发生变化。大学招生团队将能够通过创建算法更好地集中精力，预测最有可能被录取的申请人，以及他们将来自的州和国家。这些算法还可以确定最有可能取得进步、毕业并成为校友的注册学生。

第二，大学招生过程将变得更快、更个性化。通过在招生过程中自动化许多管理活动，包括签证流程、学生住房选择和课程注册，学院和大学将能够为学生提供可定制的体验。

第三，学生保留工作将更加主动，而不是被动。通过识别早期预警信号、危险信号和学业困难的学生，学生管理机构将能够制订保留计划，预测学生的困难，而不是非常被动地做出反应。

第四，招生团队将得到帮助，以增加秋季入学人数。通过提供个性化和频繁的短信和通信，人工智能可以识别在5月份支付了押金，但在9月份可能没有注册的已接受申请者。这种识别允许招生人员制订干预策略，以增加秋季入学人数。

第五，学院的底线和声誉价值将会提高。通过确定和瞄准最适合学校的申请人和学生，然后在整个学生生命周期中个性化所有体验，学校将能够更高效地运作，招收更有可能毕业的学生，并提供更高质量的体验。

总的来说，人工智能的主要好处似乎是节省时间。通过利用人工智能执行时间密集型任务并提高解决问题的效率，管理人员可以重新集中精力改善学校的学生体验。

近年来，人工智能已经成为各界关注的重点领域，科技巨头正在主导人工智能技术的发展，新兴科技企业的崛起在加速人工智能渗透方面也发挥了重要作用，人工智能技术在教育和教学方面的应用越来越丰富。人工智能构建的智能网络课堂，采用真人教师和机器人助教的双师模式，大大改善了教学效果。

鉴于人工智能在人类活动的各个方面越来越普遍，越来越多的政府开始积极实施针对人工智能的具体对策，法国、澳大利亚、韩国、中国和美国等国家均发布了国家人工智能战略。

一些国家正在利用信息时代到来带来的丰富的教育数据，这些国家及其各自的教育机构已经开始从大量数据中获取见解，以提供更个性化的学习体验。任何关于在教育中使用人工智能的协调政策框架都需要确保，教育系统明确界定人工智能，并明确基于学生同意使用其数据。

教育系统也在积极地自我改革，以确保学生获得人工智能支持的未来工作场所所需的技能。从学前教育到继续教育，这些改革都在进行中。鉴于人工智能技术的发展速度，这种终身学习方向当然是合适的。因此，为应对人工智能而重新思考和制订教育计划的过程可能需要成为一个常规和持续的过程。

人工智能不可避免地是一个刺激创新的领域，也是提高国家竞争力的重要内容。然而，在人工智能教育方面，也有合作的空间，合作的基础是知识共享。这就需要各国如何共享在这一不确定和不断变化的领域中的信息。可行的思路是创建一个人工智能教育观察站，以研究人工智能教育的相关举措，并为国家和国际人工智能战略计划提供信息，也可被视为知识共享的平台。

第九章

区块链和人工智能伦理的数据透明性

一、人工智能与数据透明性

互联网、大数据、人工智能技术的发展，特别是大数据技术试图将万物数据化，大数据心理绘像技术能够根据用户的数据精确概括人们的心理和行为特征①，人类社会从此进入透明时代②，人们的很多隐私被暴露无遗，人们几乎成了透明人，以至于有人说，大数据时代是无隐私的时代，从而产生了诸多伦理问题③。从传统伦理观的角度来看，隐私泄露更多是因为大数据技术滥用所导致的负面、消极的问题。然而，如果我们转换视角，大数据所带来的透明化，反而给人类社会带来了某种机遇。人们的行为方式不得不随着世界的透明化而做出改变——摘掉面具，摆脱虚伪，返璞归真，相互理解。在私人领域与公共部门之间，透明是双向的，公共部门也将有更高的透明度，更加有利于公众参政议政④。虽然犯罪分子可能会利用人们的隐私进行犯罪，但是犯罪分子也难以逃脱大数据的追踪，甚至智能系统能够提前预警，警察也可以顺藤摸瓜，抓获犯罪分子。犯罪分子在"举头三尺有监控"的威慑下，

① 王少，黄晟鹏. 大数据心理绘像技术的伦理评估与规制 [J]. 自然辩证法研究，2022，38（1）：57-62.

② 陈仕伟. 大数据时代透明社会的伦理治理 [J]. 自然辩证法研究，2019，35（6）：68-72.

③ 黄欣荣，罗小燕. 从积极伦理看大数据及其透明世界 [J]. 江西财经大学学报，2020（2）：98-106.

④ 张红春，邓剑伟，邱艳萍. 大数据驱动的透明政府建设：媒介选择与政民互动重构 [J]. 北京理工大学学报（社会科学版），2020，22（4）：60-69.

不敢犯罪，相应地，人们也获得了更多的安全感。

近代科技革命的一个重要特征就是通过数据化实现对世界的精确认识①。现在，数据已经被视为与劳动、资本、土地等地位等同的生产要素，具有重要的经济价值和社会价值②。技术发展会给人类带来诸多便利，甚至从根本上改变人类的生产和生活方式。同时，技术赋能公共部门，使之能够提供更多更好的公共服务并实现良好治理。但是，也不得不承认，公众与信息巨头在技术方面存在的巨大鸿沟，二者处于极其不对称的状态。比如，大数据技术和强大的机器学习算法的使用就引起了人们的关注，因为这些技术如果运用不当，可能会导致数据滥用现象。近年来，类似案例比比皆是，尤其是从社交网络收集的数据被肆意滥用。所以，各国出台了有关公民隐私保护方面的法律法规。比如《欧盟一般数据保护条例》就将数据透明性作为一项关键原则引入诸多应用领域，尤其是处理个人身份信息的领域。2018 年，国际商业机器公司（IBM）与哥伦比亚大学启动了一项数据透明计划，旨在促进可信和公平的人工智能和机器学习系统的发展。2022 年 3 月 1 日，国家网信办等四部门联合发布的《互联网信息服务算法推荐管理规定》正式施行，旨在防范大数据"杀熟"、诱导过度消费等以数据滥用方式侵害用户权益的问题。

人工智能伦理的一个重要原则就是确保数据对于用户的透明。在人工智能和大数据技术的支撑下，用户的诸多个人信息被收集和利用，然而用户对于自身的哪些数据被收集、如何利用，却一无所知。这种现象加剧了数据垄断、隐私泄露和公平方面的数据伦理问题。如果说基于人工智能与大数据技术所做的企业决策和公共决策对于公众而言是一个黑箱，那么数据透明性就相当于射入黑箱的一束阳光。特别是公共部门在运用人工智能算法辅助决策时，因为涉及公共利益，必须确保公众的知情权。因此，透明性原则是对人工智能算法黑箱进行监控，建立大数据时代社会信任关系的重要前提。人工智能系统中的伦理与数据透明性密切相关。数据透明性原则能够确保人们对于人工智能相关信息的掌握，防范人工智能发展中可能存在的风险。人工智

---

① 黄欣荣. 大数据、透明世界与人的自由 [J]. 广东社会科学，2018（5）：85-92.
② 胡良霖，朱艳华，李坤，等. 科学数据伦理关键问题研究 [J]. 中国科技资源导刊，2022，54（1）：11-20.

能的运用必须强化增进人类福祉这一基本伦理原则。公平可信的人工智能的一个重要方面是训练人工智能系统，使其行为符合道德要求。人工智能系统的道德培训是确保上述原则的重要前提。为了评估一个人工智能系统是否接受过道德培训，以及判定其行为是否合乎道德，必须确保道德培训所用数据的透明性。数据透明性有助于确定哪些数据集不应当被用于培训或测试。数据伦理是关于如何收集或使用数据的伦理，数据集的透明性有助于建立数据伦理主张。为了提升效率，道德监督机构可能会使用人工智能来支持道德评估或道德执行。这种人工智能驱动的伦理同样可以得益于此类系统的数据的透明性。

二、大数据时代的数据伦理

数据是人类认识自身和世界的一种科学方法，是用数量关系对事物本质的一种精确的描述。人类对于数据的认识和把握，可以追溯到人类社会早期对于土地测量、财富计算等社会实践。在近代以前，由于科学发展水平的限制，人类对于数据的把握仍旧停留在比较粗陋的水平。对于自然界的认识，人类获得数据的方式主要是实验和观察，而对于大量未能获取的数据，只能根据既有的数据进行推测。而对于人类社会的认知，则主要通过调查方式来获得数据。出于成本的考虑以及由于数据处理能力的限制，抽样调查就是一种性价比较高的选择。从样本的属性及规律推测总体的本质，是抽样调查所遵循的基本原则。这一时代，由于数据量比较小，我们称之为小数据时代。而正是由于数据量较小，对于世界的认识往往是盲人摸象，很难把握事物的本质属性。

随着信息技术的发展，数据收集、传输、存储和处理方式发生了根本性的变革。在人工智能技术的加持下，大数据收集数据的方式更加智能化，一切网络数据、感知数据、社会数据和商业数据等均可以自动收集和处理。遍布城市各处的智能传感系统可以自动收集数据，高速网络将数据快递传输，大容量存储设备的出现以及磁盘列阵技术确保大数据的高效存储，中央处理器计算能力的提升以及云计算技术的运用大大加快了数据处理的速度。人类能够收集和处理的数据量以几何级数倍增，由此，我们迈入大数据时代。

所谓大数据，也称为巨量数据，其数据规模超出常规，由一般的信息处理工具难以在合理时间内进行收集、传输、存储和处理。大数据将万事万物都数据化了，整体世界被还原为0和1的数据状态，从而可以被计算机识别、处理并得出精确的运算结果。由此，形成了与物质世界相对应的数据世界、虚拟世界。

科技是一把双刃剑，可以为善，亦可以为恶。在大数据为人类的生产和生活带来诸多便利的同时，也引发了一些问题，其中对于公众隐私的侵犯成为人们高度关注的问题，数据伦理问题由此进入人们的视野①。

伦理是处理人自身与他人、与群体、与自然界之间关系的一般准则。可以说，所有的伦理都与人相关。数据伦理是信息伦理的子集，它所关注的是在大数据背景下如何规范人类关系以及如何确立正确的道德价值。当下的数据伦理问题主要表现为隐私泄露、数据垄断与公平问题②。

究其本质，数据伦理属于技术伦理的范畴，因此，探究数据伦理应当遵循技术和伦理两个维度③。技术维度是数据伦理的前提和基础，伦理维度是数据伦理的目的与归宿。技术维度进行"好""坏"评判，而伦理维度则涉及"善""恶"评价。

如前所述，大数据技术是信息技术发展到一定阶段的产物，人们对于大数据技术发展也寄予了美好的期望。然而，大数据技术所带来的一些负面影响，特别是隐私泄露问题引发伦理冲突。大数据技术发展迅速，而相应的伦理规范没有跟上来，这是伦理困境的症结所在。因此，数据伦理是由于技术发展所带来的，解决这一伦理冲突，不能回避技术问题。然而，在数据伦理的研讨中，技术往往是被作为批判对象而存在的，在历史上，这种现象并不鲜见。在历史转折期，新技术往往被一些人视为洪水猛兽，或贬为奇技淫巧，正如《庄子·天地篇》中所论述的"有机械者必有机事，有机事者必有机心"。历史已经证明，这种裹足不前的做法是行不通的。技术维度的研究，要

---

① 彭知辉. 论大数据伦理研究的理论资源 [J]. 情报杂志, 2020, 39 (5): 142-148.

② 孟小峰, 王雷霞, 刘俊旭. 人工智能时代的数据隐私、垄断与公平 [J]. 大数据, 2020, 6 (1): 35-46.

③ 彭知辉. 论大数据伦理研究的理论资源 [J]. 情报杂志, 2020, 39 (5): 142-148.

求我们认真分析大数据发展的内在动因，了解其为何会与现行的伦理规范冲突，研究如何从技术层面解决这些道德冲突，从而真正体现科技以人为本的道德追求。

伦理维度的研究是数据伦理的目标指向。它要解决的是大数据技术发展对于人类伦理规范的应然性要求如何适应的问题。大数据技术不是纯粹的技术问题，因为它要在人类社会中运用并对人类社会产生重要的影响，就必然要做一个善与恶的价值判断，也要进行道德选择。这是一切科技伦理的基本要求。比如，为什么克隆人不被允许，而克隆羊则已经成为现实？这是因为人是万物的主宰，如果人也可以被克隆，那么人就被放置在与物相当的位置，这种做法冲击了对于人的定义，人的尊严和价值就完全丧失了。

既然数据伦理问题是因技术与伦理的冲突所导致的，那么数据伦理的构建也相应地从这两个方面着手。从技术方面来讲，"解铃还须系铃人"，既然数据伦理问题是由于大数据技术发展所导致的，那么解决这一问题的基本路径还是要寻找技术的突破口。保护公众隐私、确保数据安全以及净化网络空间，都离不开技术的支持①。比如，防火墙技术可以"御敌于国门之外"，为黑客试图通过网络窃取的用户隐私信息构筑铜墙铁壁；木马病毒具有很强的伪装性，在用户不知不觉间窃取用户隐私信息通过网络发送到操控者手中，而查杀病毒软件能够防止木马病毒驻留在计算机中；数据加密技术对于保障用户传输数据的安全性是极为必要的，即便网络传输的加密数据包被截留，也无法破解加密信息，从而防范隐私泄露；认证技术与入侵检测技术能够将合法的网络用户与黑客区分开来，对于通过认证的合法用户，通过网络可以顺畅地使用网络数据，而黑客的入侵则被拒之门外，同时进行入侵预警，还能够根据黑客的 IP 地址顺藤摸瓜，抓获犯罪分子。

从伦理层面来看，数据伦理的确立必须通过一系列原则进行规范。人类所有活动的目的都应当是增进人类福祉，技术发展不能突破道德底线，人类的尊严和主体地位不容撼动，因此，数据伦理首先要确立为人类服务的原则。

---

① 梁宇，郑易平. 大数据时代信息伦理问题与治理研究［J］. 图书馆，2020（5）：64-68，80.

大数据技术应当确立公正与共享原则，即技术发展应当服务于全人类，而不是某一部分人。数据共享的目的是消除信息鸿沟，防止数据霸权，同时还能够挖掘数据的潜在价值，更好地造福人类。在技术发展与安全可控的关系上，必须在确保安全可控的前提下发展技术，否则缺乏安全性保障的技术即如脱缰的野马，大数据技术不但不能造福人类，反而成了打开的"潘多拉魔盒"。数据伦理还必须确立公开透明原则。如果没有这一原则的保障，公众无从知晓哪些个人信息被收集以及被如何利用，公众应当拥有知情权。

数据伦理的实现必须有法律的保障。首先，应当根据大数据技术发展的要求，在法律层面明确数据收集者的法律责任，破解因法律缺位造成公众隐私权难以保障的困局。其次，应加大执法力度，严厉打击网络犯罪行为，切实保障数据安全，维护公民合法权益。最后，还应当强化法律和道德教育，使得参与网络的组织和个人都能遵守法律要求，提高道德水准。

三、数据透明性及其维度

大数据技术汇集了丰富的数据，为国家和社会发展提供了数据支持，然而如前所述，大数据技术也带来了诸如隐私泄露等数据伦理问题，这一问题表现为数据收集、数据监控和数据操纵三个方面①。

数据收集方面，用户的医疗、购物、出行、社交等信息通过主动、被动或自动等方式被网络服务提供者或者第三方收集，特别是在人工智能技术的加持下，数据收集方式不再是低效的手工输入，而是自动化数据捕获，而用户对于被收集的个人信息的内容、流向、用途等往往并不清楚，由此可能造成用户隐私泄露。

数据监控方面，政府或者公司出于网络安全或者商业利益的考虑，对用户进行数据监控，美国的"棱镜计划"就是这方面的典型，用户的隐私在这种监控下暴露无遗。

数据操纵方面，由于法律法规不完善以及技术、制度等方面的原因，数

---

① 孟小峰，刘立新. 基于区块链的数据透明化：问题与挑战 [J]. 计算机研究与发展，2021，58（2）：237-252.

据往往被篡改，基于错误、虚假数据的决策必然存在着严重的缺陷，从而对公众利益造成损害。

此外，数据汇集技术的采用加剧了信息产业巨头的数据垄断，破坏了市场公平竞争，损害了消费者利益，阻碍技术创新，对于用户隐私也产生重大泄露风险。

上述问题的出现与数据使用中的不透明有很大关系。由于数据收集、传输、处理、存储与共享等环节均存在数据不透明的问题，一旦发生用户隐私泄露，追究责任存在很大难度。同时由于数据不透明，如何界定数据垄断也存在难题。另外，数据不透明导致基于大数据的决策可信度不高。这些都大大降低了数据的价值。增进数据透明性，是实现大数据价值的重要途径。

透明性是现代社会的基本要求，是公共利益的保障，也是一种公共产品。随着社会的发展，公开透明已经成为社会治理的重要目标，政府信息公开是对公民知情权的保障，也是公民行使监督权的前提。在农业社会的统治型社会治理模式中，行政运作对于臣民来说，完全是不可知的黑箱。进入工业社会之后，管理型社会治理模式促使政府行为逐步透明化。在后工业社会，服务型社会治理模式中的政府行为已经有了透明化的自觉。透明性与责任伦理也有密切的关系。数据的整个生命周期有诸多的利益相关者，透明性能够明晰各利益相关者的责任。从实践来看，愈是能够做到数据透明的企业，也愈能够履行其社会责任，也就愈能够得到公众的信任。

所谓数据透明性，是衡量数据的质量维度。确立数据透明性，是为了确保在大数据价值的实现过程中，所涉及的各方均可以获得与自身相关的数据。制定适当的数据透明性框架和方法，需要对其各个方面进行更详细的分析，以便确定相关的要求。数据透明性由数据生产、收集、使用、处理和监督等几个关键的透明性维度构成，每一维度界定了为实现相应数据透明性而应提供的不同信息。

数据透明性应围绕数据生命周期中各方参与者对数据透明性的要求而展开相应的维度。具体可以从以下几个方面构建：

记录透明性。它指的是与实际收集的数据有关的所有信息应当如实记录，从而使数据生产者、使用者、监管者能够知晓。这些信息包括数据收集的时间、位置等；数据收集代理（应用程序、传感器、人类用户）和数据存储（存储数据的特定数据库）。

使用透明性。它是指与数据使用有关的所有信息，包括有关使用过数据的数据用户和使用目的的信息，以及处理过数据的应用程序的信息。

披露和数据提供透明性。此维度与跨不同组织传输的数据相关。在这种情况下，相关信息包括与数据披露有关的合同和法律协议，财务协议（向另一家公司提供数据的公司是否获得了数据的财务补偿），以及用于数据传输的技术机制。

算法透明性。它是指提供有关用于处理数据的实际算法的信息，特别是用于根据数据做出建议和决策的信息。此外，有关给定算法为何生成特定建议的解释也很重要。考虑到越来越复杂的分析和分类技术，例如用于大数据集的深层神经网络，为了做出决策和建议，这个维度是至关重要的。

法律和政策透明性。它是指向所有主体提供与感兴趣的数据相关的法律、法规和组织政策。

违规透明性。它是指在一段时间内提供有关某一特定违规行为或某一组数据违规行为的所有信息。违规透明的相关信息包括：何时发生违规行为；违规行为发生时的数据状态如何明文、加密、匿名；谁可能实施了违规行为；根据安全和互联网监管机构的知识，违规数据现在托管在何处；违规行为是如何发生的以及其他类似的信息。

四、人工智能伦理驱动的透明性

人工智能以数据为基础，大数据为人工智能产业发展提供了可能性。随着人工智能产业的发展，基于数据驱动的人工智能产品越来越多地进入人们的生产和生活之中[①]。比如，智能手机已经成为普通人的标准配置，无人机广泛运用于民用和军事方面，无人驾驶已经成为现实，政府和企业也广泛运用机器人应答公众和顾客的咨询。然而人工智能产品，在带给人们便利的同时，

---

① 李传军.人工智能发展中的伦理问题探究［J］.湖南行政学院学报，2021（6）：38-48.

也产生了诸如算法不透明、侵犯用户隐私等伦理问题①。

随着人工智能的兴起，人工智能的责任归属引发人们的关注。比如无人驾驶，一旦出现交通事故，谁来承担责任？是车辆所有者，还是车辆制造商，抑或是无人驾驶程序的设计者，如果是定位失灵，可能需要承担责任的还要加上导航服务提供者。由此看来，如果不把人工智能的责任归属厘清，人工智能技术的大面积推广还存在着诸多限制性因素。

信息系统本质上是由人构造的服务于人的系统，这种"人—机—人"关系不同于现实生活中的"人—人"关系，"人—人"关系是由法律或伦理来规范的。随着信息技术的发展，有关法律法规正在完善之中，人机关系也被纳入法律规范范围，但是人机关系的伦理边界还是较为模糊的。这需要拓展伦理学研究的视野，信息伦理学在这个方面进行了有益的探索。

随着人工智能应用领域的扩大，人们对于人工智能透明性的期望和要求越来越高，甚至有学者认为人工智能系统的模糊性是一个严重的问题，只有打开黑箱才能更好地保护用户隐私信息、避免歧视与偏见、防止各种潜在的伤害。人工智能系统的透明性有助于增加用户对于信息的获取性，了解与自身相关的哪些信息被收集、利用和传播，从而做出相应的选择。

正是在这种背景下，近年来由国际组织、各国政府或者学术性组织所制定的人工智能伦理规范中都提出了与透明性相关的要求，而且其频次居人工智能伦理各原则首位。关于人工智能伦理原则的透明性，有以下不同的理解：

一是人工智能算法的可解释性和透明性。这是对于人工智能透明性最常规的理解。基于这种解释，我们可以理解人工智能系统决策的机制与原理，从而对人工智能系统建立正确的预期以及避免其可能造成的损害。

二是人工智能身份与功能的透明性。从人工智能伦理公正性的角度出发，应当明确机器人的身份与功能，不能对弱势群体（主要指因技术、年龄、收入等原因不能熟练运用人工智能的群体）实施欺诈。

三是人工智能数据的透明性。为了取得公众的信任，人工智能的数据应当公开、透明，并适时更新。特别是涉及公共利益的重大决策，如果运用了

① 杜严勇.论人工智能系统的透明性［J］.科学学研究，2022，40（9）：1537-1543.

人工智能，公众有权知晓人工智能使用了哪些数据，以及这些数据如何运用于算法推荐。

　　四是通过监管来确保人工智能数据的透明性。数据伦理关乎数据安全乃至国家安全①。公共领域的数据以及大型商业机构收集的数据如果达到一定数量，就可能对重大公共利益乃至国家安全产生影响，特别是大规模数据的跨境流动直接威胁数据主权乃至国家安全，因此，这些数据必须受到权威机构的监管。我国《网络安全审查办法》明确规定，超过 100 万用户的网络平台赴国外上市须申报网络安全审查。

　　综上所述，人工智能伦理透明性是指在人工智能伦理的背景下披露所有与数据相关的信息。比如，人工智能伦理原则的公平性要求人工智能系统不能基于歧视与偏见收集和处理数据②，而人口统计数据的一个重要依据是社会分层，必须在处理这些数据时避免对于某一社会阶层的歧视与偏见，杜绝"算法不正义"③现象。在进行人工智能算法设计时，作为主体的人的价值观很可能会影响到人工智能的道德判断。人工智能行为要合乎伦理规范，需要基于特定的数据集进行训练，这正如人的道德行为也有一个养成过程一样。在建立人工智能伦理训练数据集时，必须避免出现上面所讲的"不道德的"分类（比如种族歧视、性别歧视、地域歧视等）。再如，人工智能数据的收集和使用是否得到某个道德委员会的批准？数据透明性要求应根据人工智能伦理原则收集、管理和使用数据。这些伦理原则可以由管理机构、社区或标准组织定义，如电气与电子工程师协会（IEEE）全球自主和智能系统伦理倡议。根据人工智能在系统中的用途、所涉及的参与者以及当地法规和文化敏感性，具体的伦理原则将在个案基础上有所不同。

　　人工智能伦理背景下的透明性要求建立衡量或验证人工智能系统遵守伦理原则的机制。人工智能有两个主要组成部分：训练数据集和模型，这两个

---

①　韩洪灵，陈帅弟，刘杰，等. 数据伦理、国家安全与海外上市：基于滴滴的案例研究 [J]. 财会月刊，2021（15）：13-23.

②　李传军. 人工智能伦理原则及其价值冲突研究 [J]. 山东行政学院学报，2021（6）：114-121.

③　林曦，郭苏建. 算法不正义与大数据伦理 [J]. 社会科学，2020（8）：3-22.

因素都会影响系统是否符合伦理原则。

人工智能之所以具有"智能",是因为其具有机器学习能力,而机器学习必须首先创建训练数据集,也就是说,对人工智能训练所需要的数据集合都存储在数据库中,还有部分文本文件要先对数据进行分类结构化存储。人工智能伦理原则同样适用于训练数据集的构建。具体来说可以分为以下几点:一是数据集中的数据项。用户对于人工智能所收集的个人数据有选择权,可以选择不共享其个人数据。二是数据的一个子集。例如,所有关键的识别信息,如出生日期、手机号、身份证号等。三是整个数据集的聚合特征。例如,数据集中某些属性的公平无偏表示。四是数据集的空间和时间维度。现行规则和条例可能要求某些数据在某些地理位置可以访问或不可访问。数据主体可能会随着时间的推移而增加或删除,但出于监管目的,可能需要能够及时在以前的实例中重新创建数据快照,这需要同时支持数据集的多个视图,并跟踪数据的更改和来源。透明性需要用于测量或验证一致性的机制,例如,提供数据项已被删除的保证,或每次共享敏感数据项时需要用户提供的数字证书,或提供查询训练数据集的相关聚合属性的方法。

人工智能模型在很大程度上依赖于训练数据集,因为大多数人工智能的最新进展都是基于数据驱动的模型。这些模型的性能和使用它们得到的结果是基于用于训练模型的数据的特性。然而,考虑到这些模型的复杂性和通常的黑箱性质,很难从数据集的属性直接推断模型的属性。因此,为了提高透明性,需要有可用的机制来测试或验证模型本身的操作。这些机制可能包括隐含的可解释性特征(基于模型的内在结构和操作)或显性的可解释性特征(基于附加到训练数据集的标记)。或者,可以通过在仔细选择的测试集上观察模型的结果来检查模型是否符合人工智能伦理规范。此外,应注意确保模型不能泄露敏感数据,也就是说,外部参与者不可能重复调用模型并从收集的结果中推断出敏感数据。

五、基于区块链的透明机制

区块链是一个由一组参与者(也称为对等方/参与方)、账本、签名协议、共识协议和智能合约组成的网络。区块链具有真实性、去中心化和可追溯性等特点。区块链技术的设计为信息收集、交换和分析提供了一个值得信赖的解决方案。区块链体系结构有一个区块链网络，其中有多个非集中式（不可信）对等点。对等方共享对完全复制的账本的访问，该账本受信任的仅附加记录系统（SOR）和事务数据的单一源。区块链网络提供了对等方之间的可信协作，数据完整性在数据透明性方面发挥着作用。

"阳光是最好的消毒剂"，同样可以作为数据伦理的一项基本准则。数据的透明性可以验证是否遵守了伦理规范。为了确保人工智能数据的透明性，每一项人工智能伦理原则都应与一项明确的执行、核查和补救行动政策一起确定。这些策略可以被编码到人工智能合约中，在对等的区块链网络上执行。鉴于很难在所有可能的情况下预先全面定义正确的伦理规范，在区块链网络中提供动态共识可能是处理特殊情况的有效机制。此外，区块链技术可以在数据随时间演变的过程中轻松跟踪数据的来源。

数据透明性涉及若干参与方，他们是部分或全部透明记录的接收者，从而对数据本身或数据的总体透明性记录做出了贡献。必须有一个去中心化的机制和一种在各方之间达成共识的方式，以确保数据共享和管理的透明性，并保护透明性记录不受篡改。因此，支持透明性需要一个可信的基础设施来实现非集中化的不可信方之间的信任。区块链技术提供了可用于解决此类需求的机制。区块链本质上是一种分布式数据库，具有去中心化的特征，能够实现数据的追踪溯源，从而对数据的篡改行为进行监控，以确保数据透明性。

人工智能的数据透明性可以通过区块链的透明性管理来实现。基于区块链技术的访问控制，实际上是在存储层与共享层之间增加了一个区块链层，由区块链进行访问控制。区块链技术能够实现基于溯源问责的数据共享，而且也能够确保数据生产者对于数据的控制权。比如，对于手机 APP 过度索取用户权限，超范围收集用户隐私信息的问题，区块链技术提供了解决方案：当用户安装 APP 时，将授权的权限列表存储于区块链，经加密后存储于分布式散列表，用户可以根据需要对权限进行修改。上述通过区块链实现访问控制与数据共享，能够确保数据透明性，但是也带来隐私泄露的风险。比如，某一数据访问者承诺所获取的数据用于科研等非营利性目的，而实际用于商业等营利性目的，区块链技术能够通过全流程数据溯源实现问责。

人工智能系统的伦理支持通常需要数据的透明性，反之亦然。道德政策也可以作为智能合约与透明政策一起实施。数据是否有偏差、能否满足道德要求、是否处理了透明性查询以及查询结果是否支持道德要求，都被添加到区块链分类账中。偏见和道德规则的分析也以交易为基础在智能合约上进行。迄今为止处理的所有交易均被记录，这有助于历史分析，并在此基础上实现人工智能伦理所需的数据透明性。为了能够共享有关数据的透明信息，需要可互操作和可接受的数据格式。为了支持透明性，授权实体（如政府或公司等）必须将数据透明性要求形成政策或规范。

数据透明性导致一方或多方获得数据的各个方面，这往往会导致隐私信息和敏感信息泄露。反过来还又可能违反隐私政策和隐私监管要求。了解透明性和隐私之间的这种相互作用及其对如何以协调的方式执行这两种要求的影响，是技术和监管方面的问题。隐私政策如何满足透明性要求，透明性政策和执法如何解决隐私问题，以及如何支持访问所有此类信息的授权，这些都是具有挑战性的问题。

对于一个给定的数据项或一组数据项，用户可用的透明性有多大，可能需要进行量化。与安全和隐私风险评分类似，可以计算"透明性评分"，该评分可以是标量，也可以是包含透明性风险度量的向量。

当前的人工智能革命是由大数据和强大的计算系统推动的。下一代计算系统将能够提供越来越高的计算能力，因为下一代计算系统具有大规模、分布式和异构的特点。这些特性将使此类系统中的数据管理和透明性策略更加复杂，并且需要开发可扩展的分散数据管理技术。区块链是一种能够支持重要功能的机制，例如存储透明记录。因此，与区块链隐私性、安全性、可伸缩性和可用性相关的研究问题对于透明机制至关重要，因为破坏任何一个机制都会破坏透明性机制。

大数据技术是一场革命，它带来了数据收集、处理、存储等方面的巨大变革。大数据将整个世界的所有事物及其运动赋予 0 和 1 的数据状态，从而能够被人类更加精确地认识。不仅如此，数据收集、处理和存储方式也随着人工智能技术的采用而更加智能化。在大数据技术和深度学习技术大量使用的背景下，数据透明性至关重要。然而，制定一个全面的数据透明性框架是

147

一个挑战。它必须解决数据透明性的不同方面，并且值得信赖，还必须解决不同主体的透明性需求。数据伦理是数据质量的一个新的关键维度。只有在数据符合伦理规范的情况下，数据用户才可能决定使用某些数据。数据伦理是人工智能伦理的重要组成部分，数据伦理的透明性至关重要。基于区块链的数据透明机制为人工智能伦理的数据透明性提供了技术支持。

第十章

人工智能对知识管理的影响及相关伦理问题研究

一、人工智能与知识

近年来，人工智能作为第四次工业革命的重要内容①，深刻改变了人类的生产与生活。那么，它与知识管理有何关系，能够在何种程度上促进知识管理的实现呢？人工智能源于人类运用机器模拟人类智能的努力，也就是赋予机器以视、听、说和思维的能力。作为一个概念，"人工智能"是于1956年在达特茅斯会议上被提出的。但是直到近年来，人工智能才成为一个引发人们关注的重要领域。其原因不外乎三个方面，即大数据、算力和算法②。随着计算机技术和网络技术的发展，大数据时代的到来，数据涌流，为人工智能提供了学习的资源。人工智能要从大量数据中获得有价值的信息，必须有强大的计算能力，计算机发展为人工智能提供了硬件支持。算法是用系统方法解决问题的策略机制，是人工智能的核心要件。在上述三个方面的支持下，机器学习特别是深度学习赋予人工智能自我学习的能力，这是人工智能获得突飞猛进发展的根本动因。目前人工智能已经走入2.0时代③。

传统条件下知识获得主要是由专家来提供的，然而在大数据和网络化时

①　王思丽，祝忠明. 面向数字知识管理的智能内容研究进展 [J]. 情报杂志，2019，38（2）：91-98，130.

②　吴庆海. 人工智能时代下的知识管理 [J]. 知识管理论坛，2019，4（6）：321-331.

③　田倩飞，张志强. 人工智能2.0时代的知识分析变革研究 [J]. 图书与情报，2018（2）：33-42.

代，专家不再是知识的唯一载体，而且知识管理也具备了数字化特征①。随着人类网络行为的增多，各种碎片化信息比比皆是，这些信息的特点是知识密度低，而且信息来源广泛。在各种社交平台广泛传播的信息中所蕴含知识的相关性不但无序，而且是不完整的，由于信息庞杂，出现信息冗余是在所难免的。另外，信息的表达具有隐喻的特征，大数据的"大"也意味着信息受到杂音的干扰②，有价值的知识往往隐含在海量信息当中。因此，只有把碎片化信息关联起来，才能获得有价值的知识，而这些碎片化信息中有相当比重的是非结构性数据，对于这些数据的处理已经远超人力之所能，更加需要人工智能助力③，大数据挖掘技术就是从纷繁复杂的碎片化信息中寻找有价值信息的过程。人工智能运用碎片化信息，构建了一种大数据技术驱动的知识获取新模式，实现从数据到知识再到智慧的转化过程。人工智能的核心问题是知识处理，"知识工程"这一概念意指运用计算机程序以专门进行知识处理的专家系统，运用了人工智能技术的专家系统就是因大数据时代的构建的新型知识管理系统。

人工智能与知识密切相关，是表达知识、获取知识、使用知识的学科。人工智能的内在本质就是运用知识解决问题的技术，因而，人工智能与知识管理就有了天然的联系。人工智能作为一种处理知识的智能信息系统，在信息知识采集、信息知识搜索、信息处理与知识挖掘、知识预见预警、知识决策服务等方面能够发挥重要作用。特别是与传统时代相比，信息时代是信息爆炸的时代，知识以几何级数增长，而且知识的表现形式也由文本方式转变为多媒体方式，知识管理中运用人工智能处理知识有着更大的优势。人工智能发展会给人类社会带来颠覆性的影响。在人工智能时代，机械性、重复性的劳动岗位会逐步被机器人取代以提高劳动生产率，但是那些沟通人工智能

---

① 张兮，李玉龙，成一航，等. 数字化知识管理理论与应用研究综述 [J]. 数据与计算发展前沿，2021，3（2）：23-28.

② 唐晓波，李新星. 基于人工智能的知识服务研究 [J]. 图书馆学研究，2017（13）：26-31.

③ 汪建基，马永强，陈仕涛，等. 碎片化知识处理与网络化人工智能 [J]. 中国科学：信息科学，2017，47（2）：171-192.

与人类桥梁的岗位，如老师、专家、算法设计师等则有较大缺口，而知识管理从业者的工作是把隐性知识显性化、显性知识规范化，有着更多的发展机会。总体来看，人工智能必然会对知识管理产生深刻的影响。

组织是一个生命有机体，它需要创造知识来更好地适应环境，从而获得永续的发展动力。知识管理是学习型组织的必备要件，是组织学习和组织创新的重要途径。组织通过组织学习所获得的知识是一种战略资产，应当运用知识管理对这些知识进行共享，以实现组织知识的价值最大化。知识管理是在知识经济时代应运而生的全新理念①，在知识经济时代，组织如何迅速获取知识资源，并实现知识创造、保存和运用的信息化、智能化，从而迅速将知识转化为生产力，是获得组织竞争优势的关键。人工智能运用知识管理，构建了智能知识管理系统，在知识的标引、搜索、创造、推送以及决策支持方面都可以实现智能化。知识管理的重点是使人们和组织能够协作、共享、创建和使用知识，实现知识管理与业务流程的无缝衔接，从而有助于大大提升组织的竞争优势。在大数据时代，知识管理获得了全新的技术工具，如云计算、数据挖掘、可视化、机器学习与人工智能等。云计算是与大数据同步产生的技术与概念，云计算是处理大数据的重要工具，它为知识管理系统提供了可拓展的空间，也大大降低了知识管理系统的成本。在大数据时代，运用数据挖掘技术可以从巨量数据中发现知识并构建知识库，这在前大数据时代单纯依靠人力是不可能完成的任务。抖音被那么多人喜爱，最主要的原因在于其所传播的是短小精悍的可视化信息。这说明可视化因其喜闻乐见而极大方便了信息的共享和传播，对于知识管理而言是一种重要的工具。如果说以上技术为知识管理助上一臂之力的话，那么机器学习和人工智能则是如虎添翼。机器学习代替了人脑的判断和推理，在人工智能的加持下，知识管理从根本上摆脱了人工发现知识和构建知识库的低效率状态。人工智能与知识管理的结合，使得知识服务从经验主义转变为数据驱动，大大丰富了知识管理的内容②。

① 顾丽敏，李嘉. 人工智能对企业知识管理的影响研究［J］. 学海，2020（6）：39-44.
② 欧阳智，魏琴，肖旭. 人工智能环境下的知识管理：变革发展与系统框架［J］. 图书与情报，2017（6）：104-111，132.

知识管理的对象是知识，如果没有知识创造，知识管理就无从谈起，因此，知识创造是知识管理的首要环节。在大数据时代，如何理解数据、信息与知识的关系？简而言之，数据是信息的基本单位，信息是对事物存在与运动状态的反映，知识是作为认识主体的人有意识地从无意义的信息中提炼出来的有价值的内容。

知识分为显性知识和隐性知识。显性知识是指能够用语言、文字、肢体等方式表达清楚的知识；而隐性知识则是个体虽然知道如何做，但很难告诉别人或者写明白、说明白的知识，即"只可意会，不可言传"的知识。

显性知识的创造主要通过结合化和外显化两种途径来实现。所谓结合化是指个体通过分析、综合等方法在已有知识的基础上创造出新知识的过程。在传统条件下，结合化这种知识创造过程往往受到数据收集和处理方面的局限，然而在大数据技术和机器学习等方法的帮助下，大大提升了知识创造的效能。互联网公司基于大数据分析为用户进行精准数据画像就是结合化创造新知识的实例。外显化是个体将隐性知识转化为显性知识的过程。这是知识创造中最难的途径，但也是组织实现知识共享的关键。传统方法在知识外显化方面遇到的困难，可以通过运用人工智能予以解决。

隐性知识需要通过社会化和内部化的途径来实现知识的创造与传承。知识社会化的主要方式是对话和交流，正如师傅带徒弟的言传身教。人工智能的人机交互是对传统的师徒一对一传授方式的根本性变革，在线机器人可以做到全天候的服务，引入人工智能的大规模在线教育更是对教育的革命。如果说社会化过程所实现的是隐私知识的传承，那么内部化过程则主要是由显性知识创造隐性知识的过程。人工智能运用算法对于隐性知识进行分析、整合，提高了隐性知识创造的效率。

从管理实践来看，知识管理有助于提高绩效、增加创新并扩大人员和组织的知识基础。不仅如此，知识管理在辅助决策方面也有重要的价值。当然，知识必须是动态的、准确的和个性化的，才能应用于决策过程。知识管理的根本要义是实现知识共享，而知识共享的最重要途径则是知识传递。人工智能在数字化组织中传递知识方面发挥着重要作用。智能知识管理系统解放了人力，使人们能够从事更高端的知识创造活动。人工智能可以衡量知识共享的数量和有效性，特别是当人工智能应用于为人们提供决策所需的知识时，这一点至关重要。

人工智能可以分为三个阶段：弱人工智能、强人工智能和超人工智能。弱人工智能可以完成特定的任务，但不具备自主意识和决策能力。强人工智能具备了一定的思考能力，能够自主学习。超人工智能则具备与人类同等的智能水平，能够像生物一样实现自我进化。在现阶段，人工智能尚处于未达到自我进化的水平，人工智能需要在人力的帮助下才能完成进化。相信在未来，人工智能会产生颠覆性的变革。人工智能提供了使机器能够学习的机制，将人工智能融入知识共享将有助于快速、高效和准确地决策。人工智能为人类提供了前所未有的扩展、使用和创造知识的能力。使用机器学习的人工智能系统可以检测大量数据中的模式，并对复杂、相互依存的系统进行建模，以产生提高决策效率的结果。人工智能运用于知识管理，构造了人机交互的知识集成、创造与应用模式①。

二、人工智能与知识管理

在大数据时代，组织管理需要处理巨量的数据，数据、信息、知识管理的任务日趋繁多，知识管理引入人工智能迫在眉睫。在现代社会组织内的分工已经越来越细密，如果缺乏高效协同，任何组织目标都无法实现。协同已经成为组织内硬性的要求，而要实现高效协同，打破岗位壁垒、实现知识共享是必要前提。人工智能引入后，组织内的重复性工作可以实现智能处理，组织成员有了更多时间和精力投入更富有创造性的工作之中。智能化的知识管理、依托大数据技术的支持、建构起庞大的知识库、加速知识的创造过程、拓展知识的广度和深度、增进组织协同、强化知识库的搜索和智能推荐功能、促进知识在组织成员之间的流动和运用、"盘活"组织的知识资产等，这一切，都必须通过知识共享来实现。

与物质不同，知识具有重复利用且不被消耗的特性，而且在知识不断利

---

① 任宗强，刘冉. 人机交互模式下企业知识管理平台研究［J］. 技术与创新管理，2017，38（5）：526-529.

用的过程中通过累积、创新等方式可以实现知识增值。知识共享是知识管理的核心与目的，具体是指组织成员将自己拥有的知识与其他成员交流，使个人知识变成组织共有知识的过程。知识共享能够实现知识价值最大化。人工智能运用于知识共享分为两个阶段，初期阶段主要是共享组织内的显性知识，后期阶段随着人工智能技术的成熟，越来越多地运用于共享组织内的隐性知识。人工智能技术突破了隐性知识向显性知识转化的困境，扩展了知识共享的路径，人机交互也大大提高了知识共享的效率。这样一来，在人工智能加持下的知识管理系统就"蝶变"为智能知识管理系统。借助智能知识管理系统，知识在组织成员之间实现智能匹配，组织成员可以在线学习，最大化利用知识的价值，碰撞出思维的火花，共同攻克组织面临的难题，提高组织的创新能力。在互联网条件下，知识共享打破了时空的界限，可以随时随地共享，而且出现了跨越组织边界的知识共享，从而颠覆了传统的知识共享模式。

人工智能与知识管理系统的整合，能够通过多种途径获取知识以扩充知识库，扩大组织的知识储备量，实现知识共享的多元化、个性化、自动化、智能化，并根据知识与组织成员的智能匹配，优化人力资源配置，提高组织绩效水平。人工智能的引入彻底改变了组织成员的学习方式，加速了组织创新的进程。智能知识管理系统使得人工智能与人类智能无缝连接，能够实时获取外部环境变化，并根据外部环境变化调整其知识能力，提高组织创新能力和环境适应能力。在高度复杂和高度不确定性环境条件下，智能知识管理系统能够帮助组织获得竞争优势，以立于不败之地。

知识管理的人工智能效应是以动态、准确和个性化的方式提供知识的传递。

对于组织而言，外部环境处于变动不居之中，特别是在高度复杂性和高度不确定性的环境条件下，组织要能够更好地生存和发展，必须汲取外部知识。知识是一系列过程和流程的结果，这些过程和流程表明了知识的主动性。知识的动态性源于这样一个事实：知识是活跃的，并且总是不断变化的；这种变化是组织中不断变化和演变的人类经验的直接结果。

知识的准确性水平决定了人工智能框架在现实环境中的性能质量。人工智能将用于允许用户在内部（以及通过外部渠道）协作、沟通和共享组织的知识和信息。人工智能为用户提供深入、即时、按需的知识。在这样做时知识必须保持最新和准确，并得到所有用户的信任。

个性化知识是根据个人做出决策的需要量身定制的。在机器大工业时代，整齐划一是效率的要求，而随着组织内知识的增长，快速响应和对组织知识资源的个性化访问越来越普遍，这对于与内容相关的产品和服务尤其重要，比如咨询、营销和组织内的沟通。这些产品和服务的数字化特性要求在人工智能框架内进行更多的个性化服务。要提供个性化服务，必须强化客户关系管理，实现服务与用户的精准匹配，在这方面大数据画像技术可以发挥一定作用。

在大数据时代，知识管理发生了巨大的变化，数据量的增加拓展了知识的边界。知识管理系统需要处理的信息量大幅度增加，而且数据类型更为复杂，既有结构性数据，也有非结构性数据，超出了计算机常规处理的能力。与大数据的特质一致，知识管理系统所处理的数据价值密度大大降低，但是由于数据总量以几何级别递增，数据价值的总量大幅度上升。在知识管理系统建设初期，主要依靠人工来构建和扩展知识库。在大数据时代，人工智能成为承担这方面任务的主力军，知识库可以通过人工智能算法自动收集信息，并运用机器深度学习将信息加工为可用的知识体系。人工智能在数字化组织中传递知识方面发挥着重要作用，它大大提高了知识共享的效率和知识共享匹配的精准度。人工智能通过以下方式衡量知识共享的数量和有效性：

1. 预测员工需要的知识领域或主题。

2. 根据实时参与度和内容消费，确定哪些目标知识会与员工产生共鸣。

3. 根据个人喜好自动整理个性化知识。

4. 利用机器学习改进内容决策，了解哪些内容最适合解决这种情况。

5. 人工智能将提高智能搜索的关联度、精确性和效率。

6. 人工智能能够更好地理解内容的预期用途，并为员工提供相应的知识服务。

7. 具有自然语言处理（NLP）功能的聊天机器人将提供理解、解释和操纵人类语言的认知能力，使机器人能够预测用户的需求、态度和期望，以帮助决策并改善结果。

三、人工智能伦理及其对知识管理的影响

人工智能运用于知识管理，必须强调以人为中心。技术发展的一切目的都是更好地服务人类，人工智能技术也不例外，人工智能应当专注于改善人类状况。发展人工智能，必须确立的方向就是制定确保人工智能应用程序以人为本的政策，并在实践中将这一政策规范化。在技术层面就是制定相关的技术标准，使得上述以人为中心的宗旨得以贯彻。监管机构应当对遵循这一政策的技术研发行为加大支持力度，强化指导行为，预测人工智能所可能产生的深刻影响并采取相应对策。

以人为中心并不是一个抽象的概念，有其具体内涵：人工智能应用程序应维护用户的权益，尊重以人为本的价值观和公平；人工智能应用程序的设计、开发和实施必须透明；人工智能应用程序应当有效、安全；人工智能应用程序产生的结果和决策应当是负责任的。

人工智能开发必须确保包容性和增进人类福祉。随着技术的发展，人工智能扮演着越来越重要的角色。随着技术的扩散，其预测、建议或决定对人们生活的潜在影响也在增加。技术界、商业界和政策界正在积极探索如何使人工智能以人为中心、值得信赖、效益最大化、风险最小化并促进社会接受。

人工智能的开发有可能加剧在人工智能资源、技术、人才、数据和计算能力方面存在的不平等和分歧。此外，这将导致人工智能固化偏见，并影响弱势和代表性不足的人群。其中包括教育程度较低、技能较低的妇女和老年人，特别是在中低收入国家。这是因为发达国家和发展中国家、组织和国家之间人工智能资源的数量和种类不同。解决这一问题的一种方法是由国际组织提供资金，以便缩小这些领域的差距。

有人建议成立一个全球人工智能促进发展基金，该基金将在包含弱势和代表性人口不足的领域以及中低收入国家建立人工智能促进中心。人工智能促进中心的目标是确保人工智能利益得到良好分配，并导致社会更加民主和开放。此外，人工智能计划将致力于确保人工智能在社会中的经济收益得到广泛分享，并且没有人被甩在后面。

人工智能技术的某些使用会产生各种各样的道德问题。每种类型的人工

智能技术在基于人工智能做出决策时都会引发不同类型的道德问题。必须检查人工智能应用的道德性，以了解人工智能特定应用的结果是否被充分理解，并且它没有违反人类的道德准则。对许多人来说，最直接的担忧是，人工智能系统将在广泛的行业中取代工人，因此人工智能在工作环境中使用时会带来复杂的情绪和观点。

然而，越来越清楚的是，尽管人工智能可能会取代一些工作岗位，但也会创造其他岗位。这将需要重新调整劳动力技能，以填补正在创造的新工作岗位。研究和经验表明，人工智能将不可避免地取代整个类别的工作，特别是在交通（通过自动驾驶车辆）、零售、政府、专业服务就业和客户服务领域。

人工智能应基于如下价值原则：

1. 人工智能应通过推动包容性增长、促进可持续发展、增进福祉以造福人类和地球。

2. 人工智能系统的设计应尊重法治、人权、民主价值观和多样性，同时采取适当的保障措施，确保一个公平和公正的社会。

3. 人工智能系统应具有透明度和负责任的披露，尤其是当它们与公众接触时。

4. 人工智能系统必须在其整个生命周期内以稳健、安全的方式运行，同时管控潜在风险。

5. 开发、部署或操作人工智能系统的组织和个人应按照基于人工智能价值的原则对其正常运行负责。

四、强化人工智能伦理约束

人工智能使得计算机具有与人类相同的智能，能够在一定程度上代替人来解决结构化、不确定性的问题，从而使得问题识别、分析、解决等实现智能化①。长远看来，人工智能是要部分地取代人在社会生产和生活中的位置，

① 廖盼，孙雨生．基于人工智能的知识服务系统模型研究［J］．湖北工业大学学报，
2017，32（6）：47-51.

所以，人类面临着如何与人工智能和睦共处的问题。虽然现在人工智能尚未达到强人工智能阶段，但是有些组织已经过分依赖人工智能来进行知识管理，有些做法甚至突破了人工智能伦理的边界。比如，有些送餐平台运用人工智能算法精确计算送餐时长，虽然提高了效率，但是忽视了送餐员所可能面临的突发情境，这种做法实质上将人置于人工智能的工具的位置，因而备受争议。现在人工智能所创造的知识仍然处于人类的认识范围之内，但总有一天，当人工智能发展到超人工智能阶段，那时人工智能所创造的知识很可能是人类所无法认识和驾驭的，人类会被人工智能所统治的担忧就不再是杞人忧天了。因此，我们一方面要致力于技术创新，促使人工智能更好地应用于人类的生产和生活，但另一方面也应保持足够的警惕，特别是要强化人工智能伦理约束，确保人工智能永远成为增进人类福祉的工具，而不是统治人类乃至毁灭人类的技术灾难。

第十一章

大数据时代的个人信息保护

一、大数据时代个人信息保护问题的隐忧

（一）大数据时代的到来

进入 21 世纪以来，信息通信技术，特别是互联网相关技术迅速发展，在全球政治、经济、文化等各个方面发挥着重要的作用。人类社会正在迈入信息社会，特别是近几年来，在移动互联网、物联网、云计算等技术的推动下，互联网的商业应用模式生成了海量的数据。这些数据是个人数据的综合，个人数据是关于个人活动、行为方式、兴趣爱好、社会关系等能够将某个人与他人区别开来的社会属性的数据。通过对这些数据的分析研究，企业可以获得有关用户行为规律、需求内容等方面的预测性信息，从而有针对性地为用户提供产品或服务，以获取更多的商业机会和更大的盈利空间。在这个意义上讲，大数据给企业带来了更大的收益，对大数据的需求推动了企业生产和经营的网络化，很多传统企业纷纷通过改造而成为互联网企业。以互联网为基础的公共事业也迅速发展起来，这推动着社会治理向以数据为基础的治理模式转变。总之，我们的社会正在走向大数据时代①。

在大数据条件下，数据就是资源，不论是企业，还是政府机构，都渴望控制数据。因此，将数据治理纳入法治化的轨道，是法治社会的必然要求。从法律规范的角度来看，个人数据就是数据化了的个人信息，而个人隐私是

---

① 敬力嘉. 大数据环境下侵犯公民个人信息罪法益的应然转向 [J]. 法学评论，2018，36（2）：116-127.

个人不愿让他人或一定范围之外的他人所知悉的个人信息。在法治背景下，对于个人信息的收集、处理和使用等行为，必须制定明确的法律规范。在大数据环境下，人们都陷入数据安全的焦虑之中。面对侵犯公民个人信息行为的加剧，无论是立法还是司法，都加大了对侵犯公民个人信息的行为的惩处力度。

（二）大数据监控社会的内涵

近年来，在全球恐怖主义活动加剧的背景下，为了强化国家安全和社会安全，各国都扩张了政府监控权。美国启动了以"棱镜门"为代表的大规模数据监控项目，英国《调查权法》赋予政府新的监控权力，我国公安部通过应用警务大数据以加强风险防控体系建设。政府强化大数据监控能力，能够打击恐怖主义，保护国家安全，提升公共管理和公共服务水平。然而，与此同时，个人数据的大规模收集也使得个人越来越透明化，甚至有可能造成个人毫无隐私可言的状况。大数据监控时代的到来给公民个人隐私保护提出了亟待解决的问题。

大数据被誉为 21 世纪的革命性事业，然而对于大数据的定义并未达成一致意见。一般根据大数据的特征来界定其定义。如道格·莱尼（Doug Laney）提出了大数据的"3V"特征，即速度（Velocity）、多样化（Variety）和规模（Volume）。随着大数据技术的发展，大数据又增加了准确性（Veracity）、可视化（Visualization）和正当性（Validity）等特征①。

"监控"一词有多重含义。大卫·里昂（David Lyon）在其所著的《监控研究》一书中认为，监控是以对个人实施影响、管理、保护或指引为目的，经常性、系统性、聚焦性地关注个人事务的行为。

随着高速计算能力的提升、存储单位成本的下降、复杂算法的应用，以及人工智能的发展，计算机可以识别人类的各种复杂的行为模式，进而分析人类的行为意图。借助大数据技术，执法部门可以更为精准地识别和打击犯罪行为。在这种背景下，数据无疑成为政府掌控人们社会细节的重要治理工具。

---

① 张衡. 大数据监控社会中的隐私权保护研究［J］. 图书与情报，2018（1）：71-80.

（三）大数据监控的技术性特征

第一，数据收集的全景化。当前，我国数据监控应用正处于由小数据监控向大数据监控的转变之中。大数据技术应用已经拓展至犯罪侦查、风险预警、人口信息管理、信用社会建设等多个领域。大数据决策需要以全景式数据为前提。通过全景式、大规模地收集各方面的数据，更为精准的数据模型得以构建，政府管理和社会治理获得了更加便利的手段。

第二，大数据预测功能的应用。大数据工具包括数据挖掘与模式分析、数据库扫描、预测分析和人工智能工具等。大数据预测功能的实现要求根据大数据证据来评估问题或假设。传统的犯罪侦破是事后追溯式的，所利用的信息是有限的，而犯罪预防和预测则要求在事件发生之前予以干预。实现上述目标需要进行大规模数据运算，利用大数据模拟现实。也可以说，大数据监控工具从根本上改变了政府对待证据的方式。

第三，大数据监控目标更加广泛。由于大数据技术的应用，政府对监控目标的选择不再因成本约束而受到限制。全球数亿人受到大规模监控，每个人都在数字世界中被建立档案。大数据在预防恐怖主义和预防犯罪方面的有效性为大规模监控提供了充分的理由。然而，大数据监控也会存在人的偏见，一旦这种偏见被编入程序，就可能错误地将成千上万人贴上嫌疑人的标签。

（四）大数据监控的社会性特征

第一，商业资本与大数据监控技术的结盟。监控技术不仅是政府治理的重要手段，企业也通过收集、利用和出售个人数据获得了丰厚的利润。运用大数据和人工智能技术对消费者的个人偏好进行分析和预测，可以为企业寻找获利机会，这种做法已成为当前热门的商业模式，以至于传统企业纷纷互联网化。资本逐利的天性引发了大规模的数据争夺战，商业组织纷纷斥巨资建立数据收集与分析机构，强化其数据监控能力。

第二，私人监控与公共监控的结合。企业收集的大量数据，也是政府想获得的重要信息。政府和企业在数据监控、数据挖掘和信息分析方面有很大的合作空间。政府可以通过立法规定网络服务商有保留数据、本地化存储以及协调数据解密的义务，并通过政府与企业合作共享数据以预防风险，提高管理水平。

二、数据权属及数据保护

（一）数据权属的产生

大数据时代，数据渗透到社会生产和生活的方方面面，数据已经成为一种重要的资源。随着互联网及其他信息技术的发展，数据的收集、整合、分析、处理已经逐步产业化。2015年我国出台《促进大数据发展行动纲要》将大数据产业化上升到国家战略高度。然而，大数据在给企业带来机遇和财富的同时，也给数据安全和隐私保护造成了严重的冲击。由此，保护隐私亟待建立完善的个人信息保护制度，以减少大数据利用可能导致的负面效应。自2017年6月1日《中华人民共和国网络安全法》（简称《网络安全法》）施行后，个人信息保护问题得到了缓解，但是深层次问题，如数据的法律定位及其有效的保护方式仍未得到根本的解决，大数据利用仍然缺乏明晰的边界，数据的社会治理依然困难重重①。比如，在互联网业界，顺丰与菜鸟对大数据的争夺，腾讯与华为的数据纠纷，已经凸显数据产业的竞争乱象，市场的恶性竞争迫切需要法律的规范。虽然最后由于政府部门的介入，上述争端暂时告一段落，但是如果没有对数据所有权、数据保护机制及其流通权限做出制度性安排，未来数据争端仍会重演。数据权属及数据保护问题已经成为大数据时代的重要理论问题。

要实现数据保护和数据利用之间的平衡，必须解决数据权属问题，即数据究竟是归属于收集者和存储者，还是归属于产生数据的组织和个人。数据权属的制度性安排，对于实现数据生产者和所有者所创造的价值，有着重要意义。

在计算机产生之初，静态、单一的数据是科研工具，不能带来直接的经济效益，也无所谓数据权属和数据保护问题，数据被视为公共产品，数据开发者可以根据需要对数据进行挖掘和开发。然而，随着大数据技术的发展，大数据所蕴含的价值被人们发掘出来，经过处理的数据成为重要的资源，对

---

① 石丹. 大数据时代数据权属及其保护路径研究［J］. 西安交通大学学报（社会科学版），2018，38（3）：78-85.

于个人、企业和政府都意义重大。个人可以利用数据，享受便利的智能化和个性化服务；企业利用大数据可以优化资源配置，获取更大利润；政府可以利用大数据提升社会治理能力。随着数据量的增加，数据所蕴含的价值也会增加，数据的收集、加工、分析、交易等各个环节都能产生巨大的利益。在市场利益的驱动下，数据作为一种资源的属性更加凸显出来，数据产业链的每一个主体都有着对数据开发的冲动，这其中的纷争迫切需要法律来加以规范。

在传统的法律框架下，关于个人信息保护问题，主要是从用户的隐私权或人格权角度，立法倾向于对个人信息提供绝对的保护。只有在知情同意的基础上，才能对用户的个人数据进行收集、加工和处理。但是，这种法律规范不能适应大数据时代的社会治理需要，随着越来越多的数据呈现经济价值，既有的以人格权为中心的数据保护模式限制了数据产业的经营活动。为此，必须平衡数据产业发展与个人信息保护之间的关系，数据财产权这一概念逐步得到人们的认可。

数据财产权是由劳伦斯·莱斯格（Lawrence Lessing）提出来的。他认为应当赋予数据一种财产化权利，促进数据的流通和交易。数据财产权这一概念的提出旨在实现数据保护和数据利用的平衡。传统的用户角度的财产权体系无法解决企业对数据的二次利用和政府数据的共享问题，应当将个人数据放入动态框架下探讨数据财产权问题。数据财产权是一组占有、使用、收益、处分的动态所有权体系。

（二）大数据权属的建构

数据的财产权最重要的问题是数据的权利归属，也就是数据所有权属于谁。根据数据所有权的主体来分，数据可以分为个人数据、企业数据和政府数据。

个人数据，也可称为个人信息或个人资料。根据《中华人民共和国民法典》（简称《民法典》）的定义，"个人信息是以电子或其他方式记录的能够单独或者与其他信息结合识别特定自然人的各种信息，包括自然人的姓名、出生日期、身份证件号码、生物识别信息、住址、电话号码、电子邮箱、健康信息、行踪信息等"。上述定义从内涵和外延两个方面对个人数据进行了全覆盖式的界定。然而，上述定义并未消减个人数据所存在的天然模糊性。比如，单一的网页浏览记录并非个人数据，但结合地理位置和个人行为习惯却可以追溯到个人，从而构成了个人数据。因此，个人数据的边界应当是动态的，受多种因素影响，个人数据需要结合具体场景来确定。

在数据商业化应用的基础上探讨个人数据的财产所有权问题，并不意味着个人数据就丧失了人格利益。恰恰相反，企业、政府在收集和使用个人数据时，必须向用户明示收集和使用个人数据的目的、方式和范围，且须经用户同意。

个人享有数据的初始财产所有权，但是用户可以通过协议方式转让给企业或政府，由其开发出更有价值的数据产品。这种让渡有助于提高社会数据的利用效率，增加社会福祉。然而，个人将数据授权给企业时，仅授予了数据的财产性利益部分，个人数据的人格性利益并未由此转让出去。比如《网络安全法》中规定"个人发现网络运营者违反法律、行政法律的规定或者 双方的约定收集、使用其从信息的，有权要求网络运营者删除其个人信息"，这种删除权即是对个人数据的人格性利益的保护。

（三）数据保护的路径

数据的权属关系明确之后，数据市场并不能自动进入一个高效、安全的状态。数据流通经常会被非法获取，法律必须确保数据的静态权利归属和动态交易安全。当个人数据受到不法侵害时，《网络安全法》《中华人民共和国消费者权益保护法》（简称《消费者权益保护法》）、《民法典》等提供了救济的途径。

根据财产规则，私人财产受法律保护，未经权利人授权，他人不得随意处置。因而，财产规则成为数据保护的通则，这也是数据财产化的基本前提。未经数据所有人的同意，任何组织和个人不得使用其个人数据。我国对于个人数据以及经匿名化处理后的数据产品均遵循着财产规则。比如，我国《网络安全法》规定，数据权利人可以自愿提供其个人数据，以实现个人数据的优化配置，促使数据资源流向对其评价较高者手中。当然，现实中的个人数据流转并不一定遵循公平自愿的原则，数据采集者与数据所有人存在着信息不对称，前者可能会利用其技术优势侵犯后者的知情同意权，非法获取后者的个人数据，侵犯其权利。

企业收集到的个人数据匿名化处理后的数据产品也可以适用财产原则。经过匿名化处理后，数据的权属关系已经发生了改变，数据中的人格属性消失，而数据的财产价值得到了提升。对于智力成果的财产保护规则同样也可以适用于数据产品，以适应大数据时代数据保护规则建构的迫切需要。从现有的法律体系来看，这种制度设计类似于版权法中对于数据库这类的知识产权的保护。企业对于数据开发处理后形成的创新性数据产品可以依据版权法加以保护。

综合各方面的情况来看，财产规则的确立对于数据保护能够更好地实现数据权利人对数据的控制权，并提高数据的交易价值。数据主体可以对数据产品的提供和流通过程进行全面控制，并对侵犯数据权利人的行为进行依法惩处，以保障数据主体的权利，增加企业数据开发获益的可能性，维护数据流通中的公平和效率，促进社会创新和发展。

个人数据保护还必须确立责任规则。这一规则意味着为了实现更大的社会效率，必须有外部干预，促成当事人之间的交易。数据保护的责任规则的重要意义在于由第三方事后补偿数据权利人的利益损失。现在越来越多的市场主体投入大量资金存储了大量的用户数据，如果其他市场主体可以随意免费使用，就会挫伤数据从业者的积极性，增加企业的存储成本。但如果采取财产规则对数据存储者的利益进行保护，就会阻碍后续数据从业者的创新利用。责任规则一方面要求后续数据从业者对存储数据的一方给予适当的补偿，另一方面也有助于打破数据主体对数据绝对控制的局面。

未经匿名化处理的个人数据无法实现自由交易。比如腾讯公司指控华为公司收集微信应用中的用户个人数据，但是华为公司并不认可腾讯公司对用户数据的所有权。由于用户数据具有非竞争性的特点以及高昂的交易成本，企业之间进行数据流通可能面临着较大的困难。

为避免可能给国家和社会造成不可弥补的损害，数据流转必须确立禁易规则，也就是禁止会产生外部性的数据交易。这种规则的设置是出于数据安全和社会道德风险的考虑。如果允许这些数据交易可能会给第三方施加严重的外部成本，从而造成社会效率的下降。大数据时代的数据保护应当确立财产规则下的自愿平等流转原则。虽然在数据流转中可能会出现数据垄断和信息不对称问题，但总体而言数据流转是有利于促进社会创新的。除非数据权属转让之前可以明确地预知显见的不利后果，否则不应当轻易使用禁易规则。

禁易规则力图规避数据流通中的社会外部风险。这种风险大小的评判主要是结合当时的产业发展水平和国家治理能力综合考量，要实现数据安全和经济社会发展之间的均衡。比如，虚拟货币是否要绝对禁止交易，在不同国家、不同时代、不同情境下是否存在着外部风险，应进行全面综合的利益均衡分析。大数据时代，数据的流通监管体系应进行动态调整，以避免过度预防，阻碍经济和社会的发展。

（四）数据保护的困境

不同类型的数据需要制定不同的数据权属和保护规则。随着数据交易的市场化，交易人数剧增，监管成本上升，仅靠法律界定数据权属和设立保护规则无法根本解决数据竞争中的乱象，以保障数据资源优化配置为目的的财产规则日益受到挑战。面对数据竞争中的数据垄断、信息不对称等问题，如何在确保流通的前提下，尽可能降低大数据时代数据扩散所带来的社会风险，成为数据保护亟待解决的问题。

1. 数据垄断

数据对于提高人类的生活水平、推动经济和社会的发展有着重要的价值，因而数据被视为重要的资源。这种资源具有准公共物品的属性，而当企业在生产经营过程中收集了大量数据之后就形成了数据垄断。这种状况往往会破坏市场秩序，阻碍数据行业的发展。如果任由企业凭借其数据垄断地位而获取额外的利益，就会极大地损害消费者的利益。

针对数据垄断问题，可以考虑如下两个方面的对策：

第一，比照著作权制度中的合理使用制度，对于企业的数据权利设置必要的限制。数据的财产权益是由法律所赋予的权利，因此法律也可以出于平衡各方利益的考量而对部分企业数据的权利做出调整，在特定场景下允许第三方机构对企业数据进行合理使用。当然这种使用不能超出必要的限度，以防止对权利人造成过大的利益损害。

第二，责任规则对财产规则的修正。数据流通中适用责任规则而非财产规则的主要原因就在于自愿形式的数据流通交易成本过于高昂，经营者之间通过平等协商无法达成交易，但是重新配置数据资源有利于促进创新和市场竞争，在整体上能够促进社会效率的提升，因此对于特殊情况下的数据流通适用责任规则而非财产规则。

2. 信息不对称

传统条件下的信息不对称主要是由于信息匮乏和信息沟通不畅造成的，而大数据时代的信息不对称是由于各方对信息的收集、处理、分析等能力上的差异造成的。这种不对称源于数据交易双方数据处理能力的差异，由于公平、合理和无歧视的数据流转难以实现，给数据安全和隐私保护带来不利影响。虽然用户对其个人数据拥有支配权，但当用户将个人数据提供给企业后，就基本丧失了个人数据的有效控制权。企业数据和政府数据也面临同样的境况，数据黑客拥有强大的数据挖掘和数据分析能力，使得数据泄密和非法利用的事件频繁发生。这种信息不对称所带来的数据保护问题，使得数据主体普遍担忧以财产规则为核心的数据保护法律体系能否确保数据安全。另外，由于非法获取数据的行为较为隐秘，即使加大执法强度和打击力度，也未必能够真正防范上述违法犯罪行为的发生。

针对上述问题的对策如下：

第一，增强数据主体的数据安全意识。用户在选择产品和服务时，对于其中可能涉及的数据流通问题，应当足够重视，谨慎对待数据处理权限的授予。

第二，完善社会规范体系，要求企业严格履行网络运营者的义务，将数据安全风险降到可以接受的程度。行业机构也应当督促企业自律，以强化数据监测和记录，完善数据安全漏洞的审核发现机制，避免内部人员的数据泄露行为。

第三，利用区块链技术的去中心化特征，增强数据传输的加密性，降低数据泄密风险。

三、个人隐私泄露的途径

在一个开放的社会，人人都是社会人，而不是离群索居者，个人隐私保护的标准可以放宽。尽管如此，在大数据时代个人隐私保护依然是一个难题。对于个人来说，虽然自己是个人数据的所有者，但是一旦个人数据被收集，便事实上被政府机构、商业组织和其他组织掌控，个人难以保护自己的个人数据。

互联网和信息技术的迅速发展，使得存储数据更加便捷、便宜，因而存储的数据也更久，在搜索引擎的支持下，搜索信息更为快捷。有人在某个特定时间发布的信息，过了很久之后，发布人自己已经忘却，但是其他人却可以很容易搜索到相关信息并将之发布到互联网上。而享有隐私权的个人却难以制止这种行为。况且，视大数据为重要宝藏的商业组织也会对其所拥有的数据库中的信息进行整合、分析和利用。尽管从权属来看，这些信息是属于公民的个人隐私①。

一些国家还从国家安全的角度通过立法对个人信息进行监控和检视，正如"棱镜门"事件所揭示的那样，在公民不知情的情况下，公民的个人隐私如电话通话记录、个人电邮等均已被官方所掌控。

随着信息技术的发展和大数据时代的到来，信息存储的内容和容量不断扩展。现在，城市中各种监控器和摄像头遍布各处，银行卡、支付宝、微信支付等各种支付方式记载了人们的消费情况，政府、学校、社区等各种组织也广泛收集人们的各种个人信息。在这种背景下，如何去保护公民的个人信息，是一个值得高度关注的问题。在大数据时代，公民的隐私权受到前所未有的挑战。

当用户将个人信息提交给服务提供者时，这些信息是否构成个人隐私？如果构成个人隐私，服务提供者可否向第三方透露这些信息？当我们在互联网上发布有关个人生活的一些碎片化的信息时，比如网购、发微博等，这些以数字形式存在的信息并不构成"隐私"，比如电话号码、个人身份证号等。但如果将这些信息进行整合分析，完整地呈现个人的所有信息，那么，这些相关数据就可以认为是个人隐私了。网络上的各种人肉搜索，就其本质而言，就是将各种不属于隐私的信息进行整合、分析再呈现给公众。而被"人肉"

---

① 高峰."大数据"时代下的公民隐私权保护 [J]. 信息化建设，2014 (3)：15-16.

的当事人则难免遭受各种困扰，比如电话被打爆，甚至有人直接上门围堵等，这些行为直接侵犯了公民的基本权利。因而"人肉搜索"的合法性是值得怀疑的。

如果说在前大数据时代，类似"艳照门"信息泄露所造成的只是当事公众人物的困扰，普通人仍旧可以安心地做一个"打酱油的"，那么，在大数据时代，每个人都置身于"全景监狱"，去无可去，逃无可逃，除非你不使用任何电子设备，但是各种被动的信息泄露还会存在。比如，单位收集信息、办理购物卡等。"徐玉玉事件"即为典型案例。而"棱镜门"事件则加剧了人们对个人数据保护问题的担心。

大数据时代，人们越来越认识到数据资源的重要性，互联网企业纷纷通过各种方式收集用户信息并进行整理分析利用，以获取更大的经济利益①。快节奏的现代生活使得快餐业迅速发展起来，而当用户通过电话或手机 APP 订购外卖的时候，个人电话号码和送餐地址等隐私信息经由外卖平台、商家、送餐员等各个环节的频繁传递，增加了个人隐私泄露的可能性。记者调查发现，有人专门销售外卖订餐客户的个人信息，平均一条不足一角钱，还有商家把客户的个人信息搜集整理后打包出售，有的送餐员也通过出售自己所掌握的客户信息以获利。实际上用户每订餐一次，就意味着把个人信息上传一次。由此所导致的个人数据安全和隐私保护问题越来越引发人们的高度关注。

有用户反映，打开某些手机 APP 时，手机拍照或录音功能会被打开，这引起了人们对于个人隐私泄露的担心。手机 APP 在给人们带来便利的同时，也留下了很多安全隐患。多款手机 APP 下载或安装时都会要求用户阅读并同意《用户协议》和《隐私政策》，授权成功后才能正常安装。然而，有些手机 APP 自动设置为用户默认同意状态；有些 APP 则是用户只要使用第三方软件关联登录，即意味着默认授权；而手机 APP 的《隐私政策》和《用户协议》不但篇幅冗长，而且晦涩难懂，很多用户根本没有阅读就选择同意，这样就把自己的个人隐私交给了手机 APP。

① 张均斌，尹心航．"被授权"泛滥，个人信息保护咋管［N］．中国青年报，2018-02-06（11）．

目前手机 APP 的应用权限普遍涉及多项个人信息，比如读取位置、通讯录、电话记录、短信、麦克风、相机等敏感信息。一旦用户同意授权，APP即可以随意读取用户的个人信息。据报道，2018 年 10 月底，国家互联网应急中心共发现 202 个窃取用户个人信息的恶意程序。这类病毒主要通过短信传播，目的在于窃取用户的短信和通讯录。

2018 年 7 月初，美团旗下的大众点评鼓励用户使用微信登录，与好友共享动态，每位用户奖励 5 元，然而这款 APP 并未告知用户，这种共享功能用户自己根本关不掉，这样用户关注过哪家餐厅、点评过哪些景点、住过哪个酒店，好友都能通过共享功能知道，这无疑是对用户隐私的侵犯。当用户在通过微信登录大众点评时，系统只提示获取用户公开的信息（昵称、头像等），并未提到好友关系。而 2016 年我国颁布的《移动互联网应用程序信息服务管理规定》，APP 经营者收集和使用用户的个人信息必须遵循合法、正当、必要的原则，向用户明示使用用户个人信息的目的、方式和范围，并且要经过用户的明确同意。

从上述情况来看，大众点评所收集的信息明显多于其所提示的内容，违反了明示原则。明示原则要求 APP 经营者必须诚信、公平、完整地向用户说明有关隐私条款，使用户能够完全知悉。而大众点评不但未明示隐私条款，而且利用蝇头小利诱导用户通过微信登录以获取用户隐私信息，这是对用户的欺骗行为。

而且大众点评的隐私政策放置在并不醒目的位置，在用户设置的二级页面中才能找到，而且字体也非常小。其中规定，APP 可以留存用户的浏览信息、位置信息、常住酒店等。经过授权，大众点评还可以向合作伙伴及第三方获取或分享上述信息。在隐私条款中，大众点评说明会为了销售、奖励或为了让用户拥有更广泛的社交圈而使用、共享和披露用户信息，只要用户使用了该 APP，就默认同意了大众点评对自己信息的采集和使用。最令人烦恼的是，用户取消授权后，自己无法删除在大众点评中的动态。另外关注好友时可以一键关注所有好友，在取消关注时只能手动一个一个取消，这实际上就是人为地设置了退出障碍，这是一种不公平的协议。

有专家指出，大众点评的上述做法侵犯了用户的被遗忘权。被遗忘权是隐私权的一项重要内容。欧盟《通用数据保护条例》中就明确规定，消费者有被遗忘权，即可以要求商家在服务终端、存储服务器中全部彻底删除用户的所有个人数据，不得私自保留。

现在互联网行业对用户个人信息不加节制地收集和滥用已经成为一个非常严重的问题，甚至一些大的互联网平台也未能很好地保护用户隐私，对于用户隐私信息的收集未遵循合法、正当、必要且明示的原则。

媒体报道后，大众点评进行了整改。具体包括增加一键停用第三方全部社交关系功能；通过微信登录并导入好友关系，用户手动关注好友时给予充分的提示；增加一键设置"不让别人通过微信、QQ 等方式找到我""移动粉丝""取消关注好友"等新功能。

2018 年 7 月 18 日，上海市消费者保护委员会通报，人们经常使用的手机地图类 APP 存在多重个人信息安全风险，具体包括过度索取授权、利用技术手段绕开授权流程等方式以获取用户个人信息。

近年来，因手机 APP 默认勾选、第三方数据采集等问题引发了各种纠纷。比如，谷歌和脸书因数据安全问题被用户告上法庭。在中国自"3Q 大战"以来，"菜鸟顺丰之争""支付宝年度账单事件"使得个人数据保护问题愈发严重起来。所谓默认勾选，就是安装 APP 时有一份协议，用户只有选择同意全部条款，才能继续安装，否则就安装不了。这实质上就是"霸王条款"。企业处于绝对强势位置，用户要想使用软件，只有放弃自己的隐私权。《网络安全法》和《全国人大关于加强网络信息保护的决定》都明确规定："网络服务提供者和其他企业事业单位在业务活动中收集、使用公民个人电子信息，必须明示收集、使用信息的目的、方式和范围。"然而，企业的实际采集数据行为并未遵守上述法律规定。

企业过分收集、滥用用户信息，用户就面临着财产损失、隐私泄露的风险。然而，个人信息被泄露后的立案和查处难度较大。我国法律虽然有对个人信息保护方面的规定，但是过于原则，因而执法中存在着诸多模糊地带。有关个人信息保护的规定主要分布在《民法典》《消费者权益保护法》《网络安全法》等法律中，执法也是"九龙治水"。在这种情况下，个人信息保护往往是"纸上谈兵"。

超级平台拥有海量数据所造成的信息不对称现象是一个值得注意的问题，众多案例表明，大数据杀熟已经成为一种重要的营销手段。当一些平台掌握了海量数据时，就形成了事实上的垄断地位。网络规则由互联网巨头制定，反垄断部门对于互联网形态下的垄断出现监管盲区①。

专家普遍认为，必须对数据滥用现象进行遏制。2018 年举行的"中国数据法律高峰论坛"正式发布了"大数据时代的个人信息保护——上海共识"。具体包括：（1）"我同意"并不意味着可以滥用"我的信息"。"上海共识"指出，在大数据时代，个人实际上难以完全决定个人信息的使用情况，以"知情同意"为基础的信息收集、使用并不能证明其正当性。因此，个人信息保护的基础理论应当由个人自决转向社会规范判断。（2）个人信息一旦被滥用，法律的"大棒"就会举起。"上海共识"指出，私密性的个人信息或敏感的个人信息在收集、使用时必须以"充分告知"和"明示同意"为前提。加大对滥用公民个人信息的行为的惩处力度，才能有效保护公民个人数据。

四、个人信息保护的探索

（一）个人信息保护的理论基础

信息自决权理论是公民个人信息保护立法的重要理论依据。最早提出信息自决权这一概念的是德国学者施泰姆勒（Steinmüller）。他将这项权利表述为"人们有权力决定外在世界可以在多大程度上了解自己的思想和行动"。信息自决权理论是德国《联邦数据保护法》的理论基础，该理论还对欧洲议会1995 年通过的《个人数据保护指令》以及 2016 年生效的《欧洲数据保护基本条例》产生了重要而深远的影响。

随着信息通信技术的发展，社会不断网络化、数据化，信息自决权成为保障公民个人隐私的前置性条件。我国宪法明确规定："中华人民共和国公民的人格尊严不受侵犯。"从宪法规定的人格尊严可以推导出姓名权、肖像权、名誉权、荣誉权和隐私权。

---

① 周琳，谭慧婷．大数据时代的"透明人"［J］．半月谈内部版，2018（7）：60-62.

（二）个人信息的属性界定

世界各国对个人信息的界定各有不同，但总体而言都以公民个体的识别性作为标准。具体有两种途径：第一种将个人信息界定为可以有效识别公民身份的相关信息。美国和我国都采取这种方式来界定个人信息。美国《隐私权法》规定，个人信息的内容包括社会保障号码、驾照号码或其他国家的身份证件号码、银行账号等。我国《网络安全法》的规定大致类似。第二种途径以德国为代表，否认个人信息的个体属性，而将其界定为能够有效识别公民社会属性的信息。德国《联邦数据保护法》明确个人数据是自然人或数据主体个人的或实际关系的个体数据。也可以说，个人信息是由社会主体之间进行信息交换才产生的。个人信息是否只具有个体属性？其实不然，因为在网络环境下，个人信息必然会涉及多方主体。网络中的个人信息要借助网络传输和存储，这就涉及网络服务提供者，以及搜集和使用该信息的主体。由此可见，个人信息是有关个人的信息，而非属于个人的信息。

（三）个人隐私的性质

隐私是个人不愿让他人或一定范围之外的他人所知悉的有关个人的信息。从尊重个人权利的角度，个人拥有是否将某些信息数据化的权利。然而，随着电子政务和电子商务的普及，个人在互联网上留下了太多的个人信息，如果运用大数据分析技术，是完全可以将网络上看似匿名的信息整合为与现实生活中活生生的某个人对应起来的信息①。

网络中的隐私权与现实生活中有所不同。某个人的手机号码、家庭住址、工作单位、年龄等，这些在现实生活中算不上隐私。但是，这些信息若被公开在网上，就会产生很大的负面效应，比如接到大量的骚扰电话，甚至有些人还受到人身攻击。

个人隐私，在很多人的眼中界限是很不清晰的。我们每天上网要在网上留下各种数据，比如爱上哪些网站、每天出行轨迹、经常去的地点等都会在APP 中存储下来。有人说，APP 甚至比我们自己更了解我们。

---

① 柳亦博. 人工智能阴影下：政府大数据治理中的伦理困境［J］. 行政论坛, 2018, 25
（3）：97-103.

然而，这些信息的所有权到底归谁？是用户个人还是 APP 运营商？有专家认为，许多公司根据大数据分析的结果给用户推送某些信息，实际上已经进行了技术脱敏化处理，并不需要知道用户是谁。首先，个人数据只是数据中最基础的部分，个人数据不属于个人，个人也难以完全控制个人数据。因为个人数据是用户在社会生活中自然产生的，比如你购买了某种商品，这与你创作了一部文艺作品是不同的。其次，个人数据是某个人区别于他人的标识，是社会交往的工具，比如用户在社交媒体上的昵称、头像等，很难说这些数据应当属于个人。

在大数据时代，人工智能的运用将终结个人隐私。在搜索了充分的相关信息后，人工智能可以洞悉每一个人。在未来人工智能替代人类自身处理大数据是一种趋势，而机器算法的精准度取决于信息的完备程度，于是人们为了获得人工智能的更好帮助，不断交付个人隐私。

在网络时代，每一个人由互联网发展之初的"匿名人"逐步成为"透明人"。在这种背景下，有人甚至提出可以让渡隐私权以换取某种便利。大数据技术可能引发的隐私伦理问题已引起了人们的关注，保护隐私就其本质而言就是对人的尊重。如果每个人都置身于无处不在的监控之下，就如同处于"环形监狱"一样，每个人内心都会充满恐惧。

现代社会治理必须借助各种信息和数据，互联网及其他信息技术的发展为信息收集提供了极大的技术支持。然而，每一个治理主体都不可能独自完成大数据的收集和处理工作，因此大数据库以及数据共享就成为互联网时代社会治理的重要依据。但是，当各种数据有效整合之后，原本以匿名方式呈现的信息或数据就完全可能标签化甚至直接可以确认为某一个人，这样一来隐私泄露的风险就会增加。尤其是当大数据分析服务被外包之后，这种隐私泄露的风险就进一步加大了。

（四）公民隐私权的保护标准

如何界定公民的隐私权，1988 年美国哥伦比亚广播公司诉司法部一案或许可以给我们提供一个参考标准。这一年，美国哥伦比亚广播公司的一名记者依据《信息自由法》向司法部下辖的联邦调查局提出申请，要求公开某个人的犯罪记录遭到拒绝。美国哥伦比亚广播公司将司法部告上法院。原告提出，这个人的犯罪记录过去曾在特定时间公开过，而联邦调查局所称犯罪记录属于个人隐私是不能成立的。然而，最高法院的 9 名大法官一致否定了原告的理由。他们认为在一个有组织的社会里，几乎所有的信息都曾在过去某个时间以不同形式公开过，但是零散地公开与一次性系统完整地公开，是有着本质的区别的①。

依据这一案例，我们可以认为，在现代社会公民隐私权保护的标准应当建立在公民的合理期待之上，即非经公民个人同意，除非已经公开暴露，任何人无权对他人的隐私予以披露。在大数据时代存储于政府、企业、网络运营商等处的数据库中的个人数据，其所有权属于公民个人，公民对其个人数据拥有知情权、编辑权、删除权等。

网络隐私权与传统隐私权在本质上是一致的，都是自然人所享有的对其个人的与公共利益无关的个人信息，私人事务进行处置的一种人格权。不同于传统隐私权的是网络隐私权的载体是网络，具有以下特征：（1）易受侵犯性；（2）侵犯手段多样；（3）侵犯手段隐秘；（4）侵犯后果严重。上述特征决定了网络隐私权的脆弱性②。

互联网公司向用户提供平台，用户在平台上产生大量数据。几乎所有人都认识到这些数据的价值，尤其是随着人工智能技术的发展，这些数据可供开发的价值越来越大，而对于个人数据保护的难度也越来越大、成本越来越高。如何在信息合理利用和个人隐私保护之间达成平衡状态，是立法工作的一个重点③。

在大数据时代，数据的获取和利用已成为一种重要的资源配置。大公司拥有较强的技术能力，而个人保护个人信息不被滥用是非常困难的。如何科学地界定数据的控制权和使用权，也是值得我们关注的。

---

① 高峰."大数据"时代下的公民隐私权保护［J］.信息化建设，2014（3）：15-16.
② 张荣现，李占立."人肉搜索"视角下我国网络隐私权保护立法评价及构想［J］.广东工业大学学报（社会科学版），2010，10（4）：48-51.
③ 周琳，谭慧婷.大数据时代的"透明人"［J］.半月谈内部版，2018（7）：60-62.

（五）个人信息保护的法律规制

全球范围内的大多数国家或地区都制定了个人信息保护法。然而，个人信息保护涉及的主体众多，不可能仅仅依靠立法来解决所有问题。另外，应强化个人信息权的概念，这对于保护公民个人信息有着重要作用①。

我国宪法作为根本大法，原则性地规定了公民的人格尊严不受侵犯、公民的住宅不受非法侵犯、公民的通信秘密受法律保护。1997 年公安部发布《计算机信息网络国际联网安全保护管理办法》，1998 年国务院颁布《计算机信息网络国际联网管理暂行规定实施办法》，2000 年信息产业部发布《互联网电子公告服务管理规定》，2000 年全国人大常委会通过《关于维护互联网安全的决定》，2009 年 2 月通过《中华人民共和国刑法修正案（七）》增设有关保护公民隐私的条款。2009 年 12 月 26 日，全国人大常委会通过了《中华人民共和国侵权责任法》，都成为保护公民网络隐私权的重要的法律基础②。

2012 年 12 月 28 日，我国通过了《关于加强网络信息保护的决定》，并出台了《信息安全技术公共及商用服务信息系统个人信息保护指南》，对个人数据信息管理做出了规定③。

2017 年 1 月，工信部印发《信息通信网络与信息安全规划（2016—2020）》，提出要加大网络数据和用户信息的保护力度，具体举措包括建立健全网络数据安全的管理体系，强化用户个人信息保护，建立完善数据与个人信息泄露的公告和报告机制。

2017 年 6 月 1 日正式实施的《网络安全法》第四十一条规定，网络运营者收集、使用个人信息，应当遵循合法、正当、必要的原则。

2018 年年初，工信部对于部分 APP 账号注销难的问题提出明确要求，电信业务经营者、互联网信息服务提供者在用户终止使用服务后，应当终止收

---

① 徐畅. 大数据时代网络用户个人信息保护的域外法律制度比较与启示［J］. 长春市委党校学报，2018（1）：5-8.
② 张荣现，李占立."人肉搜索"视角下我国网络隐私权保护立法评价及构想［J］. 广东工业大学学报（社会科学版），2010，10（4）：48-51.
③ 高峰."大数据"时代下的公民隐私权保护［J］. 信息化建设，2014（3）：15-16.

集和使用用户信息，并为用户提供注销服务。

然而，一些 APP 对用户注销设置重重障碍，甚至有的要求用户持身份证录视频，证明其身份。即使注销了账号，也不意味着个人信息被删除，用户仍然会频繁遭到电话或短信骚扰。真正意义的注销，需要从服务器上清除用户的全部资料包括历史操作记录。而一些 APP 只是让该账号不能再访问，但并未清除用户信息。对于企业而言，仍然可以使用这些用户信息来获取商业利益。

从技术上来说，账号注销并不困难，但市场通行做法是根据企业掌握的用户数量而对其估值，因而企业不愿减少用户数量。尤其是当前针对 APP 服务商的相关法律法规针对性不强，对消费者的保护力度不够，对违法企业的惩处乏力，用户的信息就更难以被企业注销。

《电信和互联网用户个人信息保护规定》第九条第四款规定："电信业务经营者、互联网信息服务提供者在用户终止使用电信服务或者互联网信息服务后，应当停止对用户个人信息的收集和使用，并为用户提供注销号码或账号的服务。"

2020 年 10 月 1 日国家标准《信息安全技术—个人信息安全规范》（GB/T35273-2020）正式实施。该规范对个人信息的收集、保存、使用和共享以及安全事件处置等方面进行了详细的规定，要求个人信息控制者应向个人信息主体提供能够访问、更正、删除其个人信息，以及撤回同意、注销账户等方法，该方法应当简便易操作，注销账号后，应当删除用户个人信息或者做匿名化处理。然而，这一国家标准仅仅是推荐标准而非强制性标准，不具备法律强制力。要使规范对企业起到应有的监督作用，必须强化标准的规范性和强制性，并加大对违法、违规企业的惩处力度。

2018 年 5 月 1 日正式实施的《快递暂行条例》第四十四条规定，经营快递业务的企业在用户信息方面管理不当，会被处以最高 10 万元罚款，并可以责令停业整顿直至吊销其快递业务经营许可证。快递公司应被惩罚的四种行为：未按照规定建立快递运单及电子数据管理制度；未定期销毁快递运单；出售、泄露或者非法提供快递服务过程中知悉的用户信息；发生或者可能发生用户信息泄露的情况，未立即采取补救措施，或者未向所在地邮政管理部门报告。

　　顺丰荆州某网点 11 名员工及有关人员，泄露公民个人信息多达千万条，被判侵犯公民个人信息罪并获刑。这一案例表明针对个人信息的侵权行为如果严重到一定程度就构成了犯罪，会被追究刑事责任。应该说，这是对于个人信息保护的一个新起点。

第十二章

国外个人数据保护的经验与启示

一、国外个人数据保护的理论与实践

（一）大数据伦理

个人数据保护如何界定边界？大数据时代如何平衡数据公开与隐私保护的关系？信息技术和相关服务的快速发展给我们带来了一系列的社会管理问题。2017年，欧洲经济和社会委员会发布了《大数据伦理》报告，该报告旨在解决大数据的经济利益与伦理道德之间的平衡问题①。当用户在线注册时，与个人的数据身份和信息相关的问题就产生了，这些问题包括意识、控制、信任、所有权、监控与安全、隐私权等六个方面。

1. 意识

当人们在线注册时，其数字身份和信息也相应地被创建。虽然数字身份使得用户更为便捷地使用在线资源，然而也造成了用户和服务提供者之间的数据共享不透明的问题。因为服务提供者除了收集用户所提交的信息之外，还同时收集用户在登录浏览时所生成的数据，而这些数据与用户的个人隐私紧密相关。由于信息不对称，用户丧失了知情权，哪些个人信息被收集，这些信息将如何使用，用户无从知晓。

2. 控制

在大数据时代，人们经常遇到这样的情况：个人无法控制与自己有关的数据。当用户决定把他曾经提供给服务商的部分或全部数据删除时，即便服

① 赛迪智库. 大数据伦理 ［N］. 中国信息化周报，2018-01-15（8）.

务商按照用户的要求删除了有关数据，然而对于已经出售给其他公司或已经做了相应处理的数据，用户则丧失了对这些数据的控制权。

3. 信任

在网络环境下，人际关系处于一种匿名的状态，信任就成为一个复杂的问题。如何在网络环境中建立人际信任关系，是一个值得研究的问题。

4. 所有权

原始数据经处理后，其所有权属于用户，还是属于从事数据分析的公司，或者属于原始数据的收集者，也是需要研究的问题。

5. 监控与安全

在大数据时代，监控无处不在。随着信息技术的发展，定位技术已经普遍应用，利用闭路监视系统与移动设备的定位功能结合，就可以精确地追踪某人的位置。

6. 隐私权

隐私权是指人们对自己所拥有个人信息的控制权，非经许可他人不得知悉、传播或使用这些信息。虽然有人提出用户愿意以隐私权换取使用服务的便利，但是并不是所有人都有这种意愿。

（二）大数据"数字圆形监狱"

英国哲学家边沁于1785年提出了"圆形监狱"的设想，即让一个监视者可以监视围绕他周围的所有犯人，而犯人却无法确定自身是否受到监视，于是只能安分守己。当前，随着互联网及其他信息技术的发展，世界已进入大数据时代。大数据构建了新型的基于网络的"数字圆形监狱"，从而可以随时随地监视公众，这给隐私保护带来了前所未有的挑战①。大数据带来的问题主要有以下几点。

第一，大数据极大地扩展了数据的概念，而新出现的数据是否属于隐私，并无法律的明确规定。比如，在城市道路监控中拍摄到的某个人的影像是否属于他的个人隐私，法律上就没有规定。在互联网上，文字、图像、音频、视频、地理信息、浏览记录、交易信息、社交联系、健康状况等，都可以数

---

① 徐琦. 大数据时代美国隐私权保护之困 [J]. 中国传媒科技，2013（9）：40-44.

据化。我们已经进入数字化生存的状态，在大数据时代，隐私保护面临的最大挑战首先就来自如何有效地界定隐私的范围。

第二，大数据技术具有数据整合功能，可以挖掘数据背后所隐藏的错综复杂的关系。正如"人肉搜索"可以将若干看似不相关的信息整合为有效的完整信息一样，大数据技术具有对隐私强大的穿透力。如果将"棱镜门"所涉及的很多互联网公司的信息整合起来，在高效的大数据技术的支撑下，貌似散沙一样的海量信息可以被有效整合处理，个人信息几乎是透明的。问题在于，谁有权进行数据整合，应该由谁以何种方式来整合，又有何种机制可以保证这种巨大的信息权力不会被滥用。

第三，用户作为个体很难充分理解和了解大数据的运作原理和方式，并对自身数据被利用的情况进行自主控制。比如某款导航地图软件，用户也许享受到其导航所带来的便利，然而却很难理解它收集用户的网络行为数据进行定向广告的营利方式。事实上，即使获得了用户许可，也存在着与许可范围不一致的数据利用情况。例如利用社交平台开展营销的第三方，往往直接利用用户数据，事先并未告知用户，用户也无从知晓自身信息如何被利用。这其中隐藏着巨大的隐私风险，而用户却无法自主控制。

可以说，大数据构成了一所无时不有、无处不在的"数字圆形监狱"，这种数字权力如果被滥用，对隐私权的侵害程度可想而知。目前，美国已将大数据提升至国家战略层面，2012年美国启动"大数据研发计划"，仅美国国防部每年就投入2.5亿美元，用以资助大数据相关技术的研发，为军事行动提供支持。美国在大力推动大数据项目的同时，隐私保护的修订和立法却难以同步推进。如何有效地约束政府的大数据监控权力，设定公权力与公民隐私权之间的边界，避免"棱镜门"事件再度发生，将是美国隐私保护体系发展中的重要问题。

最重要的是，大数据时代是一个信息自由流动的时代，一个国家的隐私保护体系不仅关乎本国国家信息安全和商业利益，也深深地影响着全球网络空间信息安全。目前，美国在全球大数据利用领域处于领先地位，美国互联网企业在全球占据制高点，而且全球13个根域名服务器中的9个位于美国，美国的大型数据库也占全球总数量的70%。在云服务领域亦是如此，全球领先的云服务提供商基本上都受到美国管辖，全球各种海量信息正在源源不断地流向美国或美国公司。

另外，美国的网络数据保护立法体系却相对宽松，加上《爱国者法案》《外国情报监视法》等法律以国家安全的名义许可对美国境外数据进行监视，美国政府很容易规避"透明性"义务，而侵犯他国网络安全和公民隐私。美国利用其网络技术优势意图实现对全球重要领域核心数据的把控。因此，美国的数据保护问题并非只是其国内的问题，也关乎其他国家的数据安全。

（三）"棱镜门"事件与隐私权问题

2013年6月，美国中情局前雇员爱德华·斯诺登（Edward Snowden）通过英国《卫报》和美国《华盛顿邮报》揭露了美国"棱镜"电子监听计划。自2007年始，美国国家安全局和联邦调查局对微软、谷歌、苹果等九大网络巨头公司的用户实施了广泛的监控，监控范围涵盖电子邮件、即时通信消息、视频、存储数据等。

"棱镜门"事件引发人们对隐私权的高度关注。"棱镜门"事件不仅涉及美国公民和外国公民，还涉及多家互联网企业，监控的范围之广、程度之深令人瞠目。其实，在"棱镜门"事件之前，美国一直对个人信息进行收集、存储和处置，政府利益与公民隐私权的冲突由来已久。

早在1965年，美国预算局就发起了一项名为"中央数据银行"的计划，提议由联邦政府建立一个全国性的统一数据中心，先以人口普查局、劳工统计局、税务局和社会保障局等四个数据较为密集的部门开始，逐步整合其他部门的数据，最后为全国的每一个公民建立一个数据档案，该档案涵盖个人的教育、医疗、福利、犯罪和纳税等各个方面的数据记录。这一计划1966年提交国会，然而遭到了民众的强烈反对，1968年众议院隐私委员会发布报告，认为该计划无法保证公民的隐私权不受侵犯，不予批准。

然而，美国政府并不甘心放弃这一计划。在随后的几十年间，类似的计划不断被提出。2001年"9·11事件"之后，美国社会反恐情绪空前高涨，《爱国者法案》获得通过。根据这一法案，警察机关有权搜查电话、电子邮件、医疗、财务等记录。2002年11月，美国通过了《2002国土安全法》。在这一法案中，"中央数据银行"计划改头换面为"万维信息触角计划"，再次引发全国性争议。2003年9月，国会通过新的法案停止该项目，同时规定没有国会授权，今后类似的数据项目整合挖掘项目不能使用美国公民的个人数据，而只能使用外国人的信息和数据。

尽管如此，美国政府对于"中央数据银行"计划仍不放弃。2006年国土安全部再次以反恐名义提出一项计划，依旧是通过数据挖掘来发现潜在的恐怖威胁，只是此次预先将隐私保护技术嵌入该系统，但是，该计划还是因隐私原因于2007年被国会叫停。然而从"棱镜门"事件所揭露的情况来看，尽管上述计划被迫停止，其他类似计划仍在秘密进行中。

（四）美国隐私保护的政策

美国社会对隐私的重视由来已久，隐私已经成为美国人的基本价值观。在美国隐私与个人信息两个概念密切相关，在很多法律情境下二者相等同。从立法层面来看，美国的隐私保护是与个人信息保护立法相结合的。围绕个人信息保护和隐私保护，议会以立法形式明确个人信息保护的基本原则，各行政部门在执行个人信息保护的法律中以制定行政规则或决定的方式来阐释法律准则，法院通过判例来拓展个人信息保护的范围。

在美国隐私权是宪法赋予公民的基本权利。美国宪法虽未明确列出隐私权，但是宪法第一修正案和第四修正案为隐私权保护提供了法理依据。前者旨在保护言论和宗教信仰自由，后者禁止不合理的搜查和扣押。1974年美国出台《隐私法》，这是美国个人信息保护方面最为重要的法律，为其他具体领域个人信息保护提供了基本原则。该法对于政府机构如何收集、存储和处理个人信息、信息主体的权利以及权利救济途径等方面做出了较为详尽的规定。

此外，美国还有联邦和各州政府制定的各类隐私和安全条例。其中，1986年颁布的《电子通信隐私法》是目前保护网络个人信息较为全面的一部法律。另外，美国还颁布了针对具体领域的隐私权保护法案，具体有《金融隐私权法案》《有线通信隐私权法案》《电视隐私保护法案》《电信法》《公平信用报告法》《儿童在线隐私权保护法案》等。除法律法规外，美国还通过行业自律政策来保护隐私，如在线隐私联盟、网络隐私认证、个人隐私选择平台等。

20世纪的多数时期内，美国隐私保护重在限制政府获取个人信息并保护个人隐私免受政府侵害。隐私保护机制是依靠多方力量来推动实现的。其中，非营利组织发挥了重要的作用。成立于 1920 年的"美国公民自由联盟"为捍卫公民隐私，反对《爱国者法案》和《国土安全法》，先后提起了 50 多宗诉讼。

近年来，随着移动互联网、云计算、大数据、物联网等新技术和新业务的发展，个人信息保护面临着更为严峻的形势。为应对这一挑战，美国在原有的个人信息保护法律体系的基础之上又制定了一些新规则。

2012 年 2 月 23 日，美国发布《网络世界中消费者数据隐私：全球数字经济中保护隐私及促进创新的框架》，提出要在全球数字经济发展的背景下构建隐私保护的基本框架，并致力于推动《消费者隐私权利法案》的出台。

综观美国的隐私保护体系，可以看出其有以下两个方面的特点：首先，隐私保护的对象是隐私权，这是宪法层面的基本权利。其次，美国隐私权保护依托于宪法、联邦和各州法律以及行业自律规则等多个层次。

（五）欧盟有关法律制度

1995 年欧盟通过了《关于个人数据处理与数据自由流通的保护指令》。该指令明确了与个人数据紧密相关的核心原则，包括数据质量原则、同意原则、透明度原则、保密性原则以及安全性原则①。

2012 年欧盟出台《一般数据保护条例》，扩大了数据控制者和处理者的责任，增加了被遗忘权和数据迁移权等。

2015 年，欧盟执行委员会通过了《一般数据保护条例》，要求无论是政府还是民间组织，均有义务保护其所收集、处理和利用的个人数据。对于违反该条例的行为，情节较轻的最高罚款一千万欧元或上一年全球营业收入的 2%，两者以数额高的为准；情节严重的行为，最高罚款两千万欧元或上一年全球营业收入的 4%，两者以数额高的为准。这一规定严格程度堪称"世界之最"②。2018 年 5 月 25 日，该条例正式生效。受此影响欧盟地区的互联网企

---

① 徐畅. 大数据时代网络用户个人信息保护的域外法律制度比较与启示 [J]. 长春市委党校学报，2018（1）：5-8.
② 张均斌，尹心航. "被授权"泛滥，个人信息保护咋管 [N]. 中国青年报，2018-02-06（11）.

业纷纷赶在此日期前修改甚至重塑其保护用户数据的流程和政策，以使之符合该条例的规定。严格说来，受到影响的并不仅仅是互联网企业，甚至非互联网企业也给用户发邮件让用户选择是否继续收到其提供的资讯，企业只要是处理或者留存了用户数据，哪怕是电子邮件这样并不是特别敏感的个人信息，也同样涉及用户数据，因而也在该条例管辖范围之内。不但如此，该条例还把管辖权扩展到欧盟以外，该条例不但管辖在欧盟内注册或者总部设在欧盟内的企业，也可以管辖欧盟之外的企业，只要这些企业向欧盟内的用户提供产品或服务，或者拥有、处理欧盟内用户的数据。例如，推特虽然是美国的企业，但由于它在欧盟有大量的用户，那么它在处理和保存涉及欧盟用户的数据时，必须符合该条例的规定。纳入这一条例予以保护的用户数据种类全面细致，除了通常意义上的个人信息，比如姓名、地址、证件号码、IP地址等之外，还包括指纹、虹膜等生物识别数据，以及医疗记录等个人隐私信息，其他还有种族、宗教信仰、性取向等信息。这一条例确立了用户对于个人数据的被遗忘权、删除权和可携带权等权利。用户可以要求掌握其数据的企业删除其个人数据，也有权向企业索取其个人数据，并自主决定其用途，即可以像金融资产一样进行迁移。脸书公司因客户信息泄露隐瞒不报受到广泛的批评。根据欧盟的这一条例，企业如果发现用户资料泄露，必须在72小时之内向监管机构汇报。欧盟增设了欧洲数据保护理事会作为监管机构，同时这一条例也规定了欧盟各成员国的数据监管机构的运作机制。用户有权要求监管机构在规定时限内对违规行为展开调查。如果监管机构工作不力，用户有权向法院提起诉讼，以维护自身权益。

欧盟应对大数据伦理问题的措施包括如下方面：

第一，建立隐私权管理平台。欧盟认为，应当直接赋予公民对个人数据的控制权。初步设想建立泛欧门户网站作为欧洲唯一的隐私权管理中心，欧洲公民可以自愿注册并登录其个人页面，浏览和获知当前有哪些实体收集、存储、处理其个人信息，这些实体所收集个人信息的种类、管理个人数据的方式、提供服务的类别、数据共享情况等。个人有权获知上述个人数据经自动化处理流程背后的逻辑以及如何撤销授权并要求删除数据或停用服务。这种做法是将个人数据的直接控制权交还给数据所有人，也有助于用户清晰地了解平时不经意间所扩散的个人数据，为人们行使数据访问权、请求纠正或删除个人数据提供便利。

第二，伦理数据管理协议。该协议旨在增加透明度，使人们了解大数据拥有者对欧盟相关法律的遵守情况。初步设想是建立一个欧洲认证体系，根据《一般数据保护条例》的相关原则，对企业的数据保护进行认证。这些原则有：数据最小化、谨慎对待敏感数据和健康数据、尊重用户的被遗忘权、数据可移植性、数据保护处于默认和合乎规定的状态。经过标准化程序认证是企业获得用户信赖的保证，对于提升企业信誉有一定帮助。认证也有助于定期检查企业对欧盟法律的遵守情况。

第三，数据管理声明。企业自愿创建一份数据管理声明，具体包括数据管理的政策，所收集数据的性质与用途，以及为确保数据安全和隐私权控制而采取的措施。这种做法目的在于防止过度的数据收集，降低用户隐私权的风险，防范第三方对用户数据有害或不道德的运用，堵住安全漏洞。自愿采取这一措施的企业可以为数据管理提供依据，并提升用户的信任感。

第四，健康电子数据库。这一措施即创建欧盟公民医疗数据库。当欧盟公民在医院接受治疗时，医院会在患者同意的前提下将患者的个人数据统一存储于由欧盟管理的数据库。医疗数据主要应用于科研领域，患者有权决定其个人数据仅用于某些特定的研究领域。科研人员和研究机构必须向管理该数据库的机构申请才能使用这些数据。

第五，数字化教育。这一措施的目的在于普及欧洲数字文化，使公众能够更加了解大数据。针对不同年龄段的人，制订各种不同的教育计划。针对全体公民的在线课程方便欧盟公民了解大数据与所提供服务之间的关系，使人们接受这样一种观念，即为获取服务，人们有必要牺牲一些个人数据，以增加人们对大数据的信任度。

二、国外经验对我国的启示

（一）明确数据信息收集主体的资格

我国目前有关数据信息收集的主体有很多，比如网络运营商、网络产品与服务提供者、关键基础设施运营者、应用软件下载服务提供者、电信运营商、大数据企业、网信部门等。由于法律对于数据信息收集的主体未做出明确的概念界定和严格的资格限制，以至于让人感觉到谁都可以收集用户信息①。

大数据技术条件下，数据的收集主要是由计算机网络以及手机等智能终端的应用程序自动完成的，这使得数据收集的成本越来越低，加之法律不完善，导致数据收集的主体极为混乱。为了规范数据的收集，必须根据所收集数据的性质、范围等，从立法层面对数据收集的主体进行规范。数据收集机构必须具备相应的资质，针对专门敏感数据的收集，必须经相关部门授权。

明确数据收集主体的资格，需要在法律上明确其权利义务及法律责任。数据收集主体依法收集数据，其权利受法律保护，但同时也应履行其义务，承担相应的法律责任。当前由于立法不完善，数据收集者的权利义务不对等，极易侵害公民的隐私权。很多数据是在用户不知情或者未经用户同意的情况下被收集的。在一些行业，非法数据交易甚至成为潜规则。

（二）限定数据信息收集的对象和范围

大数据技术的发展，使得数据收集越来越容易。大数据的价值是与数据量直接相关的，这使得数据收集者倾向于收集更多的信息。虽然我国现行法律对数据收集主体没有明确限定，但从国内外实践来看，不同的数据收集行为，其对象和范围应当有所限制。数据收集的对象和范围应遵循合法必要原则。比如，互联网信息服务提供者不得收集其所提供服务所需之外的用户个人信息。

随着互联网与社会生活结合程度的日益加深，人们的工作生活以及社会交往等各个方面均被数据技术记录下来，其中蕴含的商机被信息公司、网络软件开发商所关注，用户的个人信息成为上述企业获利的重要手段，以至于很多手机 APP 往往越界获取用户的隐私权限。大数据收集的海量信息，加上智能化的分析工具，使得大数据的控制者比用户本人更了解用户的信息，甚至基于已有的信息，可以预测用户未来的行为或者引导用户"主动"做出某些选择、实施某些行为。因此，必须对数据收集的范围进行规制。

---

① 侯水平 . 大数据时代数据信息收集的法律规制［J］. 党政研究，2018（2）：22-28.

（三）规范数据信息收集的方式方法

收集数据应当遵循一些基本原则，具体包括：

第一，合法正当原则。收集数据的行为应当合法，遵守商业道德，尊重社会公德。《中华人民共和国民法典》第 1038 条规定："信息处理者不得泄露或者篡改其收集、存储的个人信息；未经自然人同意，不得向他人非法提供其个人信息"。

第二，明示同意原则。公民的个人信息关乎其生命健康、财产安全、宗教信息等各个方面。因此，公民对自己的个人信息理应拥有控制权，数据收集者在收集、使用公民个人信息时应当公开其目的及使用方式和范围，并须被收集者明确同意。未经用户同意，不得收集其个人信息，更不得以欺骗、误导、强迫等方式收集数据，除非法律有特别规定，否则用户有权查阅、更正其个人数据，有权拒绝提供个人数据。

第三，用途确定原则。数据收集主体所收集的用户个人信息，必须按照规定或者约定的用途使用，不得超越范围使用。在数据收集时，就要明确是政用、商用、民用，还是用于科研目的，用途必须具体。电信经营者和互联网服务提供者所收集的用户个人信息不得用于所提供的服务之外的目的。政府机构、公益组织或商业机构将管理或经营中获取的公民个人信息用于规定或约定范围之外的目的，也是不被允许的。

第四，安全保密原则。数据收集主体必须对用户个人信息的安全负责，严格保密，防止信息泄露、毁损、丢失。不得篡改用户的个人信息，未经用户同意，不得向他人转让用户的个人信息。负有网络安全监管责任的部门及其工作人员，必须对其在履职中获悉的个人信息严格保密，不得泄露或向他人非法提供。公民的个人信息一旦泄露，数据收集主体和控制者有义务及时通知数据信息主体。

第五，分工共享原则。数据收集需要耗费一定的成本，为了提高数据收集效率节约成本，政府数据收集部门要进行分工合作。数据收集企业之间也可以通过合同约定，或者在政府部门、行业协会的协调下，或者依据法律或行业规则，建立数据收集的分工共享机制，避免数据重复收集所造成的成本耗费以及增加被收集者的麻烦。

第六，境内存储原则。数据安全关乎国家安全，企业收集的公民个人信息和其他重要数据，应当在境内存储。因业务需要确实要向境外提供数据的，必须进行安全评估，并符合有关法律法规的要求。

（四）完善数据收集的相关立法

目前，我国有关数据收集的法律法规和其他规范性文件具体有《中华人民共和国网络安全法》《电信和互联网用户个人信息保护规定》《信息安全技术公共及商用服务信息系统个人信息保护指南》《全国人民代表大会常务委员会关于加强网络信息保护的决定》《国务院关于大力推进信息化发展和切实保障信息安全的若干意见》《规范互联网信息服务市场秩序若干规定》等。这些法律法规及规范性文件在借鉴国外经验的基础上，结合我国国情规定了数据收集的原则和要求，然而，这些规定对于大数据时代保护公民个人信息仍然存在着明显的不足。具体说来，一是虽然有一些关于数据收集方面的规定，但主要不是针对大数据制定的，有关大数据时代数据保护的规定缺乏前瞻性和系统性；二是层次不够高，有些未提升到法律法规层面，从而缺乏其在数据保护方面的权威性和执行力。

综合各方面的情况考虑，我国应从国家战略的高度制定大数据相关法律法规。在实践探索积累经验的基础上，将不具备法律强制力的规范性文件通过立法上升为法律法规。在制定法律条件尚不成熟的情况下，也可以允许一些地方先行先试，制定地方性法规。比如，2016年贵州省就首开先河，制定了《贵州省大数据发展应用促进条例》，该条例成为我国首部有关大数据的地方性法规。

目前国家有关大数据的法律法规和地方性法规，主要是以数据安全和产业发展为目的的。这两个方面的重要性无可置疑，但是公民的个人信息保护亦不容忽视，特别是公民个体在个人信息安全方面处于弱势地位更需要法律法规的保护。随着移动互联技术的发展，公民在互联网、手机、银行、移动支付等方面面临着个人隐私和财产安全的重大风险。数据收集主体在利益驱动下利用其技术优势，极易造成对公民隐私权的侵害。因此，在数据收集和使用方面，公民个人不具备数据收集主体的强势地位。在立法中应当更多地听取公民个人的声音，在法律和相关制度中，明确公民个体在被收集数据时的权利，赋予公民对个人数据的控制权，使其能够依法保障个人隐私。除了政府、司法机关等特殊部门，其他任何数据收集主体均无权未经公民同意的情况下收集其个人信息。公民在被收集数据时，有拒绝提供的权利，也有要求数据收集主体和控制主体以适当的方式使用其个人数据的权利。除法律明确规定的机关外，收集公民个人数据应当公开进行。

为完善大数据的相关立法，必须从理论上回答如下问题：公民个人信息权利的属性如何界定，具体包括哪些内容；数据主体与数据收集、控制者之间的法律关系如何确定；公民如何依法保护自己的个人信息权利等。与一般的物权不同，公民的个人信息被收集后，与公民个人直接相关的状况似乎并未改变，但是由于公民的个人信息的保管和使用等却可以对公民个人产生影响。因此，数据产权的明晰化是大数据产业有序发展的前提。然而，目前数据权属及相关产权关系在法律上尚未明确，这也是导致公民个人信息被随意收集和滥用的一个重要原因。

除了上面几个问题之外，在制定规范数据收集的立法中，还应当探索建立数据信息的标准体系，以提升数据收集的质量水平，提高数据收集和应用共享的效率。同时还应建立相关制度，规定数据收集者要履行对所收集的数据信息进行鉴别、把关的责任，确保数据信息的提供者所提供的数据信息合法、真实、准确、完整、及时、可用。因为只有满足这些条件的数据信息才是有价值的。

（五）明确数据收集的政府责任

大数据时代，公民个人对数据信息保护处于弱势地位，面对复杂的信息技术和互联网公司的绝对强势地位，用户个人在保护个人数据方面能够采取的措施有限。在集体诉讼和公益诉讼制度尚不完善的情况下，一旦个人数据遭受侵害，通过诉讼途径维权的成本也是极其高昂的。因此，当前公民个人数据保护唯一可以依赖的就是通过政府监管来确保个人信息安全。

目前，数据收集领域的违法现象相当严重。数据收集方面的法律法规不够完善以及监管不力是造成诸多社会问题的重要原因。数据收集主体不具备相应资格，收集行为不规范，数据主体的权利义务不明确，不但造成公民个人隐私权受到侵害，数据的真实性、准确性、完整性、及时性也难以得到保证。在此基础上推进大数据利用很可能会制约数据产业的发展。对数据收集行为进行监管，确保数据收集和运用的合法性，这也是法治建设的重要内容。政府是数据信息的主要收集者和利用者，要带头守法，这也是依法行政的要求。对于商业机构和其他组织收集数据信息的行为加强监管，这是政府的重要职责。政府要规范数据信息的收集，加强数据资源的管理，保护公民、法人和其他组织的合法权益，对于违反法律法规的行为，要追究其法律责任，为国家大数据战略的实施创造良好的法治环境，促进我国大数据产业的健康发展。

第十三章

数据治理相关问题研究

一、数据治理的背景

互联网和信息技术的发展，为人类构建了一个虚拟世界，这是除自然世界、人类世界之外的一个全新世界，它无法被纳入既有的社会治理模式之中。互联网和信息技术产生的大数据需要我们形成数据治理的思维，这是我们进行虚拟社会治理的必由之路。

随着大数据技术的发展，数据治理就成为一个难以回避的社会治理问题。大数据时代是一个全新的社会，需要我们运用大数据技术重新规划社会生活。当前，数据治理需要引起我们的高度关注，需要从数据的视角重新认识社会治理问题。过去由于数据治理规则的匮乏，数据共享动力不足，数据孤岛比比皆是[①]。2019年10月24日，习近平总书记在中央政治局第十八次集体学习时指出："要探索利用区块链数据共享模式，实现政务数据跨部门、跨区域共同维护和利用，促进业务协同办理"。

近年来，组织内部使用的数据量急剧增加，在组织运营中发挥着关键作用。如何管理这些数据也变得至关重要，因为数据被视为有价值的资产。由此，数据治理迅速普及，并被认为是信息系统领域的一个新兴主题，甚至还有人认为数据治理是组织改善和维护数据质量的有效途径。数据是组织的一项战略资产，数据治理需要利益相关者给予更多关注。数据治理的主要驱动

---

① 高翔．超越政府中心主义：公共数据治理中的市民授权机制［J］．治理研究，2022，38
（2）：15-23，123-124，2．

力是将数据视为组织的资产，这就决定了组织内数据治理的重要性。所谓数据资产，就是已记录或应记录且具有价值或潜在价值的数据。

在数字经济时代，数据为公共管理、科学研究、商业活动带来了效率的改善和质量的提升，海量的数据被视为21世纪关键的资源之一。在公共管理方面，地方政府与企业密切合作，在"最多跑一次""政务 APP""城市大脑"等项目上频频发力，建立数据中心、大数据局，开放数据资源打破信息孤岛，利用新兴技术对公共服务进行优化和提升。在科学研究领域，开放科学、开放获取，逐渐成为科学共同体的共识，通过构建以数据为中心的开放科学，促进科研变革。在商业领域通过积累海量的个人用户数据，数据的价值得到日益彰显，互联网巨头围绕数据的竞争也越来越白热化。数据正在成为一种受到高度关注的社会资源，并逐渐成为一个新兴的研究对象，如何有效地管理和使用数据资源成为一个挑战，甚至暴露出数据管理和使用方面的很多问题。这需要从数据获取、利用和保护等各个角度，以及法律、制度和政策等不同层面对数据治理问题进行系统深入的研究，以指导其治理实践①。

一般组织，尤其是公共组织，越来越多地收集和使用大型开放链接数据，加上机器学习和其他形式的人工智能的运用，导致大数据算法系统的使用越来越多。使用大数据算法系统对于提升组织的绩效水平有极大的帮助，然而大数据算法系统在很大程度上依赖于各种来源的数据，其中一些数据由组织本身控制，另一些由合作伙伴组织控制，还有一些由未知实体控制。如果没有对此类数据的控制以确保数据的质量和数据使用的合规性，大数据算法系统将面临太大的风险。因此，许多组织都将数据治理作为一种手段，对其数据的质量以及对相关法律和道德要求的遵守进行控制，以确保提供可信的决策。

为了实现其目标，数据治理不仅应该关注数据，还应该关注收集、管理和使用数据的系统。具体而言，在这些系统中，人是必不可少的，数据治理应该提供激励和制裁，以规范参与数据收集、管理和使用的人员的行为。除

---

① 梁正，吴培熠. 数据治理的研究现状及未来展望［J］. 陕西师范大学学报（哲学社会科学版），2021，50（2）：65-71.

了单个组织外，数据治理还依赖于组成系统的组织和人员之间的协作。这种多组织环境需要可信的框架，以确保所有相关组织之间的可靠数据共享，确保参与组织之间安全可靠地共享正确的数据。

数据治理是组织及其人员定义、应用和监控规则和权限的模式，以指导组织内部和跨组织的数据和算法的整个生命周期的正常运行，并确保对其负责。

数据治理是大数据算法系统的一个成功因素，它对于应用大数据算法系统的组织的总体绩效产生积极影响。其目的是增加数据的价值，并将与数据相关的成本和风险降至最低。鉴于大数据算法系统决策的后果性和重复性，影响此类系统工作的数据治理错误可能会对相关组织、公民和企业以及整个社会产生深远影响。在互联的世界中，数据由政府、企业和公民收集，并由不同的实体使用不同的算法进行处理。当前数据治理仍然聚焦于组织内部单一主体，未来数据治理将向数据共治转变①。

欧盟出台的《通用数据保护条例》（GDPR）是其参与个人数据治理的重拳。GDRP框架下欧盟的执法监管已进入常态轨道，但仍面临不少挑战，如成员国执法存在"集体行动困境"、监管框架对企业规制力有限、跨大西洋间数据传输机制陷入"法律真空"、治理影响力在全球范围内式微等。造成困境的主要因素有欧盟内部的不一致性、大型互联网企业具有的不对称优势、GDPR条款开放性以及数字地缘竞争等。我国稳妥推进《中华人民共和国个人信息保护法》（简称《个人信息保护法》）实施，监管方可推出专业的第三方机构为企业提供针对性的合规指导；企业方应改变依靠隐私驱动的传统获利模式，在新的立法框架下寻找技术创新增长点②。

大数据作为国家战略，正日益成为推动国家治理体系和治理能力现代化的关键力量③。2015年10月，党的十八届五中全会上正式提出"实施国家大

---

① 杨学成，许紫媛. 从数据治理到数据共治：以英国开放数据研究所为案例的质性研究 [J]. 管理评论，2020，32（12）：307-319.

② 方芳，张蕾. 欧盟个人数据治理进展、困境及启示 [J]. 德国研究，2021，36（4）：49-66，157-158.

③ 衲钦，张慧春. 数智环境下匿名数据治理创新对策研究 [J]. 科学管理研究，2022，40（2）：124-130.

数据战略"，由此将大数据作为国家战略性资源。党的十九届四中全会在肯定数据对数字经济成长的关键性作用时，首次提出将数据作为生产要素参与分配，由此数据被赋予了新的社会使命。《中共中央国务院关于构建更加完善的要素市场化配置体制机制的意见》《"十四五"规划和2035年远景目标纲要》《"十四五"数字经济发展规划》《"十四五"大数据产业发展规划》等国家顶层战略规划相继出台，加速培育数据要素市场[1]。

衡量国家治理体系和治理能力现代化的标志之一就是数据治理与数据利用的能力[2]。近年来，我国在数据治理政策制定、机构设置和专项行动方面取得显著成效，但数据治理领域亟待解决的问题仍有不少，主要体现为开放共享不力、权属尚未明确、交易流通不畅、安全难以保障等。以上问题应通过建立数据资源目录摸清底数、完善数据开放共享机制、构建数据产权制度框架、建立合理评估定价规则、健全数据安全保障体系等方式加以解决[3]。

我国第一部实际意义上针对网络以及数据传输安全法案，是由全国人大常委会于2016年11月通过的《中华人民共和国网络安全法》。该法作为营造数据安全环境、回应我国网络新态势、满足网络经济新趋势的重大法治举措，不仅搭建了我国网络安全战略以及网络强国建设的实践平台，而且促进了依托信息科技的大数据稳步发展，为数据要素的成长与积累提供了基础性的制度土壤[4]。

二、数据治理的含义

数据治理的概念与大数据技术息息相关，正是因为大数据技术在社会治理诸领域日益广泛的应用，引发我们对数据治理问题的关注。不仅如此，数

---

① 黄科满，杜小勇.数据治理价值链模型与数据基础制度分析［J］.大数据，2022，8（4）：3-16.
② 安小米，王丽丽，许济沧，等.我国政府数据治理与利用能力框架构建研究［J］.图书情报知识，2021，38（5）：34-47.
③ 张莉，卞靖.数字经济背景下的数据治理策略探析［J］.宏观经济管理，2022（2）：35-41.
④ 尹巧蕊.数据要素与数据治理：数权世界的双核驱动［J］.学术交流，2022（2）：44-54.

据治理还构成了人类社会治理的全新形态。

"数据治理"是一个新术语，对作为资产的数据有着新的含义。既往有许多术语和方法涉及信息系统领域的数据和信息，例如全面数据质量管理等。"治理"和"管理"这两个术语之间的主要区别在于，治理指的是必须做出的决定，以及谁做出这些决定，以确保有效管理和使用资源；而管理则是实施决策，管理受到治理的影响。由此，我们可以区分数据治理和数据管理。

"数据治理"是一个不同于"数字治理"的新概念，因为二者的观念和思维方式是截然不同的。早在 20 世纪 70 年代，就有学者宣称我们已经进入"数字时代"，要求在社会治理中引入数字的观念，并依据数字的标准去开展社会治理。比如，在公共政策实践中，定量化、数字化取得了强势地位。然而，"数字"并不等同于"数据"。从数字到数据，是一种思维上的重大变革。

现在，人们越来越多地使用"数据"而不是"数字"去描述和分析社会现象。从思维方式和思维路向的角度来看，"数据"是根本不同于"数字"。从数字的角度来看待社会，是一种还原论思维，即认为社会可以还原为数字，通过抽象的数字就可以把握社会的本质，从而在数字的基础上开展社会治理。总而言之，数字及其观念所代表的是近代社会的科学化、技术化路向。数字化的思维方式把人类的社会治理带入一个新阶段，特别是在社会治理中获得了更加精准的工具。当然，数字化的思维方式并未产生一种全新的社会治理模式，因其更多地表现为对既有的科学认识框架的完善和修补。

当数据作为一种新概念和思维方式进入我们的视野后，人们关注的重心开始由数字转向了数据。当然，我们难以说现在大数据已经成为一种占主导地位的思维方式。很多人仍然是在既有的思维框架下来认识数据。数据确实包含着数字，但是数据思维根本不同于数字思维。根据数字思维开展的社会治理，会把一切社会现象还原为抽象的数字；而根据数据思维所开展的社会治理则会引发我们对数据现实状态的关注，即关注具体的数据而不是抽象的数字。

如果说我们所经历的时代是一个"数字化"的时代，那么我们即将走向"数据化"时代，做出这种区分的目的是为社会治理确定重心，从而开展有针对性的数据治理。

"数据治理"是一个具有双重含义的概念，其一，是指根据数据所开展的治理；其二，是对数据本身的治理。如果看不到数字与数据的本质区别，就会遭遇大数据时代社会治理的困境。

20 世纪 90 年代以来，社会治理面临着全新的环境，电子政务应运而生，社会治理获得了网络化的治理工具。此时，数据和数字是并存与并用的。在技术层面上，数字思维方式仍旧在发挥作用，而在应用层面，则体现为数据的运行。电子政务以及社会信息化的过程，生成了大量的数据。不过，由于人们当时尚未形成数据意识和观念，当然也谈不到所谓的数据治理问题，直到"大数据"的概念出现后，人们发现数据不仅是社会的重要构成部分，甚至已经成为一个独立的领域。

近代以来，人们对标准化、精确化、程序化的追求最终反映在数字化上面。随着人们对数字依赖程度的加深，几乎社会生活的每一个方面都运用数字，比如人口普查需要处理大量的数据，这就提出了数字处理和存储技术方面的要求，这也可以理解为计算机发明的动因。为了实现信息高效、安全传输的目的，网络又被发明出来。网络不仅是一种信息传输方式的重大变革，它也同时深深地影响着人们的行为方式，使人的活动形成网络上的数据。在网络时代，人们的言行都会被记录下来，并以数据的形式存储于网络中。有人认为大数据时代，数据本身也成为一种重要的资源。相比较数字是由管理者或专家提炼出来的，数据则是由每一个人的网络行为产生的。

进入 21 世纪以后，随着移动互联技术、物联网、云计算、大数据技术的发展，数据呈现井喷之势，数据也成为一种战略性资源①。大数据概念的出现意味着人类发现了一种新的重要的资源，也意味着人类将进入一个新的时代。在这个时代，社会治理必须依据数据开展，同时也需要对数据本身进行治理。

依据数据所开展的治理将呈现为一种新型的社会治理形态。依据数据开展治理不仅是社会治理的目标，而且也是社会治理的重要手段。如果只是将依据数据开展治理作为社会治理的手段，无疑会将社会治理导向传统治理模

---

① 杨楠. 大国"数据战"与全球数据治理的前景［J］. 社会科学，2021（7）：44-58.

式。在人类社会已经发生深刻变革的情况下，将数据治理作为社会治理的工具，也许能够获得一时之效，但是从长远来看，则会出现各种各样的问题。最重要的问题是会积聚各种社会矛盾，因此，数据治理带给我们的新观念和新视角，能够推动我们适应大数据时代的要求，并根据社会治理转型的变化去推动社会治理变革，并在数据资源的开发和应用中更好地服务于社会治理。

对数据本身的治理也是社会治理的重要内容之一，总体来看，对数据治理更多地属于技术的范畴。但是，即便如此，也应当理解为对数据这一现象的治理。如前所述，数据是不同于数字的一种新现象和新领域，数据资源也是一种不同于自然资源的新资源，是由人的行为所创造出来的社会资源。对数据的治理，既可以在既有的治理框架下治理，也可以在社会治理变革的范畴中治理。如果认识到数据化本身正在造就一个新领域，我们就会自觉地适应这一变化，并根据这一领域的特征去开展有针对性的治理。相应地，社会治理的体系和结构也须做出变革，以适应这一新领域的治理。一旦我们认识到数据治理是一个新领域，是一个新的社会治理问题，我们就会自觉地创造出新的治理方式和途径，并将这一创新成果扩散至其他社会治理领域，正是在这个意义上，我们说技术发展推动了社会变革。

综上所述，数据治理的两种概念代表了两种可能性。对于数据治理，只有站在社会转型的角度去认识和把握，赋予数据治理面向未来的品质，才能把数据治理纳入社会治理变革的伟大进程，以更好地适应全球化、后工业化背景下的社会治理的要求。

三、数据治理的内容

网络空间所构建的是一个虚拟世界，特别是有了大数据，这个虚拟世界可以建构得更加复杂。因此，数据治理就其内容而言，就是对虚拟世界的治理。

近年来，虚拟的概念得到了广泛的应用，人类社会的很多领域都实现虚拟化了，或者说虚拟现象已经在我们的社会生活中占据相当大的份额了。虚拟化是一个值得高度关注的现象，因为它的运行规律不同于现实社会，特别是经济生活领域，虚拟经济已逐渐发展成为一个与实体经济相比肩的领域。

　　社会虚拟化是一个不可阻挡的趋势，现在我们所看到的只是部分社会现象的虚拟化，未来一个虚拟世界将呈现在我们面前，我们将拥有一个完全不同于现实世界的虚拟世界。人类历史上曾经创造了一个不同于自然的新世界，即社会。同样，可以预期的是随着网络社会的到来，人类还将构建一个不同于现实世界的虚拟世界。然而，虚拟世界会对现实世界产生挑战。比如，网络空间的权威如何确认？总体来看，我们现在所面对的虚拟世界仍处于初级阶段，如果我们能够接受虚拟世界必须产生的现实，并积极采取应对措施，那么人类仍将主导虚拟世界的发展。

　　在虚拟世界中，最重要的资源是数据，虚拟世界的基本运行所依靠的就是数据的产生、存储、传输过程。因此，虚拟世界的治理本质上就是数据治理。当然，并非所有的数据都是数据治理的内容，准确地说只有数据资源才应当成为数据治理的内容①。当前，网络平台成为掌握数据的重要主体，而网络平台的公共性和衍生的风险性在多元博弈的综合影响下也强化了对数据治理的正当性基础②。

　　数据治理可以分为两个阶段。

　　第一阶段，是对虚拟现象的治理。在这一阶段，对虚拟现象的治理要考虑到在社会治理模式尚未发生变化的条件。现行的社会治理模式并未考虑到社会现象虚拟化的问题，因而也并无专门针对虚拟现象进行治理的方式方法。然而，当我们遇到社会虚拟化的问题，就要求我们把虚拟现象的治理导入现有的社会治理模式。比如，运用法治对网络空间的治理，就是这种思路。这种做法可以理解为对旧有的社会治理模式的完善和修补，其着力点就是把虚拟现象与现有的治理方式联系起来，补足社会治理在这个领域的短板。具体地说，就是在一切可以虚拟化和已经虚拟化的领域，引入数据治理的观念和措施。当然，在尚无法实现虚拟化的领域，也就无法实现数据治理。

　　第二阶段，虚拟世界的治理。可以预见的是，信息技术、人工智能等领

①　杨嵘均. 论政府数据治理的价值目标、权利归属及其法律保障 [J]. 东南学术，2021（4）：113-124，247.

②　陈荣昌. 网络平台数据治理的正当性、困境及路径 [J]. 宁夏社会科学，2021（1）：72-80.

域的发展必将给人类带来一个虚拟世界。尽管虚拟世界并未到来，但今天探讨虚拟世界的治理并非毫无意义。"人无远虑，必有近忧"，从人类社会的意义上来讲亦是如此。虚拟世界具有不同于现实世界的特征，因而我们不可能用既有的社会治理模式去治理虚拟世界，因为既有的社会治理模式是针对现实世界的特征而开展治理活动的，我们只有对既有的社会治理模式进行变革并构建适应虚拟世界的社会治理模式。人类既有的社会治理模式是历经漫长的过程形成的，我们所要做的工作就是使社会治理模式的变革不是以漫长的历史过程而是自觉构建以加快这一新型社会治理模式变革的实现。

数字经济的全球化发展带动跨境数据流动成为常态，促使国际网络治理的内容由技术治理、内容治理和网络安全治理向数据领域延伸，以跨境数据流动为核心的数据治理成为全球政策制定者广泛关注的内容。但受制于不同国家间的制度环境差异，全球数据治理面临巨大挑战①。一是主权国家间在数据权属、数据跨境流动等数据治理议题上的主张相异，并竞相提出了各自的数据发展战略；二是个人、企业与主权国家间数据权益存在失衡，急需有效机制进行协调②。

随着越来越多的组织将数据视为有价值的资产，信息系统对数据治理领域的研究也在增长。综合各方面的研究，可以发现数据治理涉及的领域主要包括数据角色和责任、数据政策、数据流程和程序、数据标准、数据策略、数据技术、数据指南以及数据要求等。

作为一项数据治理活动，定义、实施和监控整个决策领域的数据角色和责任应受到高度关注。在信息系统中嵌入、控制数据治理流程和程序是数据治理计划的基础，虽然数据治理在学术界已经成为热点问题，但是在实践中依然缺乏成熟度，特别是数据治理实施和监控的操作性不够。

在实现大数据算法系统和创建公平、负责和透明算法的过程中，数据治理很少受到关注，往往被组织忽视。人们通常把重点放在人工智能的实验上，而为人工智能获取和准备数据的考虑较少，因为人工智能通常会占用大部分

---

① 王伟玲. 全球数据治理：现实动因、双重境遇和推进路径 [J]. 国际贸易，2021 (6)：73-80.

② 蔡翠红，王远志. 全球数据治理：挑战与应对 [J]. 国际问题研究，2020 (6)：38-56.

时间。然而当使用来自多个来源的大量不同数据时，数据无处不在，数据流对数据质量的影响不确定，以及对数据质量重要性的认识不足，所有这些都使治理变得复杂。数据质量由许多维度组成，包括准确性、及时性、完整性、一致性、客观性、可信度和相关性，所有这些都决定了数据是否适合使用。

在过去十年中，数据收集和共享变得更加容易，部分原因是有了互操作性解决方案。然而互操作性也会导致不准确的数据在系统间顺畅流动，并以指数方式污染它们。同样的技术进步以及从异构资源收集、不同方式存储和不同质量的数据，使得数据类型和结构变得越来越复杂。此外，大量数据使实体解析变得复杂——在单个数据库（重复数据消除）或多个数据库（记录链接）中识别同一个现实世界实体，例如一个人。此外，即使存储了准确的数据，随着时间的推移，数据故障也可能会导致不准确。这些小故障源于环境的变化，环境的变化导致了现实与数据捕捉现实的方式之间的差异，例如，在居住地址发生变化后，旧地址仍保留在记录中。因此，很难实现高水平的信息质量。

虽然数据治理应该有助于降低数据管理的成本，并从数据中创造价值，但在许多实施不同数据策略的组织中，数据往往是分散的。这可能会导致责任不明确、责任分散和数据质量未知，这反过来可能会破坏大数据算法系统内使用此类数据的适用性。

大数据算法系统和嵌入其中的人工智能算法越来越多地用于做出重大决策。然而，这样的决定可能是不正确的，对此的责任可能很难确定。低数据质量和数据与算法之间不明确的依赖关系很容易使人工智能算法的结果产生偏差或扭曲。部门和组织之间的共享角色和联合行动可能会淡化责任。例如，当一个算法由于多个传感器收集的数据异常而提供错误输出时由谁负责？如果没有适当的数据治理，事件和系统故障之间的因果关系可能很难建立。

虽然在结果性决策中应用大数据算法系统取决于数据质量，但完美的数据质量并不存在。一方面，数据提供商可以辩称，数据质量永远不会达到100%准确，甚至可以在数据使用协议中包含此类论点。另一方面，大数据算法系统运营商可能会将错误决策归咎于数据质量差。这就提出了在数据提供者、算法提供者和大数据算法系统运营商之间定义和分担责任的挑战，作为数据治理的一部分，尤其是当多个组织共同参与这种治理时。然而对于大数据算法系统的数据治理的构成，尤其是基于人工智能的大数据算法系统，人们的理解还很有限，更不用说如何在不同的组织之间执行系统级的数据治理了。

从术语上讲，治理和管理是不同的。治理是管理数据收集、存储、处理、使用、共享和销毁的组织逻辑。治理包括创建和执行这种逻辑的活动。这不仅包括数据管理，还包括对数据做出的决策，即谁可以做出此类决策，从而影响数据的访问、控制、使用和受益方式，数据如何使用（或可能使用）以及由谁使用。使用决策的范围至关重要，因为它们决定了数据治理的预期内容。

数据治理是对数据管理行使权力和控制，也可以被视为对数据相关事项的决策和授权的行使。它是一个信息相关流程的决策权和责任体系，根据商定的模型执行，该模型描述了谁可以使用什么信息采取什么行动，以及何时、在什么情况下使用什么方法。因此，数据治理的目标是确保数据的质量和正确使用，满足法规遵从性要求，并帮助利用数据创造公共价值。实现这些目标需要建立个人数据保护、安全、不歧视和平等待遇机制，涵盖从创建、处理和共享到销毁数据的整个生命周期，以及解决数据共享的技术、体制和社会影响。因此，我们将数据治理定义为组织及其人员定义、应用和监控规则和权限的模式，以指导组织内部和跨组织的数据和算法的整个生命周期的正常运行，并确保对其负责。

从结构上讲，数据治理是通过政策、激励和制裁来实施的，这是创建一种组织文化所必需的，在这种文化中数据被视为一种资产。数据治理包括：标准化数据——创建元数据，以便能够集成数据集并确保对数据的相同解释；分配相关程序和决策权限，以确保数据管理和数据质量；监控数据使用情况，例如在使用数据执行相应决策之前确保风险评估；并将监控此类系统作为数据生命周期的一部分。

在具体的技术层面，数据治理的主要内容包括数据规范化、清洗、标签与主题化和图谱化这四个方面①。数据规范化主要对数据内容进行标准化和规范性检查与处置，主要涵盖了内容空值检测、类型转换与对照、编码与字典的映射、数据正则化转换、函数依赖性检测等。数据清洗主要是对汇聚数据集中存在的数据不一致、不完整和相似重复等异常情况进行检测并处置。数据标签与主题化是将数据从文字转向图形表达的基础，在数据标签库中划分为个体标签和主题标签。个体标签主要是基于单个实体形式的技术类元数据，如数据类型、存储形式、更新频度、条目数量等，该类标签大多偏向于技术和底层。主题标签主要承担对数据业务层面的描述和定义，其还可细分为人物主题标签、事件主题标签、关系主题标签等。人物主题标签作为主题标签的核心内容，主要包括人种类别、教育情况、居住区域和组织地址等。图谱化是对科技发展中的人、事件、时间、成果、项目等多维要素进行图谱关系可视化，可视化的结果可为人工智能算法和专家经验模型提供可视化支撑。在图谱化中还需要对潜在知识进行挖掘和补全，这样可以对科技发展中起决定因素的人、关系和趋势等三类实体进行不同维度的知识连接，从而形成网格状的科研发展脉络。

四、数据治理的方法

数据治理的一个常见挑战是，数据流和逻辑可能无法遵循组织的结构。组织结构和数据使用之间的不匹配很容易导致数据孤岛、重复、职责不清等问题，以及在数据的整个生命周期中失去对数据的控制。大数据算法系统尤其如此，它通常跨越部门边界，不受任何单一功能或流程的约束，必须处理源自多个部门的"竖井数据"。这种情况下会出现许多挑战。在涉及各种组织的同时，可能缺乏处理大数据算法系统的既定数据治理机制。另一种挑战是临时处理数据，无须程序和流程以及安全的数据基础设施，这可能很容易导致未经授权的人员可以访问单个数据项。

信息技术治理框架经常使用的规划和控制方法是基于规划和控制的年度

---

① 王俊，王修来，庞威，等. 面向科技前瞻预测的大数据治理研究［J］. 计算机科学，2021，48（9）：36-42.

周期。在每个周期中设定目标，分配预算，定义、实施、监控和评估项目。预算和其他资源分配给项目和部门，以便根据设定的优先级执行活动。反过来，项目和部门必须相互竞争。评估项目的依据是其性能以及业务和技术目标之间的紧密一致性。规划可以启动基础设施项目，例如，旨在提高数据质量或探索各种应用领域中基于人工智能的大数据算法系统的潜力和风险。在这种方法中，数据治理是通过可重复、可验证和可审核的策略和过程来执行的。这种方法经常因不容易适应变化而受到批评。然而，持续监控有助于不断调整项目计划和资源分配。

数据治理的组织方法强调结构、责任、问责制和报告。这种方法使用顶层设计原则，为数据治理建立组织结构，并将数据治理视为一种定义权威。根据这一原则，该方法建议在数据、人工智能、隐私或道德领域建立决策结构，如首席数据官（CDO）、首席人工智能官（CAIO）、首席隐私官（CPO）或首席道德官（CEO）。在这些结构中，还包括数据管理的责任。

数据治理包含激励正确行为和制裁错误行为的机制。尽管不当行为和错误可以受到制裁，但如果发现数据中的错误、歧视或偏见，对此类数据的算法，以及管理数据和算法使用的流程，可以提供包括物质奖励在内的激励。然而，激励机制不能取代审计机构的适当监管。治理过程中嵌入的控制越多，可审计性和问题检测率就越高，学习和改进的机会就越多。

创建良好的数据治理需要在完全控制和缺乏控制之间取得平衡，以形成必要且可行的治理模式。基于风险的数据治理方法适合于最大化数据创造的价值，同时降低风险和成本。在有关组织内部的社会技术安排的指导下，控制可以发挥类似的预防和侦查作用。为了确保良好的数据治理，一些组织任命首席数据官（CDO）或首席算法官（CAO）。相比之下，其他人则将其置于首席信息官（CIO）、首席技术官（CTO）甚至首席隐私官（CPO）的职权范围内。规划和控制方法还让伦理委员会和相关机构决定大数据算法系统的使用。

数据治理的基础是负责任的数据收集。如果收集到诸如性别、种族、居住地址、健康状况或政治偏好等敏感数据，那么这些数据可能会被误用或滥用。由于未收集的数据不会被滥用，因此应尽量减少数据收集。然而，在许多情况下，为了透明、欺诈检测、服务改进或更好的决策，必须收集和共享敏感数据。一旦收集到这些数据，就必须加以保护，以防止误用或滥用。

数据的所有权往往很难确定，多人可能会要求对其拥有权利。比如，家庭用电的所有权，可以分配给房屋所有人、目前租赁房屋的人、提供电力的公用事业公司或对用电征税的政府。此外，在法律上，拥有有形物品比拥有无形物品更自然，鉴于数据的无限共享性，确认数据的所有权存在着较大的困难。

数据管理是一种团队工作，其中责任和专业知识在成员之间分配，成员可以代表其他人管理数据。从运营角度来看，数据应由一个组织或部门管理，并由其他组织或部门使用。在收集数据时数据管理员应遵循从源头收集数据的原则，并将敏感和非敏感数据分开。根据欧盟委员会的规定，这些数据可以存储在一个基本登记册中，该登记册是一个可信的、权威的信息来源，可以也应该被其他人以数字方式重复使用，其中一个组织负责收集、使用、更新和保存信息。当其他组织发现不正确的数据时，他们应该将此报告给负责基本注册表的数据管理员，并在使用此数据之前等待管理员的响应。管理员将调查数据的正确性问题，如有必要更新数据并通知报告机构，报告机构随后可以开始使用这些数据。

即使数据是在概念层面汇集和链接的，也应该分配数据的物理存储和责任以减少脆弱性。汇集和链接应确保数据相互关联，并可在需要时轻松组合。然而，治理机制应确保只有在满足正确条件（如多人授权或数据保护官员批准）的情况下才能共享数据。当信息无法与其他部门共享以避免违反规定或利益冲突时，一个主要原则是尽量减少访问数据的人数，如果有人不需要访问数据，则不应授予此类访问权限。为了避免单一实体在未经他人同意的情况下对数据进行控制，分散的责任和关注点的分离使系统不那么容易受到攻击。

数据管理和基础注册为数据和信息共享提供了基础。然而，需要有机制来确保负责任的数据共享，在需要时允许数据共享，但在必要时也会阻止数据共享，为此需要可信的数据共享框架。

作为数据治理的重要组成部分，政府数据治理必须强化多元主体参与。

具体来说，政府在数据治理中涉及社会参与的主体包括：

（1）政府方面：一是数据治理领导机构，大数据决策委员会、大数据发展管理局、大数据中心等。一方面，为政府促进社会参与数据治理活动提供统一领导，制定顶层规划并负责监管落实效果，统筹协调跨机构跨领域的活动；另一方面，在各类数据管理相关制度规范中明确促进社会参与的要求，并针对促进社会参与各类数据治理活动提供专业指导。二是数据治理执行机构，即上述机构以外的其他政府机构，负责在顶层规划领导下，基于相关制度落实开放数据与促进广泛社会参与的要求。政府数据治理人才的培养是实现政府数据治理能力现代化的关键因素。要从加强多学科、跨学科知识与技能人才培养、明确培养目标、完善人才培训制度等方面，提高我国政府数据治理人才的培养实效，从而为我国政府数据治理工程提供坚实的人才队伍支撑①。

（2）社会方面：一是学术机构，尤其是数据管理与法律、设计等相关专业的研究者，既是数据治理参与者又是帮助政府更好促进社会参与的支持力量；二是企业与社会组织，其广泛涉及各行各业，是发挥数据资源资产价值的重要载体；三是公众，即使用政府所提供公共服务、企业所提供私营服务的对象，是社会参与数据治理的主体力量，其需求、能力与满意度是相关制度的重要考量因素②。

五、大数据算法系统

随着人工智能的出现，识别大数据算法系统风险并引入适当治理机制来解决这些风险的方法，已受到关注。这种方法通常被认为是数据治理的基础，也是人工智能特定风险的有效解决方案，如数据或算法错误、数据或算法偏差，甚至数据嵌入歧视。这些问题的产生在很大程度上是由于数据集中嵌入的敏感属性，机器学习算法使用这些属性来搜索模式。示例风险包括丢失、

---

① 梁宇，李潇翔，刘政，等. 我国政府数据治理人才能力的核心要素与培养路径研究 [J]. 图书馆，2022（4）：34-41.

② 周文泓，吴琼. 面向政府数据治理的社会参与促进策略研究：全球代表性实践的调查及其启示 [J]. 情报理论与实践，2022，45（9）：59-66.

被盗、过时、不准确或有偏见的数据。需要进行定期评估，以确定此类风险，并采取适当措施进行管理。根据治理机制，可以采取附带、预防或两者兼而有之的行动。例如，每个人工智能项目都可以接受风险审计，以预测和解决人工智能算法可能产生的不良影响。

这些方法都可以到位并相互补充。然而，应该谨慎地引入不同的治理机制，因为过多的治理可能会导致过多的开销和较低的性能。然而，治理过少可能会导致责任不清、风险失控以及未采取适当的预防措施和行动。

尽管可靠的大数据算法系统的基础是健全的数据治理，但这一领域往往被忽视。大数据算法系统的数据治理是一个复杂的领域，开发大数据算法系统而不关注数据治理是一个巨大的风险。数据治理可以被视为组织及其人员定义、应用和监控规则以及权限的模式，以指导组织内部和跨组织的数据和算法的整个生命周期的正常运行，并确保对其负责。数据治理可以帮助缓解透明度、问责制、公平性、歧视和信任等问题。可用的数据治理方法可以基于清晰的组织结构、职责和责任、规划和控制周期以及风险。后者尤其重要。大数据算法系统面临着侵犯隐私、将数据用于不期望的目的、允许数据中的偏见或歧视影响算法决策、做出错误决策等风险。尽管提高算法内部工作的透明度是必要的，但这不足以实现有效的监督，为此，需要系统级治理。组织及其人员需要协同工作，以执行有效的数据治理。除了侧重于控制和保障的社会技术措施外，促进数据和算法的意识和道德价值的组织文化也是数据治理的一部分。

人工智能既有机遇也有风险。它可能侵犯隐私、歧视、逃避责任、操纵和误导公众舆论，并被用于监视。例如，它可以识别照片和视频流中的人脸，帮助确定人们的行踪和行为模式。人工智能产生巨大的力量，如果系统在没有适当监督、问责和治理的情况下被允许扩张是危险的。数据是大数据算法系统的基础，但大数据算法系统的结果也应该受到监控，因为它们是数据生命周期的一部分。因此，整个大数据算法系统都应该接受有效的数据治理。

大数据算法系统能够在公共机构内实现自动决策。然而，决策权对直接受结果影响的用户是隐藏的，自动化公共服务变成了"隐藏的官僚"。因此，应在系统层面设计问责制。这种系统级的责任设计不仅应包括算法的内部工作，还应包括算法的使用是如何组织的、如何向它们提供数据、如何控制数据、如何检查结果以及如何审计整个系统。

数据治理基于社会的期望和价值观，最终受大数据算法系统结果的影响。考虑这些因素的基础是创造一种文化，在这种文化中数据被视为一种资产，而法规和普遍接受的公共价值观正在指导基于数据的决策。此外，参与收集和处理数据的专业人员必须遵守各自领域的专业规范。

这些期望和价值观转化为规划和控制、组织或基于风险的治理方法，从而分配决策权，建立流程和程序。程序包括年度规划和控制周期、引入独立道德委员会、定期审计、数据样本采集等。控制和审计应适用于数据使用过程中的输入、过程和输出，所有这些都必须使用定性和定量措施进行监控。

通过学习过程，人工智能算法被输入训练数据以学习做出决策。大多数大数据算法系统基于一种识别数据模式的机器学习算法，用于实现描述性、预测性或规定性目标。使用历史数据训练算法的风险在于，嵌入此类数据中的错误和偏见将反映在算法的工作中。另一个风险领域是算法在训练数据之外的情况下泛化能力差。因此，监督应涵盖数据质量问题，包括偏差的存在，以及算法和输入算法中的数据对要求它们解决的问题的适用性。

在理想情况下，大数据算法系统的设计应符合所有相关规范和法规。然而这种情况必须保证明确的数据所有权、对数据源和数据质量的监控、对标准的受控遵守以及对其他特定要求的遵守。应检查用作输入的各种数据源的质量、偏差和其他特性。由于对数据的更改很容易导致算法产生错误的结果，应评估新数据与训练数据的接近程度。

大数据算法系统通常是不透明的，它们的工作很难理解。类似于为了透明和问责而向公众开放数据，人工智能算法也可以开放。虽然大多数人无法理解算法，但这将允许审计员、科学家和其他专业人员，检查算法的工作情况。然而，算法的开放应该小心，因为它可能会暴露工作系统中的漏洞，黑客可能会利用这些漏洞进行攻击。因此，该模型假设数据、算法和流程将向受控团体开放以供审查。

大数据算法系统通常依赖于组织外部的数据源，这些数据源很容易被操纵或滥用。因此，数据和算法不应不加区别地与每个组织共享，组织也不应访问它们不需要的信息。对于单个组织来说，这些类型的决策是在数据治理框架内做出的。然而，由于大数据算法系统通常依赖于组织外部的数据源，因此需要将此类数据治理扩展到多个组织。这种扩展依赖于可信的数据共享框架，这些框架指导参与组织内部和之间的数据交换，同时确保遵守法规和实现公共价值。

　　数据治理是建立在海量数据资料基础之上的治理，是国家将大数据等新兴技术作为一种治理工具用于对社会的治理，是一种基于大数据技术挖掘、分析和应用重构政府管理、服务和决策流程的新型公共管理模式。这种由大数据应用带来的数字治理模式创新，不仅推动了政府治理手段和治理体制机制的创新，而且使我国的政府治理方式发生了根本性变革①。利用"大数据算法系统"来改善政府的社会治理，提高政府应对未来不确定性的能力的数据治理方式，受到各国政府的普遍重视。

---

① 李锋，周舟. 数据治理与平台型政府建设：大数据驱动的政府治理方式变革［J］. 南京大学学报（哲学·人文科学·社会科学），2021，58（4）：53-61.

参考文献

一、著作

[1] [德] 乌尔里希·贝克. 风险社会 [M]. 何博闻, 译. 南京: 译林出版社, 2004.

[2] [美] 曼纽尔·卡斯特. 网络社会的崛起 [M]. 夏铸九, 王志弘, 译. 北京: 社会科学文献出版社, 2006.

[3] 本书编写组. 中国共产党简史 [M]. 北京: 人民出版社, 中共党史出版社, 2021.

[4] 中共中央马克思恩格斯列宁斯大林著作编译局. 马克思恩格斯文集 (第1卷) [M]. 北京: 人民出版社, 2009.

二、期刊

[1] 安小米, 王丽丽, 许济沧, 等. 我国政府数据治理与利用能力框架构建研究 [J]. 图书情报知识, 2021, 38 (5): 34-47.

[2] 白佳玉, 隋佳欣. 论人类命运共同体理念在网络空间治理中的影响与意义 [J]. 学习与探索, 2021 (3): 62-71, 179, 2.

[3] 蔡翠红, 王远志. 全球数据治理: 挑战与应对 [J]. 国际问题研究, 2020 (6): 38-56.

[4] 蔡翠红. 网络空间命运共同体: 内在逻辑与践行路径 [J]. 人民论坛·学术前沿, 2017 (24): 68-77.

[5] 曹如军, 亓梦雪. 论人工智能与思想政治教育课程的开发 [J]. 教育观察, 2021, 10 (41): 53-56.

[6] 陈荣昌. 网络平台数据治理的正当性、困境及路径 [J]. 宁夏社会科学, 2021 (1): 72-80.

[7] 陈仕伟. 大数据时代透明社会的伦理治理 [J]. 自然辩证法研究, 2019, 35 (6): 68-72.

[8] 程卫东. 网络主权否定论批判 [J]. 欧洲研究, 2018, 36 (5): 61-75, 7.

[9] 丁柏铨. "网络空间命运共同体"及其传播学解读 [J]. 新闻与写作, 2016 (2): 50-54.

[10] 丁煌, 周俊. 网络空间命运共同体安全合作治理中的国际信息共享 [J]. 湖北大学学报 (哲学社会科学版), 2019, 46 (6): 141-145.

[11] 杜严勇. 论人工智能系统的透明性 [J]. 科学学研究, 2022, 40 (9): 1537-1543.

[12] 范玉吉, 张潇. 网络空间命运共同体理念与网络空间治理 [J]. 西南政法大学学报, 2020, 22 (3): 105-116.

[13] 方芳, 张蕾. 欧盟个人数据治理进展、困境及启示 [J]. 德国研究, 2021, 36 (4): 49-66, 157-158.

[14] 方兴东, 田金强, 陈帅. 全球网络治理多方模式和多边模式比较与中国对策建议 [J]. 汕头大学学报 (人文社会科学版), 2017, 33 (9): 36-42, 35.

[15] 冯晓英, 郭婉瑢, 黄洛颖. 智能时代的教师专业发展: 挑战与路径 [J]. 中国远程教育, 2021 (11): 1-8, 76.

[16] 高峰. "大数据"时代下的公民隐私权保护 [J]. 信息化建设, 2014 (3): 15-16.

[17] 高翔. 超越政府中心主义: 公共数据治理中的市民授权机制 [J]. 治理研究, 2022, 38 (2): 15-23, 123-124, 2.

[18] 葛大伟. 网络空间命运共同体思想的内在结构和治理逻辑 [J]. 重庆邮电大学学报 (社会科学版), 2018, 30 (4): 86-93.

[19] 顾丽敏, 李嘉. 人工智能对企业知识管理的影响研究 [J]. 学海, 2020 (6): 39-44.

［20］韩洪灵，陈帅弟，刘杰，等．数据伦理、国家安全与海外上市：基于滴滴的案例研究［J］．财会月刊，2021（15）：13-23.

［21］侯水平．大数据时代数据信息收集的法律规制［J］．党政研究，2018（2）：22-28.

［22］胡良霖，朱艳华，李坤，等．科学数据伦理关键问题研究［J］．中国科技资源导刊，2022，54（1）：11-20.

［23］黄科满，杜小勇．数据治理价值链模型与数据基础制度分析［J］．大数据，2022，8（4）：3-16.

［24］黄欣荣，罗小燕．从积极伦理看大数据及其透明世界［J］．江西财经大学学报，2020（2）：98-106.

［25］黄欣荣．大数据、透明世界与人的自由［J］．广东社会科学，2018（5）：85-92.

［26］敬力嘉．大数据环境下侵犯公民个人信息罪法益的应然转向［J］．法学评论，2018，36（2）：116-127.

［27］郎平．网络空间国际治理机制的比较与应对［J］．战略决策研究，2018，9（2）：89-104.

［28］郎平．主权原则在网络空间面临的挑战［J］．现代国际关系，2019（6）：44-50，67.

［29］李传军，李怀阳．大数据技术在社会治理中的价值定位：以网络民主为例［J］．电子政务，2015（5）：10-17.

［30］李传军，李怀阳．基于网络空间主权的互联网全球治理［J］．电子政务，2018（5）：9-17.

［31］李传军，李怀阳．网络空间全球治理问题刍议［J］．电子政务，2017（8）：24-31.

［32］李传军．大数据技术与智慧城市建设：基于技术与管理的双重视角［J］．天津行政学院学报，2015，17（4）：39-45.

［33］李传军．大数据时代的政治现象、研究方法与反思［J］．徐州工程学院学报（社会科学版），2016，31（3）：18-23.

［34］李传军．构建全球网络空间治理规则的问题与对策［J］．武汉科技

大学学报（社会科学版），2019，21（5）：520-526.

[35] 李传军. 国家战略视角下的网络空间全球治理 [J]. 广东行政学院学报，2018，30（3）：5-11.

[36] 李传军. 论网络空间全球治理中的国际合作 [J]. 广东行政学院学报，2017，29（5）：19-24.

[37] 李传军. 人工智能发展中的伦理问题探究 [J]. 湖南行政学院学报，2021（6）：38-48.

[38] 李传军. 人工智能伦理原则及其价值冲突研究 [J]. 山东行政学院学报，2021（6）：114-121.

[39] 李传军. 网络空间全球治理法治化问题探究 [J]. 广东行政学院学报，2019，31（5）：5-11.

[40] 李锋，周舟. 数据治理与平台型政府建设：大数据驱动的政府治理方式变革 [J]. 南京大学学报（哲学·人文科学·社会科学），2021，58（4）：53-61.

[41] 李欣. "构建网络空间命运共同体"国际合作的中国贡献 [J]. 网信军民融合，2017（6）：36-39.

[42] 李子运. 人工智能赋能教育的伦理思考 [J]. 中国电化教育，2021（11）：39-45.

[43] 梁宇，李潇翔，刘政，等. 我国政府数据治理人才能力的核心要素与培养路径研究 [J]. 图书馆，2022（4）：34-41.

[44] 梁宇，郑易平. 大数据时代信息伦理问题与治理研究 [J]. 图书馆，2020（5）：64-68，80.

[45] 梁正，吴培熠. 数据治理的研究现状及未来展望 [J]. 陕西师范大学学报（哲学社会科学版），2021，50（2）：65-71.

[46] 廖婧茜. 未来学习空间的场域逻辑 [J]. 开放教育研究，2021，27（6）：90-96.

[47] 廖盼，孙雨生. 基于人工智能的知识服务系统模型研究 [J]. 湖北工业大学学报，2017，32（6）：47-51.

[48] 林攀登，张立国，周釜宇. 从经验回顾到数据驱动：人工智能赋能

教师教学反思新样态［J］.当代教育科学，2021（10）：3-10.

［49］林曦，郭苏建.算法不正义与大数据伦理［J］.社会科学，2020
（8）：3-22.

［50］刘邦奇，张金霞，胡健，等.智能+教育：产业现状、热点及发展
趋势：2020年中国智能教育产业发展研究［J］.电化教育研究，2021，42
（11）：55-62.

［51］柳亦博.人工智能阴影下：政府大数据治理中的伦理困境［J］.行
政论坛，2018，25（3）：97-103.

［52］卢国庆，谢魁，刘清堂，等.基于人工智能引擎自动标注的课堂教
学行为分析［J］.开放教育研究，2021，27（6）：97-107.

［53］马桂萍，崔超.论习近平关于构建人类命运共同体的创新性阐释
［J］.辽宁师范大学学报（社会科学版），2019，42（3）：36-44.

［54］马建青，李琼.构建网络空间命运共同体：全球互联网治理范式演
进和中国路径选择［J］.毛泽东邓小平理论研究，2019（10）：33-42，108.

［55］马艳，杨润东.人工智能时代教师角色的危机与重构［J］.教学与
管理，2021（33）：56-59.

［56］孟亮，陈蕾，汪严磊."AI+教育"打破教育鸿沟，实现教育普惠
化［J］.张江科技评论，2021（5）：66-69.

［57］孟小峰，刘立新.基于区块链的数据透明化：问题与挑战［J］.计
算机研究与发展，2021，58（2）：237-252.

［58］孟小峰，王雷霞，刘俊旭.人工智能时代的数据隐私、垄断与公平
［J］.大数据，2020，6（1）：35-46.

［59］衲钦，张慧春.数智环境下匿名数据治理创新对策研究［J］.科学
管理研究，2022，40（2）：124-130.

［60］欧阳智，魏琴，肖旭.人工智能环境下的知识管理：变革发展与系
统框架［J］.图书与情报，2017（6）：104-111，132.

［61］潘恩荣，曹先瑞.面向未来工程教育的人工智能伦理谱系［J］.高
等工程教育研究，2021（6）：38-43，67.

［62］彭波，王伟清，张进良，等.人工智能视域下教育评价改革何以可

能［J］．当代教育论坛，2021（6）：1-15.

［63］彭知辉．论大数据伦理研究的理论资源［J］．情报杂志，2020，39（5）：142-148.

［64］钱海燕，杨成，吉晨子．人工智能时代教师角色的审视［J］．中国教育信息化，2021（21）：33-38.

［65］阙天舒，李虹．网络空间命运共同体：构建全球网络治理新秩序的中国方案［J］．当代世界与社会主义，2019（3）：172-179.

［66］任宗强，刘冉．人机交互模式下企业知识管理平台研究［J］．技术与创新管理，2017，38（5）：526-529.

［67］荣开明．习近平新时代建设网络强国思想论略［J］．江汉论坛，2020（3）：46-55.

［68］沈正赋．网络空间命运共同体的版图构建、机制维护与治理方略［J］．江淮论坛，2020（1）：130-134，140.

［69］石丹．大数据时代数据权属及其保护路径研究［J］．西安交通大学学报（社会科学版），2018，38（3）：78-85.

［70］孙田琳子．人工智能教育中"人—技术"关系博弈与建构：从反向驯化到技术调解［J］．开放教育研究，2021，27（6）：37-43.

［71］唐晓波，李新星．基于人工智能的知识服务研究［J］．图书馆学研究，2017（13）：26-31.

［72］田倩飞，张志强．人工智能2.0时代的知识分析变革研究［J］．图书与情报，2018（2）：33-42.

［73］汪建基，马永强，陈仕涛，等．碎片化知识处理与网络化人工智能［J］．中国科学：信息科学，2017，47（2）：171-192.

［74］王俊，王修来，庞威，等．面向科技前瞻预测的大数据治理研究［J］．计算机科学，2021，48（9）：36-42.

［75］王萍，田小勇，孙侨羽．可解释教育人工智能研究：系统框架、应用价值与案例分析［J］．远程教育杂志，2021，39（6）：20-29.

［76］王少，黄晟鹏．大数据心理绘像技术的伦理评估与规制［J］．自然辩证法研究，2022，38（1）：57-62.

[77] 王思丽, 祝忠明. 面向数字知识管理的智能内容研究进展 [J]. 情报杂志, 2019, 38 (2)：91-98, 130.

[78] 王伟玲. 全球数据治理：现实动因、双重境遇和推进路径 [J]. 国际贸易, 2021 (6)：73-80.

[79] 王一岩, 郑永和. 智能教育产品：构筑基于 AIoT 的智慧教育新生态 [J]. 开放教育研究, 2021, 27 (6)：15-23.

[80] 韦妙, 何舟洋. 本体、认识与价值：智能教育的技术伦理风险隐忧与治理进路 [J]. 现代远距离教育, 2022 (1)：75-82.

[81] 吴庆海. 人工智能时代下的知识管理 [J]. 知识管理论坛, 2019, 4 (6)：321-331.

[82] 习近平. 为打赢疫情防控阻击战提供强大科技支撑 [J]. 求是, 2020 (6)：4-8.

[83] 谢晶仁. 加快推进网络命运共同体的构建 [J]. 湖南社会科学, 2018 (4)：45-48.

[84] 谢俊. 人类命运共同体思想的生成逻辑及建构实践 [J]. 哲学研究, 2019 (2)：3-8.

[85] 熊杰, 石云霞. 论人类命运共同体理念的思想来源、发展逻辑和理论贡献 [J]. 国际观察, 2019 (2)：1-28.

[86] 徐畅. 大数据时代网络用户个人信息保护的域外法律制度比较与启示 [J]. 长春市委党校学报, 2018 (1)：5-8.

[87] 徐琦. 大数据时代美国隐私权保护之困 [J]. 中国传媒科技, 2013 (9)：40-44.

[88] 徐晔. 从"人工智能教育"走向"教育人工智能"的路径探究 [J]. 中国电化教育, 2018 (12)：81-87.

[89] 徐振国, 刘志, 党同桐, 等. 教育智能体的发展历程、应用现状与未来展望 [J]. 电化教育研究, 2021, 42 (11)：20-26, 33.

[90] 杨楠. 大国"数据战"与全球数据治理的前景 [J]. 社会科学, 2021 (7)：44-58.

[91] 杨嵘均. 论网络空间治理体系与治理能力的现代性制度供给 [J].

行政论坛, 2019, 26 (2): 11-20.

[92] 杨嵘均. 论政府数据治理的价值目标、权利归属及其法律保障[J]. 东南学术, 2021 (4): 113-124, 247.

[93] 杨学成, 许紫嫒. 从数据治理到数据共治: 以英国开放数据研究所为案例的质性研究 [J]. 管理评论, 2020, 32 (12): 307-319.

[94] 尹巧蕊. 数据要素与数据治理: 数权世界的双核驱动 [J]. 学术交流, 2022 (2): 44-54.

[95] 余学锋. 网络空间命运共同体及其构建研究 [J]. 中共福建省委党校学报, 2019 (4): 157-162.

[96] 张红春, 邓剑伟, 邱艳萍. 大数据驱动的透明政府建设: 媒介选择与政民互动重构 [J]. 北京理工大学学报 (社会科学版), 2020, 22 (4): 60-69.

[97] 张莉, 卞靖. 数字经济背景下的数据治理策略探析 [J]. 宏观经济管理, 2022 (2): 35-41.

[98] 张荣现, 李占立. "人肉搜索"视角下我国网络隐私权保护立法评价及构想 [J]. 广东工业大学学报 (社会科学版), 2010, 10 (4): 48-51.

[99] 张分, 李玉龙, 成一航, 等. 数字化知识管理理论与应用研究综述 [J]. 数据与计算发展前沿, 2021, 3 (2): 23-28.

[100] 张志华, 季凯. 应用伦理学视阈下人工智能教育的反思与应对 [J]. 南京邮电大学学报 (社会科学版), 2021, 23 (5): 1-10.

[101] 张衢. 大数据监控社会中的隐私权保护研究 [J]. 图书与情报, 2018 (1): 71-80.

[102] 赵永华. 构建网络空间命运共同体的必要性与合理性 [J]. 人民论坛, 2020 (20): 110-113.

[103] 周建青. "网络空间命运共同体"的困境与路径探析 [J]. 中国行政管理, 2018 (9): 46-51.

[104] 周琳, 谭慧婷. 大数据时代的"透明人" [J]. 半月谈内部版, 2018 (7): 60-62.

[105] 周文泓, 吴琼. 面向政府数据治理的社会参与促进策略研究: 全

球代表性实践的调查及其启示 [J]．情报理论与实践，2022，45（9）：59-66.

[106] 朱锐勋，王俊羊，任成斗．新时代网络空间治理体系和治理能力现代化关键要素研究 [J]．云南行政学院学报，2018，20（5）：110-115.

三、报纸

[1] 蔡翠红．推动构建网络空间命运共同体 [N]．中国社会科学报，2021-02-23（8）.

[2] 陈联俊．构建网络命运共同体的文化担当 [N]．中国社会科学报，2019-12-25（8）.

[3] 侯西安．全球网络治理的中国方案 [N]．中国社会科学报，2019-12-24（8）.

[4] 赛迪智库．大数据伦理 [N]．中国信息化周报，2018-01-15（8）.

[5] 习近平．顺应时代前进潮流　促进世界和平发展：在莫斯科国际关系学院的演讲 [N]．中国青年报，2013-03-24（2）.

[6] 新华社．完善重大疫情防控体制机制　健全国家公共卫生应急管理体系 [N]．新华每日电讯，2020-02-15（1）.

[7] 于发友．人工智能时代的乡村教育创新之路 [N]．中国信息化周报，2021-10-11（10）.

[8] 张均斌，尹心航．"被授权"泛滥，个人信息保护咋管 [N]．中国青年报，2018-02-06（11）.

[9] 张少义．人类命运共同体：维护世界和平与发展的"中国方案" [N]．江西日报，2019-03-25（10）.

[10] 赵磊磊，代蕊华．人工智能时代教师角色再造路径 [N]．中国社会科学报，2021-11-05（4）.

[11] 钟声．共同构建网络空间命运共同体 [N]．人民日报，2020-09-10（4）.